内田邸の2階の書斎を廊下からみる。正面には書斎の机が置かれている。（97-101頁）

岩崎邸和館部の座敷の違い棚。床の間の横に天袋を持つ違い棚が鍵折れに二つ配置されている。（73-75頁）

呉鎮守府司令長官官舎の客室の金唐紙。（78-80頁）

前田家本邸の優雅な大階段の足元にあるイングルヌックのベンチ。ベンチの反対側には暖炉がある。この大階段は、玄関から続く広間に配され、イングルヌックの正面には客室が2部屋ある。招かれた人々がこのイングルヌックを囲んで交流している様子が目に浮かぶ。（168-172頁）

長楽館１階迎賓の間と呼ばれる客間で、鮮やかなロココ調のインテリアが採用されている。(85-90 頁)

島津邸１階の応接室。この部屋の開口部だけが円弧状に迫り出て、外観上のアクセントとなっている。部屋の外にはコンドルが必ず設けるベランダがあり、庭へと誘う。(148-150 頁)

鳩山邸の玄関部のステンドグラス。斜面に建設されていることもあって、玄関に入ると直ぐ階段。それを上ると広間。広間から玄関を振り返るとはじめて、外からは気づかないこの白い鳩が飛んでいるステンドグラスが楽しめる。帰り際に初めて気づく、心憎いデザインだ。（159-163 頁）

川越を代表する和菓子の老舗として知られる亀屋の隠居用別宅・山崎家別邸の応接間。この住宅は、住宅作家の走りとして数多くの住宅を手掛けた保岡勝也の数少ない遺構のひとつである。（134-139 頁）

田園調布にあった大川邸の居間。現代の住宅では家族団欒の場であるイス座式の居間が住宅の中心に置かれているのは当たり前。こうした家族団欒の場としての居間の始まりを教えてくれるのがこの空間だ。庭側には作り付けのベンチ、外にはパーゴラと芝庭が続く。(202-205 頁)

山邑別邸はF・L・ライトの原設計で、帰国したライトの後を受け、弟子の遠藤新と南信が実施設計を担当したという。そうした過程のなかで施主の意向などもあり、格式性を取り除いたモダンな続き間の和室空間が誕生したと思われる。(254-258 頁)

スパニッシュ・スタイルの小笠原邸の玄関部とキャノピー。設計を担当したのは曾根・中條建築事務所。曾禰は唐津出身で、かつてのお殿様のお屋敷とあって、強い思いがあったともいわれている。（208-210 頁）

A・レーモンドが日光で手掛けたイタリア大使館夏季別荘の食堂の暖炉。中禅寺湖の湖畔を独り占めしたような見事な配置計画で、建物すべての主室から湖が一望できる。そうした豊かな自然との一体化をめざした思いが、この玉石を積んだ暖炉にも表現されている。(284-287頁)

鎌倉の谷戸に建てられた華頂宮邸の大階段。ハーフティンバーの見事な外観の玄関扉を開けると大きな広間。その一隅にこの階段があり、2階へと誘う。(172-175頁)

ハマっ子建築家といわれるJ・H・モーガン設計のベリック邸の2階客用バスルーム。スパニッシュ・スタイルの邸宅で、2階には、主人と夫人それに子供の各寝室と客用寝室が配されている。注目されるのは子供室にも専用のバスルームが設けられていることだ。(292-295頁)

W・M・ヴォーリズの設計した京都の駒井邸のサンルーム。(210-215頁)

住まいの建築史

近代日本編

文……内田青蔵＋大和ハウス工業総合技術研究所

写真……小野吉彦

創元社

はじめに

〈連載〉の経緯について

本書は、筆者が大和ハウス工業総合技術研究所とともに、二〇一七年七月二〇日から二〇二〇年七月三〇日までの三年間、『週刊新潮』に連載した毎週一ページの記事（全一五〇回）を単行本として再構成したものである。

この連載は、大和ハウス工業の広告ページを用いたもので、週刊誌の目次には、連載のタイトルは出てこない。しかしながら、このページは一般的な広告とは異なり、広告らしい表現は控えて、あくまでも建築についての知見や歴史を広く伝えることをめざしている。いいかえれば、建築の意味や役割あるいは建築文化の豊かさを伝え、結果的に建築業界の発展に寄与しようとの意図が込められたものと筆者は理解した。

ちなみに、筆者の前にこのページを担当していたのは藤森照信氏であり、その連載をもとに新潮文庫で『近代建築そもそも講義』が出版されている。その内容は、広く建築文化の魅力を伝えるものとなっている。

連載のお話をいただいたときは、正直驚いた。誰もが知る週刊誌での連載だ。それまで、建築系の月刊誌などでは連載の経験があったが、一年間、短文といっても毎週書き続けることができるのかという不安があった。

筆者自身、日本建築史という研究の世界では多少の発表を行なってはいるものの、専門とする研究領域は極めて狭く、近代の日本住宅史だけというのが正直なところだ。

専門以外の研究領域にはそれぞれ専門家がおり、そうした人々の研究成果を越えるような独自のものを書くのは難しく、大学院時代に講義を受けた日本庭園研究家である森蘊《おさむ》先生の「研究者はひとつの研究を継続することを恐れてはいけない」という言葉が忘れられず、基本的にはこれまで近代日本住宅史の分野から踏み出すことはなかったからである。

そんな不安な思いの中で、大学院の恩師である平井聖《きよし》先生の「依頼されたものは断わってはいけない。」との言葉を思い出し、貴重な機会をいただいたことに感謝し、お引き受けすることにした。

いただいた連載タイトルは「住まいの建築史」。住まいについての歴史であるため、専門とする日本近代の住まいの歴史について書くことにした。編集者との打ち合わせでは、とりあえず、内容に関しては自由に設定してかまわないので、一年間五〇回のプログラムを作ってほしいといわれた。唯一の条件は、基本一回ごとの読み切りとすることであった。

五〇回の構成をどうするかは大いに悩んだ。せっかくの機会なので、一般読者に近代の日本住宅をひとつひとつ紹介し、その魅力を伝えられたら住宅史という研究の役割を知っていただけるかもしれないし、住まいの歴史を知ることがこれからの住まいを考えるうえでとても大切なことだと気づいてくれる方がいるかもしれないと考えた。特に、近代の住まいの歴史は、欧米の住まいや生活スタイルを取り入れてきた過程でもあり、また、伝統的な住まいと欧米の住まいを融合してひとつの新しい住まいに造り上げてきた足跡でもある。こうした歴史を知ることで、当たり前のように考えられている現在のわれわれ自身の住まいや生活を振り返ることができるはずだと考えたのである。

次の問題は、それでは具体的に採《と》り上げる歴史的な住まいをどれにするか、また、その記載方法はどのようにするかであった。そこで、ここでは素直に、基本は見学もできるように現存する住宅建築を採り上げ、竣工年の古いものから順次紹介し、現代住宅へと向かうことにした。また、現存する住宅建築の紹介ということから、幕末・明治・大正期の事例としては国の重要文化財などに指定されている文化財指定物件を優先的に採り上げ、文化財として保存されている住まいの役割も示すことができると考えた。

さて、連載が始まると、当初は次々と催促に追われるような感覚があった。原稿も言い回しや表現の仕方、あるいは文章の長さの調整など、編集者から赤がたくさん入ったが、徐々に慣れると、ペース配分も分かるようになった。やがて一年が過ぎると、もう一年の継続といわれ、続けた。そして三年目になると、現代の住宅も紹介してほしいという依頼があった。二年目の終りの一〇〇回目で戦前期の住宅を採り上げていたこともあって、後半は戦後の住宅となる旨を伝えた。ただ、戦後の住宅は採り上げた数も少なく、トピックスのような状態となってしまった。ここは反省点である。いつの日か、戦後の住まいをきちんと紹介したいと考えている。

本書の誕生とその構成

二〇二〇年七月末に連載は終了した。三年間にわたって続けた一五〇回の原稿は、筆者にとっても貴重な原稿となった。そして、この原稿をまとめ、書籍化したいと考えた。ただ、本連載は大和ハウス工業総合技術研究所との共著であるため、著者だけの思いでは進められなかった。そこで、二〇二三年五月、大和ハウス工業にお願いし、書籍化のための連載記事の再構成と出版の許可を頂いた。

全部をそのまま掲載するという方法もあったが、やはり書籍化にあたっては、竣工年の古い建物から順に紹介してきた一五〇編の原稿をもとに、いくつかを削除し、目次も新たに作り直すことにした。具体的には、大きな流れとして、住まいの近代化の尺度となる洋風化の動きを住宅事例を通して紹介する書籍とすることとし、そうした動きをわかりやすく伝えるためにも、伝統的な様相を示す中で採り上げた和風住宅を一部削除することとした。

さて、新しい目次は、以下のように八章に再構成した。この八章のタイトルは、幕末から戦後にかけての住まいの様相を示しているのであり、そこに採り上げられている住宅が、その事例というわけである。

第1章　日本に姿を現した最初の洋館
第2章　洋風化を志向した日本人たちの最初期の住まい
第3章　明治期の本格的洋館を構えた日本人たちの住まい
第4章　別荘・別邸として出現した洋風の住まい
第5章　大正・昭和初期の洋館を中心とした住まい
　1　古典主義系住宅の展開
　2　アメリカ系住宅の出現
第6章　大正・昭和初期の和風御殿
第7章　モダニズム系の住まい
　1　プレモダニズム系の住まい
　2　モダニズムの始まりを伝える住まい
第8章　現代住宅の祖型としての戦後の住まい

第1章の「日本に姿を現した最初の洋館」は、幕末から明治期にかけて来日していた外国人たちの住まいで、グラバー邸やオルト邸など居留地を中心に建設されたものが多い。幕末以降、わが国に持ち込まれた新しい住まいであり、いわゆる洋風住宅のモデルとなった住まいといえるものを採り上げている。

第2章の「洋風化を志向した日本人たちの最初期の住まい」は、札幌の永山邸はじめ、京都の同志社大学の創立者である新島襄邸や山縣有朋の無鄰菴《むりんあん》などを採り上げている。

第3章の「明治期の本格的洋館を構えた日本人たちの住まい」では、明治期の上流層の人々の間で誕生・定着した和館と洋館を併存させる和洋館並列型住宅として、博物館 明治村に移築保存されている西郷従道《つぐみち》邸やJ・コンドル設計の岩崎久弥邸、宮内大臣を務めた渡辺千秋邸などの建築家の手になる本格的洋館などを採り上げ、その魅力を紹介している。

第4章の「別荘・別邸として出現した洋風の住まい」では、欧米文化のひとつとして定着した避暑文化や富国強兵策として取られた開拓事業などをもとに建設された別荘や別邸を採り上げている。具体的にはドイツの土地貴族であるユンカーを模倣し、未開地開発を展開した青木周蔵の那須の別邸や、軽井沢の最古の日本人別荘といわれる八田裕二郎別荘や日本に深い縁のあるライシャワーの軽井沢別荘などを紹介している。

第5章の「大正・昭和初期の洋館を中心とした住まい」では、「古典主義系」と「アメリカ系」に大別し、前者ではJ・コンドルの晩年の作品である島津公爵邸や鳩山会館として知られる鳩山一郎邸、あるいは、鎌倉にたたずむ華頂宮博信邸などを採り上げている。一方、後者では、アメリカのオレゴン大学で鉱山学を学んだ小笹三郎が、帰国後に鎌倉に設計したアメリカ式住宅の木下建平別邸、独学でアメリカ住宅を学んだ西村伊作の自邸、さらには、アメリカ住宅の輸入・販売を試みた「あめりか屋」の設計による名古屋の川上貞奴の二葉御殿など、明治末頃から積極的に展開されていたアメリカ住宅の強い影響のもとでつくられた住宅を採り上げている。

第6章の「大正・昭和初期の和風御殿」では、洋風志向の反動としての伝統的な建築様式を志向した動きの表れとして造られた、贅を凝らした和風御殿を採り上げた。

第7章は「モダニズム系の住まい」と題して、洋風化の中で日本にも様式建築を乗り越えて出現し始めたモダニズム系の住まいを採り上げた。ここでは、これらを「プレモダニズム系の住まい」と「モダニズムの始まりを伝える住まい」に大別し、それぞれ紹介している。すなわち、前者では東京から群馬県沼田に解体移築されたドイツのユーゲント・シュティールの影響を受けた土岐章子爵邸、芦屋に建つF・L・ライトの山邑太左衛門別邸、遠藤新の代表作であるライト式の加地利夫別邸などを紹介している。後者では、鎮式のコンクリート・ブロック造の本野精吾邸や構造学者で東京タワーの設計者で知られる内藤多仲の自邸などを採り上げている。

そして、最後の第8章「現代住宅の祖型としての戦後の住まい」は、戦後直後に建てられた小住宅を採り上げ、紹介している。

第1章から順に読んでいただければ、近代の日本住宅の様相が変化していく歴史が見えてくるはずである。もちろん、各住宅の解説は読み切りとなっているため、ランダムに気になる住宅を選んで読んでいただくことも可能である。

なお、連載では挿絵としたが、書籍化にあたっては写真家の小野吉彦氏の協力が得られることとなり、魅力的な写真の提供を受けた。

こうした準備を経て、本書の作成に着手した。はたして、住まいの魅力を存分に味わえる本となったであろうか。はたまた、日本の幕末以降から戦後直後までの住まいの変容過程を知りえる歴史書となっているだろうか。とりあえず、手に取ってお読みいただき、その感想をお聞かせいただければ望外の幸いである。

なお、本書で採り上げた住宅の名称は、例えば文化財指定名称では「旧グラバー住宅」であるが、基本的には「旧」を取り去り、「住宅」を「邸」と表現している。この方が慣例名称でなじみのある名称であると考えられるためである。

また、本書掲載写真の一部に、撮影後に修復工事が行なわれるなどして現状とは部分的に異なっているものもあることをお許しいただきたい。

第4章 別荘・別邸として出現した洋風の住まい 111

第5章 大正・昭和初期の洋館を中心とした住まい 148

第6章

大正・昭和初期の和風御殿 225

第7章

モダニズム系の住まい 251

1 プレモダニズム系の住まい 252

2 モダニズムの始まりを伝える住まい 295

第8章

現代住宅の祖型としての戦後の住まい　325

第1章

日本に姿を現した最初の洋館

出島の住まい──オランダ商館──

日本の中にあった外国というと、すぐさま長崎の出島が思い起こされるだろう。〝出島〟といっても、現在では周囲の海が埋められて陸続きとなってしまっているため、海に浮かぶ孤島というかつてのイメージとはかけ離れたものなのだが。そのかわりに、二〇〇〇年以来、幕末期の一番船船頭部屋などのオランダ商館が再現され、当時の生活を体験できるようになった。歴史的遺産として本来の姿を取り戻すための整備作業が行なわれているからである。そのお蔭で、出島にあるオランダ商館もまた、実際に見学できるようになった。

オランダ商館という住まいは、実は、近代化の中でわれわれの生活が洋風化していく以前から、洋風の生活が行なわれていた特殊な建物である。見学することにより、和と洋の異文化交流の中で営まれていた生活の様相も見えてくる。

出島のオランダ商館

長崎の出島は、鎖国政策の中で、日本に滞在していたポルトガル人を収容するために一六三六（寛永一三）年に完成した。

三年後にポルトガル人が追放されたため、出島は一時期無人となるが、一六四一年から平戸に住んでいたオランダ人が出島に移され、以後、日蘭貿易の拠点となった。

オランダ人による海外への輸出品は銀や銅とともに漆器や陶磁器、屏風といった工芸品が大半だったが、輸入品は生糸・砂糖・毛織物・染料・薬品・ガラス器などが多くを占めたため、日本人の生活に大きな影響を与えたといわれている。

出島に滞在していたオランダ人は十数名。他に通訳をはじめ、門番や料理人や給仕、小使、庭番などの多くの日本人も働いていて、出島を出ることが禁じられていたオランダ人に代わって買い物を担う〝買物使〟も住んでいた。

彼らの生活の場となったのが、オランダ商館と呼ばれる建物だったのである。

畳敷きに靴履き

開国を迎えるまでの間、こうした建物は、日常的な風雨はもちろんのこと、火災や台風で大きな被害を受け、その度に修理や建て替えが行なわれたのだが、復原された建物は、一九世紀初頭のものとなる。

基本的には、一階が土間の倉庫、二階が生活の場として使われた二階建ての木造建築だった。日本側で用意し、それを貸し与えるものであったため、外観も伝統的建物に近く、二階の生活部分には畳が敷かれていた。

出島を描いた絵図や絵巻はいろいろな所で紹介されているため、見たことのある人も多いのではないだろうか。そこでは、生活の様子を描くためであろうか、二階部分は雨戸がすべて開放されている。室内には確かに畳が敷かれているし、欧米の生活を象徴するように、大きなテーブルを囲んで椅子に腰かけ、フォークやスプーンで食事を取っている場面も見られる。

オランダ人は、髪が長く、帽子をかぶって洋服を着ている。足元は、外を歩いているオランダ人と同じように靴を履いており、室内でも靴履きだったことがうかがえる。

また、建物周囲の敷地には七面鳥をはじめ牛や羊などが描かれており、肉食の生活を連想させてくれる。

異文化交流の生んだもの

復原されたオランダ商館を見ると、残念ながら靴履きの習慣を確認することはできないが、確かに床には畳があって和室に見える。同時に、ベッドやイス、机が置かれており、オランダ人のイス座生活の痕跡がはっきりと見て取れる。

畳にイスとテーブルというこの不思議な風景は、現代の我々の生活風景の中では消えつつあるが、明治以降のイス座の普及過程では、一般化されていたものだった。

まさに、出島のオランダ商館は、異文化交流のもたらした素朴な姿として、開国直後の日本が迎えることになる住まいや生活の変化の様相をいち早く示していたのである。

わが国最古の洋風住宅──グラバー邸──

日本の最古の洋風住宅といえば、長崎にあるグラバー邸だ。この住まいの主《あるじ》となるトーマス・ブレーク・グラバーは、幕末期に来日したスコットランド生まれの商人だった。

グラバーは、上海に渡ると、有名なイギリスの東インド会社を前身とし、イギリスと中国の間のアヘン戦争にも深く係わったとされるジャーディン・マセソン商会に勤めた。

現在でもアジアで活躍する企業で、グラバーは開港したばかりの長崎に移り、このジャーディン・マセソン商会の代理店として「グラバー商会」を興し、貿易業を展開したのである。

われわれが学んだ日本史の授業では、幕末期の武器商人という暗いイメージの人物として学んだ記憶があったが、グラバーの暮らした住まいは清々しく、庭から見る景色は絶景で魅力的だった。

洋風住宅なのに木造?

グラバー邸の創建は、一八六三（文久三）年。

ペリーの浦賀来航から一〇年、日米修好通商条約締結から五年になる。

現在では、長崎の「グラバー園」の一郭にある。その名が示すように、グラバーに代表される欧米から来日した商人たちが屋敷を構えていた南山手町で、海が一望できる見晴らしのよい高台に位置する。長崎市内の歴史的建造物がこの地に移築されていて、幕末から明治期にかけての洋風建築の野外博物館となっているのだ。

洋風住宅とはいっても、グラバー邸の主要構造は木造である。グラバーの指示を受けながら、日本人大工が手がけた。

グラバー邸

屋根は瓦葺きで、棟の端には鬼瓦もあるので、ここだけ見れば、伝統的な和風建築だ。ただし、その屋根からはにょきっと煙突が突き出ており、伝統的な和風建物とは少々異なることがわかる。煙突が複数あるのは、台所用だけではなく、暖炉用として設けられたものでもあるからだ。

こだわりの証のキーストーン

建物全体も複雑な形をし、しかも、建物周囲の軒先の下に、〝ベランダ〟が配されている。軒先を支える柱と柱の間の上部にはアーチ形の小壁があり、そのアーチ形の中央には、くさびのような形をした装飾が施されている。

これは、洋館のアーチに用いられるキーストーン（要石）と呼ばれるものを表現したものだが、そもそもこのキーストーンとは、石や煉瓦を円弧状に積み上げながらつくったアーチの最後に据える石のこと。この石を嵌《は》め込むことで、バランスの取れたアーチを完成させることになる。

石や煉瓦を積み上げながら建築する場合、大きな開口部をつくることは構造上難しい。アーチを用いることでそれが可能となるのだが、そうした技法を象徴するのが、このキーストーンなのである。

木造の建築にもかかわらず、グラバーは自らが親しんできた石造の建築を表現するために、キーストーンをあしらうというこだわりを見せたのである。
われわれ日本人が、外国でも、畳や障子にこだわったり、あるいは、知らぬ間に床に座ったりするのと同じ。西欧人のプライドと歴史と文化がそこには表現されているのだ。

最古のベランダがここに

一方、ベランダは、今日の日本ではマンションなどでも当たり前のように見られるものである。外部と内部を繋ぐ場で、日本の縁側のような存在であるものの、その名称から明白なように、外来の空間であることは理解されよう。ちなみに、手元の古い『広辞苑』によるとベランダは、「家屋に沿って張り出した縁。縁側。濡れ縁」とある。新しいものには、さらに「通常は、屋根付き」と書き加えられている。

ベランダは、暑い季節に屋外の居間として利用されたため、暑い日差しを遮り、日陰を得るためには屋根が不可欠だった。

グラバー邸は、そんな〝ベランダ〟の最も古い事例のひとつでもあるのだ。

石壁の外壁からなる本格的住まい―オルト邸―

オルト邸は、グラバー邸の隣に建っている。施主のウィリアム・ジョン・オルトは、グラバーと同様に長崎で幕末期に貿易商を営むとともに製茶業も起こすなど、実業家として活躍した人物だ。

完成はグラバー邸の二年後の一八六五（慶応元）年。工事を手がけた日本人大工も、グラバー邸と同じ小山秀之進といわれている。

周囲にベランダが配されていることやすべての部屋がイス座の洋室であることは、グラバー邸と同じだが、決定的に違うのは、構造は木造と石造を併用し、外壁は石造であることだ。

本格的な洋風建築の誕生

建物の床は地面より一段高く、ベランダ部分も室内の床と同じ高さに整えられている。

ベランダを被う屋根を支える軒先の柱も、石造の丸柱。しかも、その柱の上部には上の部材を受ける「柱頭」、下部には柱を支える「柱礎」と呼ばれる部材が見受けられる。柱の上下にこうした独特な部材が見られるのは、本格的な建築様式に沿った建物であることを意味しているのだ。とりわけ柱頭は、お皿のような部材の形からトスカナ式というローマ時代に源がある形式を基本としたものだとわかる。石造の丸柱が列をなして並ぶその姿は、ローマ時代の神殿の列柱の姿を彷彿とさせ、まさに本格的な歴史を感じさせる洋風住宅の雰囲気を漂わせている。

石造に用いられたのは、工事を担当した大工の小山が故郷から取り寄せた「天草石」だという。日本におけるこうした石造の建築は、それまで一般的には蔵や武器・弾薬庫などに限られていた。住まいに使われたのは、まさしくオルト邸を初めとした洋風建築からであった。

その意味で、オルト邸は、材料も構法も、そして意匠も、日本には存在しなかった新しい建築の姿をいち早く具現化した建築物だったと言えよう。

オルト邸からわかること

台所と家事を担う使用人が使う附属屋が母屋の裏にある。興味深いのは、この附属屋が母屋と異なり、外壁が石ではなく煉瓦造であることだ。

石材が足りなかったというよりも、材料の使い分けが一番の理由と考えるべきだろう。主人の建物が石で、使用人の建物が煉瓦だということから、石材のほうがより格式の高い材料であると考えられていたこともわかる。

この時代、住まいはたんなる生活の場ではなく、主人の社会的なステータスを表現する場であることが強く求められていた。使う人間の身分や地位の違いを、材料を使い分けることで表現していたのだ。

また、この建物には創建時の図面が残っていて、洋風建築では最古のものと思われる。図面には室名が英語で書かれており、オルト自身かもしれないし、設計に外国人が係わっていたことがわかるが、残念ながら名前まではわからない。また、図面には日本語訳を書いた付箋が貼ってある。英語を理解しない工事関係者が、解読にあたって利用していたのであろう。

建築には欠かせないものだとはいえ、建設時に用いられた図面類はじつはなかなか残っていないのが実情である。たかが図面と思われるかもしれないが、図面と建物の両方が揃っているのは珍しく、史料的価値は高いのだ。

石造のバンガロー

居留地の中でも最も質の高い住宅を建てたオルトであったが、健康を害して一八七〇(明治三)年にはイギリスに帰国。その際にオルトはこの住宅を売りに出した。当時、居留地に住む外国人のために刊行されていた英字新聞があり、そこに売却の広告を出したのである。

この記事もまた、興味深い。グラバー邸やオルト邸などの幕末から明治期に外国人が住んでいた建築は、ベランダをもつという共通の特徴があったことから、ベランダコロニアルスタイルと称されている。だが、この売却広告には「stone bungalow」(ストーン・バンガロー)とあり、実際には、石造の〝バンガロー〟と呼ばれる形式の住まいだったのである。

二階建てのベランダを配した木造洋館——鹿児島紡績所技師館——

鹿児島にも幕末期に建てられた洋風住宅がある。鹿児島紡績所技師館(異人館)と呼ばれる建物で、一八六七(慶応三)年に建てられた。

幕末期、幕府と対立していた薩摩藩、長州藩、佐賀藩などでは、自らを、そして日本を守るために、軍事力と産業力を高めるべきだと考えていたようだ。

薩摩藩の紡績工場

鹿児島紡績所技師館

佐賀藩ではペリー来航以前の一八五〇（嘉永三）年、軍備としての武器を生産するための質の高い鉄を抽出する施設として、高温で金属を融解する反射炉を設け、大砲の鋳造に着手した。

薩摩藩では、島津斉彬《なりあきら》が一八五一年に藩主になると、藩の軍備の増強策とともに殖産興業に力を注いだ。曾祖父の影響で幼年期から蘭学に興味を持っていた斉彬は、佐賀藩に続いて洋式製鉄と反射炉による鋳砲事業に着手したのである。

また、「集成館」と呼ばれる藩営の近代工場群を建設し、ガラスや紙の製造、さらには洋式帆船の建設や蒸気機関の国産化などを試みた。しかし、一八五八（安政五）年に斉彬が急逝し、洋式製鉄の事業は頓挫。また、反射炉などの工場群も、一八六二（文久二）年のイギリス人殺傷事件をもとに起こった薩英戦争で、イギリス人の攻撃を受けて破壊されてしまった。

斉彬の後を継いだ島津忠義は、新たな殖産興業として、イギリスから紡績機械を購入することを決定し、一八六七年に鹿児島紡績所を完成させた。日本最初の紡績工場で、同時に紡績機械を操作するための技術者たちの宿舎も建てられたのである。

この二つの建物の設計監督は、一八六四（元治元）年に香港から来日し、横浜に事務所を開いていたA・N・シリングフォードだったという。

残念ながら現存していないが、紡績所は石造の重厚感の漂う本格的な工場建築で、屋根を支える小屋組には鉄骨トラスが用いられていたという。

二階建ての洋風住宅

工場には、精紡機をはじめ、手織機《ておりばた》の代りの蒸気動力による力織機《りきしょっき》が配置されていた。機械は、招聘《しょうへい》された七名のイギリス人技師が指導にあたった。白木綿や縞《しま》類を生産し、二〇〇名の職工が働いていたという。

イギリス人技師が共同生活していた技師館は、木造の桟瓦葺きの洋風住宅で、石造の少し高い基壇に建てられていた。

中央に中廊下を配し、廊下を挟んで部屋が並ぶ、正方形状の平面形式だ。四周にベランダが廻る建物で、様式はグラバー邸やオルト邸と同様のベランダコロニアルスタイル。二階建てである点が異なっている。現状の二階部分のガラス窓は後に附け加えられたもの。当初は二階も一階同様に開放的なベランダで、室内と外部をつなぐ半屋外の空間として作られていたのである。

洋風住宅らしいデザイン

鹿児島紡績所技師館

ベランダの周囲の柱部分を見ると、一階は正方形状の石造の柱礎の上に柱が建っている。柱と柱の間の上部にはガラス欄間があり、両側の柱からそれを支えるブラケット（持ち送り）が配されている。ブラケットは円弧状の部材のため、柱と柱の間はまるでアーチ状の開口部のようにも見える。二階のベランダにも同じ位置に柱が配されている。一階と比べると、ブラケットがなく、柱と柱の間の腰から下の部分に落下を防ぐための手摺が廻り、全体のデザインをひき締めている。

建物の四隅の柱は、一、二階ともに柱二本を並べた双子柱《ふたごばしら》と呼ばれる手法が使われている。玄関部の八角形状の突出部分の柱も同様だ。

建物の中心部や隅部の柱の形状や本数を変えながら、建物全体に強弱をつけるのは、洋風建築のデザイン手法である。その特徴をまだ知らなかった日本人大工には真似のできない、まさに外国人の設計の関与を示す建物であった。建築は少しずつ、時を経ながら本格的な洋風デザインへと変化していたのである。

神戸最古の洋館――神戸居留地十五番館――

幕末の五つの開港地で最後に開かれたのは神戸。一八六八（慶応三）年だった。しかし、居留地はまだ、未完成。外国人たちは他の居住地を求め、土地や屋敷を借りて住む雑居地が必要とされた。そして、早くも翌年には、山手に外国人が住み始める。

現在、雑居地にも居留地にも最初期の洋風住宅はない。唯一、当時の様子を伝えるのが神戸居留地十五番館だ（現在は株式会社ノザワが所有。正式名称は「旧神戸旧居留地十五番館」）。

居留地の様子

東西五条、南北八条の格子状道路で街区割りされた居留地には、一二六区画が用意された。主要道路には遊歩道とともにガス灯、街路樹、地下には煉瓦造下水道が設置されるなど、西洋的な都市計画の考え方で造られたのだった。

設計者はイギリス人土木技師。上海から来て土木事務所を開設していたJ・W・ハートが、顧問技師として工事の指導にあたった。

区画された土地は競売にかかり、居留地十五番地はフランス人が購入。レストラン開業後に、ホテル・ド・コロニーと改称された。

デザインは不明だが、木構造で瓦を貼り付けた壁面は漆喰で仕上げられていたという。海鼠《なまこ》壁風の仕上げという横浜や築地の居留地の洋風建築に見られる伝統的技法を取り入れた建物であったのかも知れない。

一八七八（明治一一）年三月に出火し、建物は全焼。そして一八八〇・八一（明治一三・一四）年頃に建てられたのが現存する建物だ。

居留地は港に直結していたこともあって、大半の建物は商館だったが、再建後はアメリカ領事館として、その後は個人住宅として使用された。そして、明治末期頃からは、あらためて商館として利用されてきた。

神戸居留地十五番館の魅力

この建物の特徴のひとつは、木骨煉瓦造と呼ばれる構造形式。実際に見ることはできないが、石造基礎の上に建てられた木造の骨組みの壁部分には、煉瓦がギッシリと積み込まれている。

同じ形式は、世界遺産となった一八七二（明治五）年の富岡製糸場や一八七五（明治八）年の長崎の羅典神学校にも見られる。ただ、この両者が木造の柱をデザイン要素として外壁に露出させているのに対し、居留地十五番館では被覆して石造風に見せている点が大きく異なる。構造は同じでも外観のデザインは全く別物なのだ。

もうひとつの特徴が、魅力的な装飾意匠だ。

二階建てで、この時期の洋風住宅に共通して見られるのだが、ベランダが海を向いた南側二階にある。丸柱の列柱は見事で、渦巻の装飾とアカンサスの葉列装飾を上下に重ねたコンポジット式柱頭が目を引く。また、列柱の両端部は、少し張り出され、外側に三角形のペディメント（壁）を支える角柱が並んで置かれるなど、過剰とも思える装飾性が見て取れる。

また、一階と二階を比較すると、二階の柱にはフルーティングという縦溝の模様が付くが、一階の付け柱にはない。平らな角柱形で、柱頭も簡素なトスカナ式。二階を支えるという役割を、柱の意匠が明快に表現しているのだ。

なお、明治二〇年代には、この開放的なベランダに建具が付けられ、室内化されていた。雨に対する処置だが、洋館が定着していく中でみられる日本化の動きであった。

復原工事では後補《こうほ》の建具は取り払われ、創建時の姿を見せている。

免震構造を採り入れる

この十五番館は、神戸居留地に残る貴重な建物として重要文化財指定を受け、一九九三（平成五）年に創建時の姿への復原工事が完成。しかしながら、二年後の阪神・淡路大震災で大きな被害を受けてしまう。

復旧工事では震災を防げる耐震性能の備えをめざし、木骨煉瓦造はもちろんのこと文化財建造物としても初めて、免震構造を取り入れた。ちなみに、免震装置は鉛入り積層ゴムを

神戸居留地十五番館

採用。建築の魅力はもちろんだが、免震というもうひとつの魅力が今回、加えられたことになる。

お雇い外国人の住まい――阿仁鉱山外国人官舎――

交通の不便な秘境と思えるようなところで、思いもかけず、洋館に出会うことがある。大半は、竣工年が一八八〇年代前後のものが多い。これらは日本人のものではなく、実は、技術者として招かれたお雇い外国人のために用意されたものだ。

「殖産興業」は、日本の近代化を推し進めた基本方針で、「欧米に追いつけ!」という新しい国づくりのために掲げた明治政府のスローガンだった。短期間で諸外国と競えるように取り入れた戦略がお雇い外国人制度。高額な給料を払い、イギリス人を中心とした技術者を始め、様々な分野の人材を雇い入れ、彼らの技術や知識を出来る限り吸収しようとしたのである。

山奥に建つ洋館は、鉱山関係の外国人技術者の官舎、島や岬の灯台に隣接しているものは、灯台の外国人管理者の官舎と思えばいい。

ドイツ人技師たち

鉱山で知られる秋田県北部の阿仁《あに》は歴史が古く、一三〇九(延慶二)年に金山、一三八七(嘉慶元)年に銀山、そして、一六三七(寛永一四)年に銅山がそれぞれ発見されたといわれ、エレキテルで知られる江戸の博物学者であり発明家である平賀源内も製錬指導で訪れている。

明治になると工部省鉱山寮の経営となり、一八八五(明治一八)年には古河財閥の創始者である古河市兵衛に払い下げられた。

お雇い外国人が派遣されたのは官営の時期で、一八七九（明治一二）年、ドイツ人鉱山技師長アドルフ・メッゲルと抗夫長F・ライヘルの二名が三年契約で来山し、また、その後三名のドイツ人技師が加わった。彼らは近代的知識に基づいた設備の導入を推し進め、鉱山の画期的な発展をもたらしたのだ。

記録によれば、外国人官舎は、ドイツ人技師を迎えるために用意された。最初の建物は二棟の木造洋館で、一八八〇（明治一三）年六月に完成し、メッゲルとライヘルが住んだ。そして、一八八〇年一〇月から新たに煉瓦造の外国人官舎二棟の工事が始まり、二年後の一八八二（明治一五）年一二月に完成した。その一棟が現存する阿仁鉱山外国人官舎だ。

本格的な洋館

駅から少し歩くと一棟の洋館が目に飛び込んでくる。煉瓦造の平屋で、切妻の急勾配の大屋根が特徴。外壁は、煉瓦の長手だけの段と小口だけの段を交互に積み上げるイギリス積みだ。

建物の周囲四面には木製のベランダが廻る。開口部はアーチ型の上げ下げ窓で、外に鎧戸《よろいど》が付いている。ベランダは元来、熱帯地方の暑い季節を過ごすための装置。こんな長い冬場を過ごす住まいには不要にも思えるが、流行には逆らえなかったのかもしれない。

各部屋は洋室で、暖炉があり、煉瓦の二基の煙突が屋根を貫き聳《そび》えている。冬は積雪も多く、暖炉は重要な暖房設備だった。この煉瓦や石は欧米の建築の主要材料で、日本で使う木材と比べるとはるかに重

阿仁鉱山外国人官舎

阿仁鉱山外国人官舎：ビリヤードルーム

い。重量のある材料は、熱を吸収するまでに時間がかかるが、一旦熱を帯びると今度はその熱を放射し、室内をじっくりと長い時間温めてくれる。暖炉や煙突という暖房装置が石や煉瓦といった重い材料で造られるのには、理由があったのである。

メッゲルの求めた住まい

メッゲルは、文化の異なる異国での三年の任期を務めたが、煉瓦造の洋館は完成するまでに二年を超えてしまい、メッゲルが使用することはなかった。

それでもメッゲルはこの建物の建設に深く関わり、主要材料の煉瓦も地元で焼かせた。小屋もわが国の工法と異なる木造トラスで、屋根裏の部屋としての利用が考えられていたし、南西隅の部屋にはビリヤード台の設置を意図した基礎が見られる。

まさに、官舎ながらも、自らの求めた、冬場も暖かく娯楽施設も備えた住まいの実現をめざしていたように思える。なお、メッゲルは任期満了にもかかわらず上京し、その後一年ほど後の東京大学となる工部大学校で採鉱冶金学の講義を担当し、帰国した。

煉瓦の町の木造洋館——日本煉瓦製造株式会社事務所——

洋館といえば赤い煉瓦を連想する人が多いだろう。

この煉瓦という建築材料は日本の近代化を象徴するものでもあり、当初は海外から輸入されていた。ただ、あまりにも高価なため、職人たちが手造りの煉瓦を焼いて対応し始めた。それでも生産量の限界があり、大量生産が可能な近代的施設が求められた。

そんな状況下、一八七二（明治五）年に着手されたのが銀座煉瓦街計画である。そこに出現した街路樹やアーケードのある歩道は、民間人が自由に楽しめるわが国初の西洋的ブールバールの出現となった。それ以前は、外国人用の町である横浜と神戸の居留地にしかなかったからだ。設計者は、お雇い外国人のトーマス・ジェームズ・ウォートルス。彼は大量に使用する煉瓦の工場も建てて実施に備えた。建物の設計だけではなく、都市の計画や材料の生産まで一手に引き受けたのだった。

官庁集中計画の立案

当時は、近代国家としての新生日本を諸外国に認めてもらうために西欧をモデルに様々な分野の整備が求められた。例えば、憲法の制定や国会議事堂の建設。二〇一七年に奈良少年刑務所（旧奈良監獄）が文化財指定を受けて話題となったが、罰するだけではなく、囚人を人として改心させるための近代的刑務所の設置も必要とされたのである。

こうした一連の整備のなかで、明治政府は欧米諸国にも劣らない諸官庁の連なる官庁集中計画をめざした。霞が関を中心とする現在の官庁は、この計画に起因する。

一八八六（明治一九）年、臨時建築局が設置され、ドイツ人建築家のヘルマン・エンデとヴィルヘルム・ベックマンが招聘《しょうへい》されて、見事なまでに壮大なバロック的配置計画が立案された。

計画を実現するため、エンデたちには良質な煉瓦を大量に製造できるよう機械化された本格的な工場が必要となっ

日本煉瓦製造株式会社事務所

た。臨時建築局の相談を受けた渋沢栄一は、古くから瓦製造が盛んで、材料入手や水運を可能とする故郷の埼玉県・深谷（上敷免《じょうしきめん》村）での民営工場の建設を薦めた。

一八八七（明治二〇）年には臨時建築局の招聘を受けたドイツ人の煉瓦技師ナスチェンテス・チーゼが来日。土質調査や工場建設の準備を行ない、日本煉瓦製造株式会社が設立された。

日本煉瓦製造株式会社

ホフマン式輪窯三基と工場の付属施設が整った一八八九（明治二二）年五月から本格的な操業を開始。その質の良さから上敷免製赤煉瓦と名付けられ、今日、明治期を代表する建築として知られる日本銀行旧館や赤坂離宮、そして東京駅などにも使用されたのである。

事務所兼住居は、煉瓦工場の重要施設にもかかわらず、なぜか木造の寄棟瓦葺き平屋建て。設計はチーゼ自身が行ない、一八八八（明治二一）年に完成した。

軒の出の小さい屋根には換気用にドイツ風建築によく見られる小さなドーマーウィンドウ（屋根窓）が付くものの、下見板張りの外壁で鎧戸《よろいど》付きの縦長のプロポーションの上げ下げ窓が並ぶ、ほぼ左右対称のシンプルなデザインだ。

内部は一間幅ほどの広い中廊下があり、左右に各部屋が配置されている。展示空間に転用されている部屋の天井の四隅には換気口があり、四周の円弧状の大きな窪みのような帯状装飾のモールディング（繰形《くりかた》）もシンプル。なお、背面には室内化されたベランダがあるが、当初は屋根だけの開放的な空間だった。

令嬢の来日と帰国

お雇い外国人の多くは単身赴任で、チーゼも同じ。生活は日本人の使用人が支えるものだった。しかし、住居が完成した一八八八年一二月には娘のクララが来日したため、チーゼは任期を終えるまでの一年間をここで娘と過ごし、一緒に帰国した。

どのような生活だったのかは、残念ながらわからない。それでも、お雇い外国人として招聘された煉瓦技師の住まいが、なぜシンプルな木造だったのかの理由のひとつが見えてきたように思う。煉瓦造では娘の来日までには間に合わなかったからだと。

宣教師の住まい──インブリー館──

布教活動のためにわが国に来ていた宣教師たちも、洋館を建てた。彼らは高等教育を受けた知識人でもあり、布教と共に、英語教育をはじめ新しい教育の普及もめざして、今日のキリスト教系の大学の創立にも深く関わった。そうした人々の生活した洋館をキャンパス内に留め、建学の精神や伝統を伝えようとしている大学もある。東京・白金の明治学院大学もそのひとつだ。

明治学院の創設

創設の歩みを見ると「ヘボン塾」に辿り着く。ヘボン式ローマ字を考案した聖公会の米人宣教医師J・C・ヘボンの夫人が一八六三（文久三）年に横浜で開いた英学塾だ。その後、東京・築地に開校した学校との統合などを経て、一八八七（明治二〇）年に明治学院となる。

敷地は、狭い築地居留地から現在地である港区白金台に移され、普通学部と神学部の二学部とし、寄付者の名前の付いた普通学部の「サンダム館」と寄宿舎「ヘボン館」が九月に完成。

「ヘボン館」は、伝道の傍ら英語による日本最初の和英辞典を刊行したヘボンが版権を売却して得た寄付金により建てられた。善意によって建設された校舎で学んだ最初のひとりが、作家であり詩人の島崎藤村である。その縁で、校歌の作詞もしている。

インブリー館

キャンパスに建つ宣教師館

グラウンドを囲むように配された建築群。その中には、四棟の宣教師館もあった。当時のキリスト教系の学校の多くは、キャンパス内に教師を兼ねる宣教師の館を建てた。教室内の教育だけではなく、学生たちとの食事や会話などの日常生活の中での教育を重視していたからである。

現存する宣教師館は、一八八九（明治二二）年頃竣工のインブリー館。一八七五（明治八）年に来日し、神学部教授として創設時から勤めたW・インブリーが長く住んでいたため、その名が付けられた。

明治学院では、ヴォーリズの設計で知られるチャペル（一九一六年）の近くにこのインブリー館と神学部校舎兼図書館（一八九〇年）を曳家《ひきや》し、歴史ゾーンとしてまとめている。キャンパスでの歴史的建造物の継承のひとつの見本にもなっている。

現在、事務室・会議室として使用されているインブリー館は、現存する宣教師館としては東京最古のもの。木造二階建てで、外観は装飾的要素に満ち溢れている。流行の住宅をアメリカからそのまま持ち込んだかのようで、わが国の伝統的な建築要素はまったく見られない。

では、当時アメリカで流行していた住宅様式はどのようなものだったか？

じつは、これが意外に説明し難い。この頃、アメリカでは、イギリスのヴィクトリアン様式を起源に自由さと協調性を加味した〝華やかさ〟を特徴とした様式が多数存在していたからだ。

華やかな米国スタイル

まず目に付く外観の特徴は、異なる高さの屋根を組み合わせた非対称の構成。外壁も全体を下見板張りとしつつ、三角形の妻面はギザギザのこぎり歯状のシングル（小板）張り、胴蛇腹の下部の小壁はうろこ状のシングル張りというように部分的に異なる仕様を組み合わせている点が面白い。さらに

インブリー館：応接室

目を凝らすと、軒や庇《ひさし》を支える装飾的なブラケット（持ち送り）、妻面の太陽を表現したような日輪模様のアップリケ装飾、あるいは、上げ下げ窓の格子状の組子も、独特の雰囲気を醸し出している。

こうした豊かな装飾による複雑なデザインや多様な材料の使用は、まさにアメリカの一九世紀中・後期に流行した様式の特徴であり、その様子がこの住宅から伝わってくるのだ。

ただ、華やかで何となくウキウキと楽しい気分にさせるこの住宅の設計者は、実は不明。この時期、アメリカではパターン・ブック（図面集）が普及し、それさえあれば誰でもどこでも同じような住宅の実現が可能であった。インブリー館もそれが手本とされたのでは、と考えられている。

動物園の中の洋館――ハンター邸――

神戸は、居留地があったこともあって洋館の宝庫だ。長崎には幕末から明治初期のものが多いのに対し、神戸には明治中期から後期のものが多いのが特徴。居留地が廃止されたのが一八九九（明治三二）年で、居留地後半期以降の、より本格的で高質な外国人専用洋館群エリアといえるだろう。

不思議な立地の洋館

そのひとつであるハンター邸は、現在、神戸でもちょっと想像できない場所に建っている。入園料を払って猛獣の声の中を愛らしいペンギンのしぐさを横目に最奥まで進むと出会える。そう、ここは、神戸市立王子動物園の中。こんな面白い場所にある洋館は、私も初めてだ。ただ、ハンターは狩人という意味ではない。れっきとしたイギリス人の名前。

とはいえ、最初からここにあったわけではない。創建は一八九〇（明治二三）年頃で、開港以来神戸で事業を始め、後の日立造船となる大阪鉄工所を経営していたエドワード・H・ハンターがドイツ人の建てた住宅を購入し、一九〇七（明治四〇）年に山手の高台に移築したのである。
戦後、建物が解体の危機に瀕し、文化財的価値が高いことから兵庫県が買い取り、神戸市が市有地を提供して一九六三（昭和三八）年に現在地に再度移築されたというわけだ。

菱格子の開口部の洋館

突然姿を現す建物を前にすると、いやがおうにも目に飛び込んでくるのは、ガラス窓の白い菱格子模様の組子。清らかなレースの布地に包まれているかのような姿から受ける驚きは、その美しさを目にすると一瞬にして感嘆に変わる。

建物は、木造の骨組みに壁材として煉瓦を用いた木骨煉瓦造の二階建て。塔屋があり、その一階が玄関となる。外壁は表面に浅い線模様の付いたモルタル櫛目引きの塗壁で、軀体《くたい》に用いられている煉瓦は見えない。屋根は寄棟で、スレート葺きだ。初見で圧倒されたガラス窓は、一、二階の南側に面して並べられた諸室の東・南にL字型に配されたベランダ部分。柱は二本を対とした双子柱を基本とし、室内の部屋の形状にあわせた二つのベイウィンドウ（張り出し窓）のような突出部があるなど、リズミカルな変化と優美さを醸し出している。

創建当時は、ガラス窓のような建具はなく、開放されていたが、移築時に室内化され、菱格子を中央に配した組子の窓や扉が配された。こうした賑やかな幾何学的な組子は、一九世紀末に流行していたアメリカのヴィクトリアン様式の特徴でもあり、その影響を受けたものと思われる。

質の高い古風なインテリア

見事なアイアンワークによって造られた持ち送りで支えられた庇《ひさし》をくぐると、市松模様を基本としたタイル敷きの玄関。そこを通って見ごたえのあったベランダへ。太陽の光を燦々と浴びた菱格子の影が床に映し出され、四半敷き風の格天井《ごうてんじょう》とあいまって、内部も魅力的な空間となっている。

再び廊下に戻って、一階の奥の部屋へ。一番奥の部屋は食堂。隣の応接室とは大きな引き戸で区切られている。欧米の住宅も、この頃になると壁で仕切られた閉鎖的な部屋を並べる時代から、引き戸で繋ぐ開放的空間が普及し始めていたことがわかる。ただ、その引き戸のある二部屋の境には、重厚感漂う二本の柱で支えられた三角形ペディメントの装飾がある。しかも、三角形の斜辺二本が途中でチョン切れている。こうした壊れた形状はオープン・ペディメントと呼ばれ、バロック様式の建築に多用された手法として知られる。

各部屋の天井廻りのモールディングと呼ばれる装飾も、極めて彫りが深い。こうした装飾性を強調した形式は、洋館でも古いタイプの特徴だ。おそらく、再建時というよりも創建時のデザインがそのまま生かされてきたように思われる。

なお、不思議なことに、こうした魅惑的な洋館であるのに、創建時も再建時も、その設計者はわからない。謎のままである。

古材を再利用した洋館——ハッサム邸——

神戸は洋館の宝庫。ただ、こうした洋館がスムーズに保護され、維持されてきたわけではない。文化的価値が高いといわれても、所有者から見れば現代生活には適合せず、建て直したいという思いも強いのだ。

現在のようになったのは偶然ではなく、地域住民と研究者と行政が三位一体となって積極的に保護を進めたから。その後、観光資源としての価値も認められてきた。それでも、都心部など地価の高い立地の建物は、保護を受けても現地での保存は難しい。そのため、移築保存という方法を取らざるを得ないという事態も生じた。

ハッサム邸は一九〇二（明治三五）年に新築届けが出された。創建時の施主はインド系イギリス人のＪ・Ｋ・ハッサム。綿花や米穀などを扱う貿易商人で、居留地内に店舗を、山手の北野町には本宅を構えた。住まいは建設後、半世紀を経た一九六〇（昭和三五）年には、所有者も変わり老朽化の中で解体の危機に瀕していた。

研究者たちから文化財としての保護要請を受けた神戸市は、所有者との協議の中で、建物の無償の寄付の同意を得、戦後、都市公園として整備した市有地の相楽園内に移築保存したのである。

ハッサム邸の特徴

建物の形式は、木造二階建てで桟瓦葺き寄棟屋根。南側全面にベランダがあり、間取りも中央部に中廊下を設けて左右に諸室を配置するなどベランダコロニアルスタイルといえるもの。

ただ、外壁が下見板張りである点が興味深い。ベランダコロニアルスタイルの場合、外壁は漆喰や煉瓦造や石造の大壁というのが一般的だったからである。

一方、下見板張りは、北海道の明治初期の洋風建築に取り入れられたもので、下見板コロニアルスタイルと称されるアメリカ系の特徴であった。

こうしてみると、この住宅の特徴は幕末から明治初期にわが国にもたらされた二つのコロニアルスタイルの特徴を併せ持つものということになる。

もうひとつの特徴

わが国に最初に出現した洋風住宅を象徴する二つの基本的要素。一九〇二年という竣工年から考えると、それらからなる洋館はやや時代遅れのクラシカルなもののようにも感じられる。それでも、細部には充実した質の高いデザインが見て取れる。

例えば、ベランダ中央部の台形状の張り出し。建物の東西の両側の部屋も角を切り取って同じ台形状のベイウィンドウ（張り出し窓）風とするなど、左右対称の建物全体の構成にアクセントを設けている。

ベランダの張り出し部分も、詳細に見ればその部分の柱だけが丸柱で他は角柱。柱頭も、一階の簡素なトスカナ式に対し二階はコリント式とするなど、緻密なデザインが施されている。

内部も、見せ場となる階段部分はすべて、磨けば光沢が出る狂いの少ない欅《けやき》材だ。親柱にはアカンサスと唐草の彫込、手摺や手摺子《てすりこ》にはロクロ引きの加工精度の高い細工がみられる。また、暖炉廻りのデザインも質が高く、暖炉用鋳鉄製金具はアメリカ製の輸入品だ。

古い様式採用の理由

設計者は、イギリス人建築家A・N・ハンセルと考えられている。一八八八（明治二一）年に来日した建築家で、一九一九（大正八）年に日本を去るまで主に神戸を拠点として活躍した。

建築家の作品ならば、なぜこんな時代遅れの作風としたのかという素朴な疑問が湧く。その謎は建物を解体した際に明らかになった。

実は、この建物は、古い洋館の古材を再利用して建てられていたのだ。前身の建物は、矩形状の三面にベランダを持つベランダコロニアルスタイルで、明治初期から一〇年代頃のものと、古材の痕跡から推定される。この解体により、ハンセルが古い洋館の古材を再利用しながら、新しいデザインを加味した魅力的な住宅を生み出していたことが明らかになったのである。

新様式の息吹を再現──トーマス邸──

明治後半の一九〇〇年前後になると、ヨーロッパでも世紀末芸術と呼ばれる新様式が一世を風靡し、新時代の到来を告げていた。そうした新様式は、視察や留学で海外に出かけていた建築家たちや新たに来日していた外国人建築家たちにより、導入されることになる。洋館もコロニアルスタイルという古い衣から新様式へと着替え始めることになる。

風見鶏で知られる洋館

神戸で最も有名な洋館といえば、「風見鶏の館」で知られるトーマス邸だ。貿易商だったドイツ人ゴットフリート・トーマスの邸宅で、一九〇九（明治四二）年頃の竣工だ。

四角錐状の尖がり屋根のてっぺんに渦巻き状の長い尻尾の鶏が風に吹かれている姿から、何とも言えない愛らしさが伝わってくる。だが、この建物の魅力はそれだけではない。新時代を告げる新しい表現が室内にもふんだんに取り入れられているのだ。

一九〇〇年のパリ万国博覧会を機に世界に知れ渡ったのが曲線表現を特徴とするアール・ヌーヴォー。建築分野では、当時、それまで建築材料の主役だった石や煉瓦からその座を奪うことになる鉄とガラスが登場していた。曲線を活かした独特な表現は、かたちを自由自在に変えることのできる新しい建築材料の特性を活かしたものだった。

新しい時代を告げる新様式は、瞬く間に世界中に広がり、ドイツでは同じような特徴を持つ様式はユーゲント・シュティール（若い様式）と称された。そして、この新様式はわが国にも持ち込まれたのだった。

ドイツ人建築家の作品

急斜面に接して建てられた洋館は、敷地の高低差を利用した半地下のある塔屋付きの二階建て。クイーンポスト・トラスによる小屋組の屋根裏を被う大屋根は、スレート葺きの急勾配の寄棟で、三本の暖炉用煙突が屋根を貫いている。

構造形式は複雑だ。半地下部分の外壁は煉瓦壁の外側に粗い仕上げの花崗岩《かこうがん》を積み、建物の基礎をがっちりと担う表現。上部は、基本は煉瓦積だが、一階は煉瓦を見せる化粧積、二階は柱などの木部が見えるハーフティンバーだ。

一、二階のベランダ部分と一階の多角形状の張り出し部分は木造で、玄関ポーチは石造。しかも、煉瓦積は開口部の上下の横材（下は窓台、上はまぐさと呼ぶ）を白い御影石《みかげいし》、ハーフティンバーの壁は白石灰モルタルとし、部材同士の色の違いを利用し、お互いの存在を強調するデザインだ。こうした複雑な構成が魅力的で見事な外観を生み出している。

設計者は、ドイツ人建築家のゲオルグ・デ・ラランデ。一九〇三（明治三六）年に来日し、横浜で建築事務所を構えていたR・ゼールの所員となった。入所間もなく事務所を譲り受け、東京に事務所を移転。また、横浜と神戸に支所を設けるなど事業の拡大を推し進めた。

新様式の魅力

玄関に立つと、たちまち新様式のユーゲント・シュティールに出会える。ポーチ柱の柱頭は、彫が浅く、緩やかな曲線によるもの。玄関扉の直線と曲線を織り交ぜた鉄製の飾り金物のデザインも新鮮だ。

内部のデザインも秀逸で、簡素な室内意匠だが、要所に新様式の香りがする。特に、建具や家具などの飾り金物、あるいはシャンデリアなどに自由曲線のデザインが見て取れる。

例えば、食堂。扉の枠飾り上部から部屋の腰壁の羽目板上部までギザギザの歯形状の装飾があり、独特の重厚感が漂う。大引《おおびき》が密に配された重厚な天井からは、繊細な曲線による五灯シャンデリアが下がる。造り付けの重厚感漂う食器戸棚の飾り金物も軽快な曲線だ。また、暖炉の両脇に配された対のステンドグラスも直線と曲線を組み合わせた抽象的でモダンなデザイン。これもユーゲント・シュティールだ。

風見鶏もまた新様式によるデザイン。新様式が新風をまき起こしていることを鼓舞しようとしたのかもしれない。

大工の生んだ様式の洋館──マッケーレブ邸──

東京に残る宣教師館として最も古いものは明治学院のインブリー館。現存するものとしてこれに続くのが、豊島区のマッケーレブ邸だ。

地域周辺の住民たちの熱心な保存運動の末に、現在、明治期の貴重な建築遺構として東京都指定有形文化財に指定され、地元のランドマークとなっている。

宣教師マッケーレブ

東京・池袋駅のほど近いところに雑司ヶ谷霊園がある。一八七四（明治七）年に青山霊園や谷中霊園と共に共同墓地として開園され、夏目漱石や永井荷風あるいは東郷青児などの著名人が眠る、緑豊かな散歩の名所としても知られる。

この霊園に隣接して建っているのがマッケーレブ邸だ。アメリカ人J・M・マッケーレブは、一八九二（明治二五）年に妻デラと布教活動のために来日。一九〇七（明治四〇）年には、現在地に邸宅を建設して移り住み、青年を対象にキリスト教的な人格者育成をめざす雑司ヶ谷学院を開設した。大学に通う学生たちを集め、共同生活をさせながら夜は聖書と英語を教えたのである。また、併せて教会堂を建設し、幼稚園を併設するなど幼児教育も積極的に展開した。

関東大震災で校舎を失った学院は閉じ、妻は子供の教育のために帰国するが、マッケーレブは大使館からの帰国勧告を受けた一九四一（昭和一六）年まで教会堂と幼稚園の活動を継続した。

尖がりアーチ風窓桟のある住宅

当時の宣教師たちの生活はつつましく、住宅もどちらかといえば質素なものだった。それでも、木造二階建ての住宅は様式的には日本では見ることのないアメリカ独自のものといえた。外壁は、アメリカ建築の特徴である白ペンキ仕上げの下見板張りで、基礎部分の最下部の外壁はスカート裾のように外に広がっている。壁を伝って落ちる雨から建築の最も大切な基礎部分を守るためのデザインといえる。建物は同一仕様の外壁の単純なデザインだが、全体に凹凸があり、それを活かしながら、三角形の破風《はふ》を三面に見せる魅力的な外観を生み出している。

細部にも独特なデザインが見て取れる。例えば、玄関部の屋根を支える柱上部の方杖《ほうづえ》。独特の手の込んだ繰形《くりかた》が施され、上げ下げ窓の上部の桟割りは極めて特徴的で、一見するとガラス部分は尖がりアーチの連続したものにも見える。

こうしたデザインは、一九世紀末にアメリカで流行したカーペンター・ゴシック様式ともいわれるもので、建築家の代りに大工が見よう見まねで造り上げたゴシックスタイルの建築というわけだ。それは、日本の擬洋風建築に通じる様式ともいえるだろう。

合理的な間取り

質素な点は、間取りに最もよく表れている。基本となる部屋は、一、二階とも三室。二室は連続して引違いの建具で仕切られ、二部屋に跨《また》がるように暖炉がある。もう一部屋は、その暖炉用の太い煙突を挟むようにT字型に配されているのだ。一本の煙突を三室の暖炉用に利用するための配置だ。煙突は、建設費がかかるために、経済性を考えた合理的な配置をとっているのだ。

なお、暖炉は、洋間では最も装飾的な部分。一階の居間の暖炉だけは、アール・ヌーヴォー風の植物をあしらった彩色豊かなタイルが見られるが、床は板張りで、天井も板張りの格天井《ごうてんじょう》と質素。二階の寝室の天井も同様だが、格子部分の材料は竹を用いた、くだけたデザインとなっている。

設計者は、残念ながら不明。ただ、全体的に材料も装飾も抑えられた簡素な造りではあるが、要所要所のデザインは明快で、間取りも合理的なもの。素人の作品とは思えず、外国人建築家の関与が十分考えられる。

なお、保存に際しては、敷地の制約のため、建物を曳家して位置と向きが少し変えられている。都心部などの土地の高価な場所の保存にあたっては、移築の他に近年こうした曳家という方法も積極的に見直されている。

第2章

洋風化を志向した日本人たちの最初期の住まい

アメリカ建築の影響を受けた札幌の住宅――永山邸――

幕末期、洋風住宅が建てられていたのは居留地だった。日米修好通商条約によって外国船が寄港できる開港地と開市が定められ、長崎・横浜・箱館、そして、新潟、江戸、大坂、神戸の順に開かれた。それぞれに居留地が併せて設けられ、外国人はそこに住むことができたからである。

北海道の開拓使

明治期になると、お雇い外国人たちの洋風住宅が各地に次々と建てられることになる。なかでも北海道では、一八六九（明治二）年に開拓使が設置されると、札幌を中心に多数の外国人技師用の洋風住宅が建てられた。明治政府が開拓の技術援助をアメリカに依頼したため、アメリカ系建築が導入されたのである。「少年よ大志を抱け」の言葉で知られるクラーク博士が札幌農学校（現・北海道大学）の初代教頭として来日したのも、この時のことだった。

アメリカ系の建築

北海道の建築といえば、札幌の時計台（札幌農学校演武場）が有名。アメリカ人のW・ホイーラーの手になるもので、この時期の建築の代表格だ。

しかも、デザインだけではなく構造形式も日本とは異なり、アメリカで開発されたバルーン・フレーム構造と称されるもの。日本建築の柱や梁などの角材の代りに板材しか使わない工法で、釘で打ち付けた板材からなる壁や屋根で全体を覆うことから名付けられた。

とりわけ、外壁は板材を横に配し、羽重ねして釘で張り付ける下見板張りとなる。日本の伝統建築にも下見板張りがあるが、使用する板材は幅が大きくて薄いため、反りを押さえるために押縁と呼ばれる棒状の部材を縦に打ち付ける。同じ板を使用する外壁でも、アメリカ系のものは見た目も大きく異なるのだ。

明治初期のアメリカ系住宅

明治初期の開拓使の建築といえば、このアメリカ系の下見板張りが主役だった。ただ、残念ながら、時計台のような、開拓使の手になるアメリカ系の住宅はほとんど残っていない。

それでもアメリカ建築の影響を受けて建てられた日本人の洋風住宅がある。北海道開拓に尽力し、屯田兵司令官や北海道庁長官などを歴任した永山武四郎の自邸だ。

竣工年は一八八〇（明治一三）年頃。同じ時期に建設された開拓使工業局営繕課の手になる札幌の公園、偕楽園の休息所「清華亭」があり、外観も間取もよく似ていることから、この時期のものと推定されている。

永山邸の特徴は、玄関正面の三角形の切妻面に十字型の飾りがあり、外壁は下見板張りで、隅部などに柱状の板材である定規柱（角材ではなく板状の部材で柱を装うことから付けられた呼び名か）が張り付けられていること。こうしたデザインは当時の開拓使の手掛けたアメリカ系の洋風建築に共通した要素なのだ。

和室を取り込んだ住宅

もうひとつの特徴には驚いた。洋風の外観ながら、室内には書院座敷と洋風応接室の異なるスタイルの二室が共存しているのだ。

和室と洋室が混在する住宅は現在では当たり前となったが、筆者はこれまで、文献資料をもとに、こうした住宅は明治後半から始まると主張してきた。それが覆されたからだ。おそらく、アメリカ建築の導入をもとに開始された開拓の中で、いち早く和洋の混在化が行なわれたのであろう。まさに札幌の建築の先駆性を示す事例ともいえるのだろう。

めげずに改めて拝見。書院座敷は畳敷きで、床の間とともに違い棚と付け書院のある本格的な座敷。一方の洋風応接室は板張りで、上げ下げ窓、天井の中心飾りなど、本格的な洋室。洋風応接室と書院座敷とを比べてみると、洋風応接室の天井が、イスを利用するために高い。和洋の違いが高さにも表現されていることがわかる。

いずれにせよ、日常生活は別棟で行なわれていたが、現存するのはこの二部屋を含む接客用の棟だけ。立場上、外国人の訪問者も多く、洋室の応接室が必要だったようだ。洋風生活が上流層の人々の生活にも確実に浸透していたのだ。

暖房設備の先駆け──新島邸──

開国により、幕末期には外国人が続々と日本に押し寄せた。一方、渡航が禁じられてはいたものの、外国に渡った日本人もいた。

では、そうした海を渡り外国生活を経験した人々は、帰国後、どのような住まいを建て、どのような生活をしていたのであろうか。

そんな問いに答えてくれる住宅が、京都の同志社大学の創設者、新島襄の自邸である。

新島襄と同志社英学校

新島は、アメリカに憧れ、一八六四（元治元）年に開港地のひとつであった箱館に渡った。そこで、ロシア領事館付きの司祭で後に日本正教会の創設者となるニコライと出会い、密航の協力を得ると、一八六五（慶応元）年、念願のボストンの地に立った。

アメリカでは理学と神学を学び、在米中には岩倉遣外使節団と出会い、通訳としてヨーロッパにも滞在している。神学校を卒業後は宣教師の資格を取得し、キリスト教主義の大学の設立をめざして帰国することになる。そして、翌一八七五（明治八）年一一月には、京都に同志社英学校を設立した。

新島邸の魅力

一八七六（明治九）年に結婚した新島は、一八七八（明治一一）年九月に新居を建てた。経済的な余裕はなかったが、ボストンの友人からの寄付金が充てられたという。設計にあたっては、同志社英学校の教師で、宣教師でもあった医師テイラーの助言をもらいながら、自身で行なったようだ。

住まいは、高床造りのように少し高い床の木造桟瓦葺き二階建ての建物である。施工は京都の大工。外壁は柱材の見える真壁で、屋根も和小屋と基本的な造りは伝統建築だ。ただ、外側の三面にはベランダが廻り、当時の居留地の洋風住宅同様にベランダコロニアルスタイルの強い影響が見て取れる。

内部は、一階の応接間はもちろんのこと、続く居間もフローリングのイス座、二階の寝室にもベッドが置かれている。一階には畳敷きの茶室があるが、これは後の改造によるもので、当初は、すべてがイス座の洋風生活の場として建てられていたのである。

洋風の形式はトイレにも見られる。一部が一段高い腰掛け風になり、中央に穴が開いている。ここに腰掛けて使用する造りなのだ。

台所も、当時の日本家屋のように土間はなく、すべて床部分。これも洋風の造りといえる。

見事な暖房設備

高床の建物風に床を高くし、ベランダを配した開放的な造りは、まさに夏の暑さのための対策である。伝統建築では、〝夏を旨にすべし〟といわれるように、ことさら夏の厳しさにどう対処していくかが住まい造りの要点だった。

しかし、新島邸は、さらにその先の対処を実践していた。冬の寒さ対策としての暖房設備の導入も試みていたのである。

応接間の隅をみると、一見押入れのようにも見えるが、大きな鉄の開き蓋からストーブとわかるものがある。洋間の暖炉の代りに設置されたものである。ここまでは普通。だが、ストーブの置かれた裏側の廊下を見て驚いた。ストーブの裏側上部から煙突のようなものが二本出ていて、廊下の天井を這っているのだ。

これは、〝ダクト〟。ストーブで熱せられた空気をダクトで、二階の寝室などに送り込んでいるのだ。

さすがにこの設備には唖然。今風に言えば、セントラルヒーティングの走りということになるからだ。ダクトの行き先を確かめるために、改めて二階の各部屋を見ると、部屋の隅の床の一部に蓋つきの排気口があった。

今日の住まいには、暖房は当たり前になりつつあるが、新島は日本住宅の欠点として暖房設備の遅れを感じていたのだ。

このストーブとダクトの効果はやや疑問だが、それでも日本の伝統住宅の姿を継承しつつ、洋風の良さを採り入れて行こうとする新島の姿勢がよくわかる自邸なのである。

伝統美を放つ洋館――無鄰菴――

古都京都にも魅力的な洋館がたくさんある。

しかもその意匠を見てみると、わが国の伝統性を強く感じさせてくれる京都ならではのものもある。

それは造り手が未熟で洋館らしくできなかったのではなく、明らかに伝統を生かしつつ新しいモノづくりをめざしたための意識的なデザインといえるかもしれない。

無鄰菴会議

政治史にはしばしば、建物や場所の名を冠した会議が登場する。多くは、政治上の重要な決定などに深く関わっていた人物の住まいや別荘で、無鄰菴《むりんあん》会議もそのひとつだ。

この無鄰菴という名称は特定の建物の呼称ではなく明治・大正期に活躍した政治家・山縣有朋の別荘を指しているという。京都東山の名刹南禅寺のすぐ近くにあり、境内を流れる琵琶湖疏水の豊かな水を利用した見事な日本庭園を擁し、明治の名園として知られる国の名勝でもある。

近代日本の存在を世界に知らしめた出来事として日露戦争の勝利があげられるが、開戦直前の一九〇三（明治三六）年四月二一日、山縣有朋とともに、伊藤博文、総理大臣の桂太郎、外務大臣小村寿太郎が、その後の戦争にまで発展した対露方針を定める重要な会議を行なった場所が、別荘の洋館二階である。

山縣有朋の別荘

彼らが見事な庭園を楽しんだかどうかは知る由もないが、人影もまばらな閑静な場所であり、密談にはふさわしい場所ではあった。改めて、山縣の残した別荘を見てみよう。

別荘の完成は一八九六（明治二九）年、無類の庭好きでもあった山縣は、東山を借景し、また防火用という理由で琵琶湖疏水を屋敷内に引き込み、滝や池、そして浅い流れを楽しんだ。また、苔に代えて和芝を用いるなど、近代庭園の庭師として名を遺す小川治兵衛とともに伝統的庭園とは異なる新しい庭園づくりを展開した。一方、建物のほうは、数寄屋風の開放的な木造二階建ての母屋、藪内流燕庵《やぶのうちりゅうえんなん》を模したとされる茶室、そして、煉瓦造の二階建ての洋館を設《しつら》えた。

ちなみに、無鄰菴の名称は、文字通り、隣に建物の無い所、という意味で、山縣が人里離れた人影のない場所を好んでいた様子がこれから想像できる。

会議の開かれた洋館はというと、一階部分が倉庫、二階を居室にすべく計画された。注目されるのは、まず外観だ。建物は道路際に建てられているため、外からその姿が見える。ただ、土蔵風で洋館には見えない。しかし、庭に入って眺めるとそれが一転する。品の良い抑え気味の柱を外部に露出させたハーフティンバースタイルの外観なのだ。こうした表と裏の顔の違いは、おそらく周辺環境に合わせた結果生じたのだろう。

階段で二階へ上がると、突きあたりは応接室。比較的広く天井も高い部屋である。床面には絨毯が敷かれ、ひじ掛けのあるイスとテーブルが置かれている。天井からはシャンデリアが吊り下がり、窓も縦長のプロポーションで、カーテンレールとカーテンなど、これだけ見れば、普通のどこにでもある洋室だ。

だが、この部屋は違った。部屋全体から放たれる雰囲気が、限りなく和風なのだ。その理由は薄暗い室内壁の意匠。ドアを開けた正面の壁には躍動感を感じさせるような、枝を大きく張り出した松の大木が描かれている。室内を見渡すと、四面ともに板パネルの腰壁上が、江戸幕府の御用絵師だった狩野派の金地の花鳥画で埋め尽くされている。天井も折上格天井《ごうてんじょう》で、格間《ごうま》には花鳥の文様が描かれている。まさに伝統的な武家住宅の豪華絢爛な日本意匠が凝縮され、緊張感さえ感じられるのだ。

こうした室内は、京都ならでは。まさに和魂洋才という言葉が似合う。設計者は、新家孝正《にいのみたかまさ》で、工部大学校を一八八二（明治一五）年に卒業し、工部省や逓信省技師などを経て活躍した明治期の建築家であった。

能舞台を取り込んだ和館——高取邸——

洋館を持つことが宮家や高官などの上流層の間で普及し始めると、地方の実力者たちの中にも洋館を住まいに構える人々が現れた。

一方で、身分制で許されなかった武士たちの巨大な書院造の座敷を洋館の代りに構える、いわば伝統建築による和洋館並列型に触発されたような形式も見られるようになった。

一九〇五（明治三八）年に竣工した唐津市内にある高取伊好《これよし》邸には、巨大な和館群の玄関脇に小洋館がある。これは後に増築されたものだが、創建時は、生活の場としての和館の脇に、接客用に屋根高の高い大規模な二階建ての和館が設置されていた。

巨大な二階建ての和館

戦前期には産業界の発展に伴い、様々な分野で巨額の富を得た人々がいた。高取もそうしたひとり。慶應義塾を卒業後、工部省鉱山寮で採鉱技術を学び、技術者として採炭現場に立つ。一八八五（明治一八）年に独立して故郷の佐賀に戻り多くの炭鉱を手掛ける。一九〇九（明治四二）年には買い取った杵島《きしま》炭坑を、持ち前の技術力で優良炭坑へと押し上げ、財を成した。「肥前の炭鉱王」の出現である。

この屋敷は、そんな異名を得た頃のものである。木造二階建ての大規模な和館で、玄関部を挟み、家族生活の居室棟と廊下で繋がる接客用の大広間棟があり、中庭を取り囲むよう建てられた。

居室棟には、家族の使う諸室、使用人たちの働く台所廻り、仏間と伊好の寝室と書斎などがある。仏間の開口部は禅宗建築とともに導入された火灯《かとう》窓、天井は折上格天井《ごうてんじょう》と、仏間ならではのデザインだ。

寝室と書斎はさらに興味深い。どちらも和室だが、部屋境に暖炉があり、書斎の暖炉の上のマンテルシェルフ（炉棚）は、軸物を掛ける床の間のように使われているのだ。

日本の住宅は、夏の涼しさを追い求めるあまり、開放的な造りとなって冬場は寒いのが欠点だ。それを克服するために洋館を建てるのではなく、暖房装置としての暖炉だけを、伝統的な建物のなかに採り入れる。そんな姿勢が極めて新しい。高取の合理性を求める技術者らしさの一端を示すものだろう。

能舞台のある座敷

前述のように、大広間棟はまさしく接客用の建物だ。

二階は一五帖敷きの二間からなる大広間、一階も二間で、海側の北の部屋が奥大座敷、西側がその次の間。周囲には畳廊下が廻り、開け放すと巨大な大部屋となる。しかも、よく見ると面白い工夫が施されている。

一五帖の次の間の畳を上げるとピカピカに磨かれた板の間が現れるのだ。奥大座敷側から改めて見ると、背後には金地に枝ぶりのよい老松を描いた鏡板となる板戸があり、奥には鏡の間、控え座敷など能舞台用の諸室も配されている。

江戸期の住宅遺構などでは座敷に面する庭に能舞台が設置されていることがある。能は接客時の最大のもてなしの娯楽でもあったのだ。こうした能舞台が室内の一角に取り込まれている。

明治中期頃から欧米化の動きの反動として、実業家などを中心に茶道や華道あるいは能といった様々な伝統芸能の復活の動きが活発化した。伊好も漢詩や能を好み、自らも演じ、住まいの完成披露には能が実演されたという。

洋館の設置

能舞台で話題をさらった炭鉱王の住まいであったが、一九一八（大正七）年には、伝統的な造りの中に一部屋だけの洋館が増築された。

正面には暖炉が置かれ、高い漆喰《しっくい》天井からはアール・ヌーヴォー調のシャンデリアが下がり、優雅さを醸し出している。大正期になると洋装の客を迎える機会も増え、簡単に客に応対するための施設も必要となったのであろう。小さいながらも洋館や洋室は、和館中心の伝統的住まいでも必需品となるほど、広く浸透していたのである。

擬洋風の別邸建築――盛美館――

欧米建築が日本へと導入された過程は複雑で、単純にそっくりそのまま取り入れられたというわけではなかった。技術や知識はもちろんのこと、材料もなかったし、そもそも美しさの基準だって異なっていたからだ。特に、建築家のほとんどいなかった明治初期には、大工が洋風を真似ながら造り上げた〝擬洋風建築〟が出現し、一八八七（明治二〇）年頃まで流行していた。

擬洋風建築

〝擬洋風建築〟とは、洋風を摸した建築という意味だが、そもそも洋風建築自体が、欧米建築を真似たものという意味だからややこしい。

少し説明しよう。

建築家を正規の建築教育を経て知識と技術を学んだ技術者とするならば、大工はそうした教育とは無縁の存在だった。

欧米建築の導入のために建築家教育が開始されたが、育成途上にあった明治初期では新しい洋風建築の需要を満たすため、日本人大工たちがデザインにも対応せざるを得なかった。基本知識のない大工たちは自分たちの伝統技術を駆使し、見よう見まねで次々と和洋の混在する洋風もどきの建築を生み出したのである。

だが、大工の手による建築は、建築家の目から見ると原理を無視したまがい物にしか見えなかった。この名称には、そんな批判が込められているのだ。

和洋を上下に重ねた盛美館

洋風建築の知識に欠けていた大工の作品だが、時にはそれが幸いして名作を生み出すこともある。

青森の弘前市に隣接する平川市に一九〇九（明治四二）年に竣工した盛美館は、そんな代表例のひとつ。和洋混在という点では、まさしく擬洋風建築だが、独自の作風を持つ傑作といえる。

最大の特徴は、たんに和洋を混在させるのではなく、一階部分は外部と連続する開放的な縁側を配した伝統的な和館、二階部分はドーム屋根の展望室を配した漆喰壁の洋館とし、それらを上下に重ね合わせていること。

このデザインは、擬洋風建築の最初期の代表作として知られる一八七二（明治五）年竣工の清水喜助の手になる海運橋三井組（後の第一国立銀行）と共通する。正面にベランダを配した木骨石造の二階建ての建物の上に千鳥破風《はふ》や唐破風を配した城郭風の塔屋付きの屋根が載っているからだ。

ちなみにこうした外観は、明治期にフランス人画家ジョルジュ・ビゴーが日本人の新しいいでたちとして描いた、着物姿にシルクハットをかぶった姿の風刺画を彷彿とさせる。一見珍妙とも見えるその外観は、欧米文化の導入期の様子を伝えるものでもあり、また、新時代にふさわしい建築を追求しているかのようだった。

やや時代遅れの感もある、そんな盛美館の出現も、設計者である大工の西谷《にしや》市助《いちすけ》の師と伝えられる弘前の大工・堀江佐吉が、擬洋風建築の代表作、第五十九国立銀行を一九〇四（明治三七）年に完成させていることを考えれば、納得がいく。

なお、西谷はデザインを考案するにあたって東京や横浜で洋館見学を行なったが、先の海運橋三井組は一八九七（明治三〇）年にはすでに解体されており、出会うことはなかった。その意味では、和洋を上下に重ねるというアイデアは、まさに大工独自の考案といえよう。

庭園と建物の融合

ところで、施主の地元津軽の豪農で資産家でもあった清藤盛美《せいとうもりよし》は、農閑期に農民が収入を得られるようにと、お助け普請として一九〇二（明治三五）年から庭づくりを開始し、その一環としてこの建物を隠居用の別宅として建てたという。

九年ほどかけて完成した庭園は盛美園と呼ばれ、枯山水庭園と池泉回遊式庭園を併せ持つ。江戸末期に津軽地方に流行した大石武学流の代表作として知られ、国指定名勝ともなっている。

盛美館の出現により、庭園はより魅力的な景観を生み出した。そして同時に、広大な庭園を見下ろすという新しい視点も得ることができたのである。

数寄屋造に洋を加味した住宅―芝川邸―

武田五一の名作といわれた芝川邸は、阪神・淡路大震災で被害を受けた。解体の危機に瀕したが、多くの人々の惜しむ声を受け、博物館 明治村で蘇った。

施主は一八五三（嘉永六）年生まれの芝川又右衛門。祖父が江戸末期に大坂で唐物を興して財を成し、父親がさらに大坂河口新田の十地経営に手を広げた。そんな家業を不動産事業に集約して発展させ、一八九六（明治二九）年に後の関西学院の移転先の上ヶ原に果樹園「甲東園」を開設し、葡萄《ぶどう》や桃の栽培を始めた。

建築家・武田五一

同じ頃、関西では阪急が乗客確保のため、〝健康〟をキャッチフレーズに自然環境豊かな都市郊外こそ理想的な住宅地として、沿線に住宅地開発を展開し始めていた。田園豊かな郊外が、人々に注目されていたのだ。

一九一一（明治四四）年、又右衛門も郊外ブームの中で、週末を過ごすための別荘を完成させ、日本庭園や茶室なども整え、関西財界人たちとの交友の場として利用した。

交友の場となった別荘の設計は、後に関西建築界の父と称された武田五一が手掛けた。

東京帝国大学を卒業後、助教授として大学に在籍していた武田は、文部省の指示により、一九〇一（明治三四）年から一九〇三年まで図案学研究の目的で欧州に留学した。帰国後は、京都高等工芸学校（現・京都工芸繊維大学）図案科の教授となる。芝川邸はその時期に手掛けた作品のひとつだ。

留学当時、欧州各地でモダニズム建築の誕生に繋がる新しいデザインが盛んに試みられていた。フランスでは曲線モチーフによるアール・ヌーヴォー様式、イギリスでは職人の手仕事を重視したアーツ・アンド・クラフツ運動、あるいは、幾何学的なデザインを重視したグラスゴー派などである。軽快でグラフィカルな新しいデザインに触れた武田は、日本にそれらを持ち込んだひとりだった。

芝川邸の特徴

芝川邸は、木造二階建て。傾斜地に位置し、自然の丸石積の基礎が迫り出したベランダを支えている。移築復原された外観は、白い荒壁仕上げの外壁と急勾配の赤瓦葺きの屋根が特徴。武田はスパニッシュ様式をとりわけ好んでいたといわれ、そうした印象も受けるが、急勾配屋根や深い軒の出はスパニッシュ様式らしくない。しかも、そもそも竣工した明治末期には、まだ日本にはこの様式の導入は行なわれてはいなかった。

すでにおわかりのように、実は、この姿は創建時とは異なり、一九二七（昭和二）年の改修後のものなのだ。家督を息子に譲った又右衛門は、別荘を隠居に利用するため和館を増築した。同時に、関東大震災の延焼被害の教訓から、別荘の外壁を耐火性のある塗壁に改変したのである。

芝川邸の当初の姿

では、当初の姿はどうだったのか。今では想像もできないが、外壁は伝統的な材料の杉皮張で、ベランダ天井は皮付きの杉丸太の化粧垂木《たるき》だった。

外観はモダンへと変わってしまったが、和風を意識したデザインは内部にも残っている。ベランダから階段室を経て一階の客間と食堂を一部屋としたイス座のホールに入ると、すぐさま、腰壁の網代《あじろ》や、網代と葦簀《よしず》を市松状に並べた天井が目に飛び込んでくる。

玄関ホールの渦巻き模様の金地の独特の壁も改修後のもので、当初は伝統的な漆喰塗りと聚楽塗りの壁だった。二階の部屋はすべて畳敷きだが、座敷には床の間とともに反対側の戸棚の小襖の中には暖炉が配されている。

このように創建時の芝川邸は、武田が伝統的な数寄屋造に洋風要素を加味した新住宅で、窓の手摺などの建築細部はもちろんのこと、武田が手掛けた暖炉用器具やイスやベンチ、あるいは花台などのデザインには曲線状の装飾がみられる。

洋風要素として欧米の新デザインの導入を試みた、斬新な住宅のひとつだったのである。

第3章
明治期の本格的洋館を構えた日本人たちの住まい

住まいとしてイス座の洋館を建て始めた人々の中でとくに積極的だったのは、政府の官僚や軍人たちだった。もっとも、洋館だけで生活するというのは、大正末から昭和初期になってからのこと。洋館の横には江戸時代以来の伝統的な和館もあり、主人は出掛ける時は洋服、帰ったら和服、というように、住まいも来客の目的に応じて洋館の応接室と和館の座敷を使い分ける、日本独特の洋風化された生活が始まったのである。

耐震性を考慮した洋館—西郷邸—

「小西郷」と呼ばれた従道

愛知県犬山にある明治時代を中心とする六〇棟以上の歴史的建造物を移築し、保存・展示する博物館 明治村に行くと、西郷従道《つぐみち》邸という瀟洒《しょうしゃ》な洋館がある。近年の研究で上棟の完成が一八八〇（明治一三）年一一月と判明しており、竣工年は一八八一年か。

施主の兄は、「西郷どん」で知られる西郷隆盛。一六歳年上の兄で、親代わりでもあった。幕末期に活躍し、特に、戊辰戦争を主導して江戸幕府を滅亡させ、江戸無血開城を実現させた。新政府で参議や陸軍大将となるものの、一八七三（明治六）年に下野し、一八七七（明治一〇）年には西南戦争の指導者として官軍と戦って敗れ、自決した。兄との比較から「小西郷」と呼ばれた西郷従道は、一八六九（明治二）年から翌年まで、山縣有朋らとともに欧州に渡り、海外生活を体験した。帰国後は、兄の威光もあって陸軍少将、一八七四（明治七）年には陸軍中将となった。兄が下野した時も西南戦争の時も明治政府に留まり、異なる道を選んだ。内閣制度ができると初代の海軍大臣となり、海軍大将へと昇りつめた。

レスカスの西郷従道邸

一八七四年、現在の東京・目黒区に土地を購入。かつては豊後《ぶんご》（大分県）竹田藩主中川家の下屋敷で、下野した兄

西郷邸

の上京に備えてのことだったというが叶わず、そこで、別邸を求めた。建設当初は、洋館だけだったが、その後、和館も並んで建てられた。

改めて洋館を見ると、軽やかで華やかさが強く感じられる。設計者は、一八七二（明治五）年に生野鉱山のお雇い外国人技師となり、その後横浜で建築事務所を構え、一八八〇年から三年間、郵便汽船三菱会社雇建築師として活躍したフランス人建築家レスカスといわれる。

木造二階建ての洋館は、三段の石を積み上げた布基礎に建つ。外壁は板材を横に積み上げたように平らな壁面の本実《ほんざね》下見板張りで、屋根部分の妻面の三角壁は板を縦に張付けた竪《たて》羽目《はめ》板張り。外壁の二階の床部分には、突出した装飾である水平帯の胴蛇腹が廻り、全体を引き締めている。

屋根の四周の軒先端部分には曲線の垂飾りで、瓔珞《ようらく》と呼ばれる装飾が付いている。貴金属や宝石を編み首や胸にかけた装身具に似ていることから、同じ名称が付いた。開口部には鎧戸《よろいど》が付き、円弧状に張り出されたベランダも、優雅さを一層感じさせてくれる。

内部も見ごたえ十分。一階のベランダに連なる部屋の天井には繊細な装飾が施されている。よく見ると、同じパターンの装飾で、押し出し模様のついた鉄板が用いられているのがわかる。

二階に向かう曲線を用いた階段も何とも言えずなまめかしい。上り切って辿り着いた部屋には、何と松島、天橋立、そして宮島の日本三景を描いた焼き物を用いた暖炉がある。

耐震性をめざした洋館

見所は、見えない小屋裏と壁の中にもある。

レスカスは、日本滞在で地震に遭遇して耐震に興味を持ち、日本建築と耐震性に関する論考をフランス土木学会誌に発表して、耐震性の工夫を提案していた。ここでもそれが活かされていたのだ。地震で建物が浮き上がることを防ぐために、一階の木造壁の中に一メートルほど煉瓦を積み込み、また、屋根はできるだけ軽くするため小屋を簡易化し金属板葺きとした。

日本建築の解決すべき基本的課題が外国人にも理解され始めていたのである。

コンドルの洋館――岩崎邸洋館――

日本の近代建築や美術の歴史に興味のある人にとって、一度は聞いたことがある建築家といえば、ジョサイア・コンドルだろう。明治政府が待ち焦がれていたお雇い建築家で、一八七七（明治一〇）年一月に来日した。

コンドルの来日

当時、日本も和と洋の入り混じった洋風建築から、海外の建築にも劣らない魅惑的な内・外部意匠を纏《まと》った洋風建築を求める時代へと移行していたのである。

工学寮という工学系の技術者養成の学校ができ、開校したが、建築分野の教授の席は四年間空いたままだった。明治政府が、設計とともに日本人建築家を育てる役割を担ってくれる建築家を探していたにもかかわらず、そんな都合のいい優秀で経験豊かな建築家は簡単に見つからなかったのである。結果、老練な建築家を諦め、代わって若き建築家の登竜門であるジョン・ソーン賞を勝ち取った弱冠二五歳のコンドルの未知の才能に賭けることとなった。

コンドルが招聘《しょうへい》を受諾したのは、おそらく、当時イギリスでブームとなっていたジャポニズムに強い関心を持っていたこと、年俸が四〇〇〇円と高給が用意されていたことなどが考えられる。ちなみに、コンドル来日から四年後の一八八一（明治一四）年の巡査の初任給が四円だったことを考えれば、いかに破格の待遇であったのかがわかるだろう。

岩崎邸洋館

コンドルは来日するなり教育を開始。日本人の建築家第一号であるほぼ同年代の辰野金吾や片山東熊《とうくま》たちを育てた。また、代表作品として知られる一八八三（明治一六）年竣工の鹿鳴館をはじめ、政府関連の様々な建築も手掛けた。

日本人の妻がいて子どもも生まれていたため、明治政府との契約が切れても帰国せず、日本で建築事務所を構えた。一方、民間企業も彼の才能を必要とした。とくに三菱は、丸の内の新しいオフィス街を開発すべくコンドルを顧問に迎えた。また、創業一族の岩崎家は、次々と住宅設計も依頼した。現存するそのひとつが、一八九六（明治二九）年竣工とされる岩崎久彌邸だ。

装飾尽くしの岩崎邸

岩崎久彌は、三菱財閥の初代岩崎彌太郎の長子として生まれ、慶應義塾を経てアメリカのペンシルベニア大学に留学した。帰国の二年後の

岩崎邸洋館：階段ホール

一八九三（明治二六）年、三菱財閥三代目として会社を継ぎ、結婚にあたって新居を構えている。

敷地は不忍池に近い高台で、富士も見えたという旧武家屋敷地。緩やかな坂を道なりに上ると、棕櫚《しゅろ》の大木と塔屋《とうや》のある、車寄せが突き出た洋館が見えてくる。この塔屋は明治期の洋館のシンボルで、大正期以降には姿を消していった。

地下付き木造二階建てで、外壁は下見板張り。正面塔屋の足元には車寄せが突き出ている。庭側の南側には、一、二階にベランダがあり、二層の見事な列柱が配されている。このベランダはコンドル建築の特徴で、晩年の作品に至るまで一貫して設けられた。

一七世紀初期のジャコビアン様式を基調とした建物で、見える目の先には常に装飾がある。イスラム風の植物装飾や軒先のパラペット部分にはストラップワークと呼ばれる帯模様の装飾だ。婦人客室は馬蹄形アーチなどイスラム風のデザインで統一され、また、一階ホールの飾り柱はもとより諸室の天井でもすべて異なるデザインが見られる。この装飾性こそ建築家ならではの手練《しゅれん》であり、モダン建築には見られない歴史的建築の魅力なのだ。

内部機能を外観に表現

一見バランスの取れた外観を改めて見てみると、正面の塔屋を挟んで左右のデザインが大きく異なっていることに気付く。そもそも屋根の高さも右側が低いし、装飾も簡素だ。

その理由は、右側には使用人たちの部屋が、左側には家族や接客の部屋が配されている間取りにある。各部屋の用途や使用する人々の違いが、外観に現れているのだ。一種の機能主義的表現ともいえるだろうし、コンドルのデザインの新しさがそこにある。

巨大な建物の面影を残す和館―岩崎邸和館―

コンドルの手掛けた岩崎邸には、何とも言えない気品があり、何度見ても飽きない。だが、岩崎邸を観る楽しみは洋館だけではない。離れのスイスのコッテージ風の撞球室（ビリヤード室）も味わいがあるし、また、背後には伝統的な武家屋敷を思わせるような和館もある。

こうした洋館と和館を合わせて一つとする建物は、〝和洋館並列型住宅〟という明治期に生まれた上流層の住宅形式だ。

和洋館並列型住宅の誕生

伝統的な和館の横に洋館を配置した例は、一八七三（明治六）年の旧長州藩主・毛利元徳《もとのり》邸が最初で、同様の旧福岡藩主・黒田長知《ながとも》邸も、翌年完成した。興味深いのは洋館完成後、両家に明治天皇が行幸していることだ。

この時期、天皇は伝統的な和装から洋軍服を着用し、断髪も行なうなど生活スタイルをイス座へと切り替えたのである。これから大胆に想像すれば、

岩崎邸和館

岩崎邸和館：座敷

洋館を建てたのは洋装の天皇をお迎えするために相応しい館を用意する、行幸への対応のためだったのではと思えてくる。
ともあれ、新形式の出現により、日常生活は和館、接客は洋館という使い分けの生活が始まった。これは実際の生活にとってもなかなか勝手がいいものだった。外に対しては洋館の存在から新しい文化を採り入れているように見えるし、内に対しては和館中心の生活は何も変えずに済むからだ。これ以降、この形式は普及し、小規模な伝統的住宅においても玄関脇に洋風応接室を構える形式として浸透していった。

巨大な和館

岩崎邸の和館部は、現在は広間と呼ばれた大広間部分だけ。それでも、二〇畳の広間と一八畳の次の間、一二畳の三の間の三間からなり、その周りを一間幅の入側《いりかわ》（畳廊下）が取り囲んでいる。三部屋と入側の畳数は合計一〇〇畳を超える。これだけでも巨大だが、創建時の和館は、この数倍の規模だった。

なお、大正初期の生活の様子は、家族は九名に対し、女中などの使用人が総勢五五名いたという（藤森照信『日本の近代建築（上）』岩波書店、一九九三年）。まさに富豪の住まいは巨大であるばかりではなく、使用人の数も膨大だった。

洋館と異なり、和館の意匠は地味め。和館を鑑賞するには、肥えた見る目が必要と言われる。派手ではないため、見慣れた景色から見所を探さなければならないからだ。

そこで見方をひとつ伝授。控えめでも装飾的要素が必ずあるため、それを探す。例えば、長押《なげし》の釘隠《くぎかくし》や襖の引手などにはこだわりが見え隠れする。岩崎邸では釘隠は菱形だし、引手も大きな菱形に小さな菱形を上下に重ねた松皮《まつかわ》菱《びし》。この形は、岩崎家の家紋・重ね三階菱から採ったもので、広間の欄間や付け書院の組子にも繰り返し用いられている。

また、日本建築の特徴は、柱や長押といった建築部材が露出していること。部材が意匠的役割をも担っているのである。そのため、材質や見せ方には細心の注意が払われている。

広間を囲む入側の長押や鴨居は、節など一切なく目の通った良材。さらに驚くのは、継《つなぎ》の無い単材だ。連続する広間と次の間を一本の部材で通すという今ではありえない材料が使用されているのだ。見上げた天井板も一本ものだし、広間の天井板も幅広の長尺物《ちょうじゃくもの》。そもそも当時、どう製材し、どう運んできたのかと疑問も浮かぶ。さらには、伐採当時はどんな巨木だったのかと想像は広がるばかりだ。

障壁画と一体の空間

広間も次の間も壁面や襖は時代を感じさせるが、目を凝らして床の間を見ると富士山が浮かんでくる。時間とともに退色してしまったが、壁や襖絵は、実は、幕府の絵師である狩野雅信《ただのぶ》の弟子で日本画の画家として東京美術学校（現・東京藝術大学）で教鞭をふるっていた橋本雅邦《がほう》の手になるもの。襖絵は、三室合わせて四季の景観が描かれていた。

わび・さびも日本的だが、彩色豊かな絵画に包まれた室内空間も和風建築の魅力だったのである。

移築された美しいハーフティンバーの館——渡辺邸——

外国人建築家たちが居留地の洋館（異人館）に持ち込んだ新しい建築様式の動きは、瞬く間に日本人の洋館にも採り入れられた。日本人建築家たちも海外の建築動向には敏感で、留学や視察などを介して新しい時代の建築表現を探し求めていたからである。

親子で担当した邸宅

一九〇五（明治三八）年、鹿児島・滋賀の県知事から貴族院議員を経て晩年には宮内大臣を歴任する明治の官僚であり政治家だった渡辺千秋は、東京・高輪に邸宅を構えている。

その姿は、当時の上流層の間で流行していた和館と洋館からなる和洋館並列型住宅だった。

設計者は、和館と洋館はそれぞれ担当者が異なっていた。洋館は、一九〇一年に東京帝国大学工科大学建築学科を経て東宮御所（現・迎賓館赤坂離宮）造営局に技師として籍を置いていた木子《きご》幸三郎。一方の和館は、木子清敬《きよよし》だ。実は、二人は親子。木子家は古くから天皇家との関係が深く、父の清敬は明治天皇の大嘗祭の作事に関連して維新後上京し、宮内庁に技師として出仕していた日本の伝統建築の大家で、以後、皇族や宮家関係の営繕事業に携わり、平安神宮（一八九五年）や明治宮殿（一八八八年）などを手掛けていた。

お互いをよく知る二人の組み合わせは、当時の和の建築と洋の建築を深く熟知していた人物の最高のペアといえ、作品も極めて質の高いものとなった。

魅力的なハーフティンバー

渡辺邸は、戦後にトヨタ自動車株式会社の管理となり、洋館だけが長野県の蓼科《たてしな》高原に移築され、記念館として再利用されている。

移築された洋館を前にすると、その迫力あるデザインに圧倒されてしまう。木造二階建てで屋根窓を配した急勾配の切妻屋根で、壁面に凹凸の変化のある構成。見るものを釘づけにするのは、建物を囲う四面すべてに隙間なく展開している柱や梁、さらには、伝統建築には見られない筋違《すじかい》の役割を持つ斜材のむき出しの姿だ。白い壁面との洗練されたコントラストは、一度見たら忘れられない。

柱などの構造部材を露出させるスタイルは、イギリスをはじめ一六世紀以降のヨーロッパの民家建築によく見られ、様式的には古いもののリバイバルだ。

コロニアルスタイル以降、わが国には様々な欧米の建築様式が導入されては消えていったが、このハーフティンバーは息が長く昭和期に入っても採用され続けた。いわば、最も愛された日本人好みのスタイルといえるだろう。おそらく、建築部材を意匠として見せるという表現は、日本の伝統建築と共通し、見慣れた受け入れやすいものだったに違いない。

新様式の導入

内部の意匠も魅力満載。応接室は、当時、幸三郎が手掛けていた現・迎賓館赤坂離宮を彷彿とさせる白地の壁に金箔模様を施したフランスのルイ一六世様式の豪華絢爛な意匠。天井画は、東京藝術大学の前身の東京美術学校教授であった和田英作が担当した。

一方、二階の書斎は一転して木造を強調した意匠だ。出窓部分の手前に設けられた木製スクリーンや暖炉脇のイングルヌック（炉辺の小空間）にあるベンチ前の木製スクリーンは、曲線を強調したアール・ヌーヴォー風の意匠だ。一、二階の細部も子細に見てみると、建具の金物や階段手摺、あるいは照明器具も曲線をモチーフにしたものが散見される。まさにクラシカルな意匠と新様式の意匠が見事に共存しているのだ。

また、一階食堂や階段踊り場には古風なやや暗いステンドグラスが見られる。ステンドグラスは、洋館の魅力を引き立てる要素のひとつで、わが国でも明治中期になると手掛ける工房が出現する。

この薄暗いステンドグラスは、ヨーロッパで学んだ技術を基にした工房の手掛けたもののうち、国産の最も古い事例として貴重なものでもある。

イギリスで建築を学び、日本人で初めてイギリスの公式の建築士資格を得た建築家がいた。桜井小太郎だ。いわば、日本でのイギリス人建築家コンドルと同等の資格を得た日本人建築家の出現である。当然ながら、イギリス風の作風を得意とし、多くの建築を残した。

イギリス然とした建築

一八八七（明治二〇）年、第一高等中学校に在籍していた桜井は、イギリスで建築家になりたいと、わが国建築家第一号で帝国大学工科大学の教授であった辰野金吾に面会して相談したという。強い決意に打たれた辰野は、自らの講義の聴講を許し、また、コンドルにも紹介した。

翌年、辰野は日本銀行の設計のために渡欧する際、桜井を同行させた。イギリスに渡った桜井は、ロンドン大学に入学し、建築を学び、卒業後はコンドルの叔父でもあった建築家ロジャー・スミスの事務所で二年間働いた。そして、見事、建築士資格の試験に合格したのである。一八九三（明治二六）年末に帰国した桜井は、再びコンドルのもとで設計を手伝い、一八九六（明治二九）年には海軍に職を得、呉、横須賀の両鎮守府担当の建築家として

呉鎮守府司令長官官舎

呉鎮守府司令長官官舎：客室

その腕を振るった。

明治新政府の樹立にともない、近代的な軍事力の確保がめざされていた時代。一八六九（明治二）年には海軍軍人養成機関（後の海軍兵学校）が設けられ、兵式はイギリス式とすることが決定された。そして、一八七三（明治六）年には、イギリスからダグラス教官団が来日し、本格的なイギリス式海軍教育が始まると、海軍とイギリス式との深い関係が生まれ、建築もイギリス風が好まれるようになった。

一八九四（明治二七）年竣工の海軍省や後の海軍大将川村純義《すみよし》の自邸をイギリス人のコンドルが手掛けたのはこうした流れの延長だった。イギリスで建築を学んだ桜井が海軍技師となったのも偶然ではなかったのだ。

上級官舎に採用された和洋館並列型住宅

桜井の海軍時代の作品に一九〇五（明治三八）年竣工の呉鎮守府司令長官官舎がある。

明治期の上流層の住宅形式は、生活の場である和館の横に接客の場としての洋館を構える和洋館並列型住宅が主だった。この形式は、上級官舎にも採り入れられ、海軍の上級官舎である司令長官官舎も同様で、当時のわが国の上級官舎の有り様を今に伝えている。

建設地は坂の上。ゆっくり上ると樹木の中に屋根窓を置いたスレート葺き屋根が見え、同時に、玄関の両側に切妻屋根の三角形の破風《はふ》部分をハーフティンバーとした妻面が並ぶ端正な外観が目に飛び込んでくる。

ハーフティンバーは、イギリスを代表する中世風建築の意匠だ。対に配された妻面は、共に堅羽目板張りの腰壁から上は白い壁だけで、破風面にだけハーフティンバーが集中して見られる。また、その部材は、出窓のある客室側は直線状の部材、反対側の小ぶりの応接所側は円弧状の曲線部材と、対比的な配列。絶妙なバランスの取れた〝英国風の粋な洋館〟である。

接客用の洋館

正面から見える洋館は一見大きいが、玄関ロビーを挟んで応接室と客室、それにホールと食堂からなるだけ。背後には、正面からは見えないものの畳敷きの中廊下を挟んで諸室が連なる大きな和館が置かれている。洋館の用途が接客ということが良くわかる造りだ。

洋館の玄関扉の擦りガラスにはアール・ヌーヴォー調の錨が描かれ、海軍の建物であることを伝えている。内部の見所は、客間と食堂に見られる豪華絢爛な壁面。コンドル設計の岩崎久弥邸にも用いられていた金唐紙《きんからかみ》と呼ばれる壁紙が一面に展開されている。

欧米では壁などに用いる高級装飾用材料として革に金箔を張った金唐革《きんからかわ》があるが、わが国では江戸時代にそれを革の代りに和紙を用いて新たに開発したのだ。今日では忘れ去られた材料だが、ここでは今でも金唐紙の室内が客を迎えている。

辰野の遺した華麗な邸宅──松本邸──

九州には炭鉱王と呼ばれた新興の資本家たちがたくさんいた。「肥前の石炭王」として知られたのが先に紹介した高取伊好であり、「筑豊の炭鉱王」の異名は伊藤伝右衛門のもの。ともに大規模で贅を尽くした伝統様式の住宅を構えていた。

松本健次郎もまた、そんな資本家の一人。異名はないものの、九州だけではなく中央でも名の知れた財界人で、当時最も著名な建築家だった辰野金吾の設計になるわが国の戦前期を代表する新様式を取り入れたモダンな住宅を北九州の戸畑《とばた》に構えた。

安川・松本親子

健次郎の実父は、安川財閥の創始者・安川敬一郎。北九州の若松で炭鉱開発を行ない、ペンシルベニア大学での留学を終えて帰国した息子・健次郎と一八九三（明治二六）年に安川松本商店を開いた。父が炭鉱経営、健次郎がその販売を行なう傍ら、多様な事業にも手を伸ばし日露戦争を機に安川財閥へと発展していく。苗字が異なるのは、健次郎が安川の兄の松本潜《ひそむ》の養子となったからである。

安川親子は、事業に尽力する一方で、その富を社会に還元すべく一九〇七（明治四〇）年には日本の工業を担う技術者育成をめざし、戸畑に明治専門学校（現・九州工業大学）を創設した。

健次郎は、その直後、学校の近くに、現在は西日本工業倶楽部として利用されている、和館と洋館からなる巨大な住宅を構えた。和館は一九〇九（明治四二）年、洋館は一九一一（明治四四）年にそれぞれ竣工し、二本の渡り廊下で連結されている。

この和洋館並列型住宅は上流層の住宅形式の典型だが、明治期の和館と洋館が共に現存している事例は極めて少なく、それだけでも貴重な事例といえるだろう。

建物は共に木造二階建てで、和館は瓦葺きであるのに対し洋館はスレート葺き。洋館の屋根には半円型の屋根窓が多数並んでいる。

みごとなアール・ヌーヴォーのインテリア

洋館に目を向けると、一階部分は石造風の目地付きの壁で、二階部分は柱などの建築部材の見えるハーフティンバーであるとわかる。ただし、その露出された部材には直線に交じって緩やかな曲線の部材も見える。屋根の軒先も、東側の玄関上部と南側の二階の出窓の上部の二か所は、唐破風《からはふ》のようにむくみのある曲線状で、全体に曲線モチーフが見て取れる。

内部に入ると一層はっきりとこのモチーフが確認できる。玄関を進むと暖炉のある大きなホール。北側の奥には階段。中心に置かれた暖炉の大理石は、独特な馬蹄形状をしている。幾何学的なセセッション風デザインの応接室から奥の食堂を見て目を見張る。食器戸棚と一体となった緩やかな円弧状の木製装飾が壁面いっぱいに納められていた。ホール奥の書斎では、出入口の扉と一体となった円弧状の装飾が壁面に埋まっている。こんな大胆なデザインは、見たことがない。これこそフランスやベルギーで生まれたアール・ヌーヴォーを日本風にアレンジしたものだろう。

洋館に取り込まれた和室

大階段を上って二階に行くと、和室の存在に気づく。それまでの和洋館並列型住宅では、基本、和室は和館、洋室は洋館で、用途に応じて使い分けていた。しかしながら、明治末期頃になると洋風化が浸透し、洋館が接客専用から生活の場へと変化し始めるのに伴い、洋館にも和室が設けられることになる。この和室はそうした変容の過程を示している。

次の間から座敷に入ると正面には床の間と違い棚、付け書院、窓側には縁側もある。興味深いのは、北側の壁面に暖炉があること。しかも暖炉の両脇には襖絵が嵌《は》め込まれ、上部には天袋が置かれるなど和風のデザインでまとめられている。襖絵の作者は高島北海《ほっかい》。フランスのナンシーに留学し、写生画などがアール・ヌーヴォーのガラス作家のエミール・ガレに影響を与えたといわれる人物である。

松本邸がアール・ヌーヴォーの館といわれる由縁でもある。

辰野金吾の幻の邸宅―安川邸計画案―

松本邸の設計者は、明治期を代表する建築家・辰野金吾。

実は、辰野は、この住宅と共に同時期にその隣に建つはずの大規模な邸宅を、同じ新様式で設計していた。だが、残念ながらそれは実現しなかった。その計画段階で終わった邸宅を紹介したい。

辰野金吾との出会い

幻に終わったのは、松本健次郎の実父である安川財閥の創始者・安川敬一郎の邸宅のことである。

一九〇七（明治四〇）年に明治専門学校（現・九州工業大学）を創設し、校舎等の整備を終えた一九〇九年に開校した。創設にあたっては、中央の高等教育機関にも劣らない質を求め、東京帝国大学総長だった物理学者でわが国初の理学博士でもあった山川健次郎を初代総長として招いた。校舎群の設計は、山川の推挙で辰野金吾に依頼した。

辰野は、前東京帝国大学工科大学長。イギリス仕込みの腕を自由に振るうため一九〇二年、四九歳を機に辞職し、教え子のひとりである葛西萬司と共同で民間の建築事務所を構え、新様式の導入などを進めていた。

建築界のドンでもある著名な建築家の辰野との知遇を得た安川は、これを機に息子の松本邸とともに自らの住宅の設計も依頼したのだ。ただ、辰野の作品を事細かくリストアップした『工学博士辰野金吾伝』（白鳥省吾編、辰野葛西事務所発行、一九二六〔大正一五〕年）によれば、松本邸は実施リストにあるものの、「木造二階建　一五一、四坪設計　明治四二年七月」の安川邸は実施不明リストに記されている。設計は完了したものの実施には至らなかったのだ。

幻の安川邸

辰野は、その理由を「同氏の都合を以て、其の実行を見合はせたるものなり」と一言だけ述べている。しかしながら、よほど残念だったのだろう。なぜならば、描いた図面は設計図四六枚、他に実施用に描いた現寸図面が一〇〇余枚と述べ、それらとともに材料や工法など、当時の建築系雑誌に五回にわたり紹介しているからである。

図面を改めて見ると、松本邸以上の大規模な洋館で、自信作だったことが伝わってくる。作風は松本邸と共通し、一階部分は石造風の目地付きの壁。二階部分は柱などの建築部材の見えるハーフティンバーだ。

屋根は松本邸以上に急勾配で、玄関側の両端部に塔屋を配置するなど、より本格的で重厚な造り。しかも、玄関扉のステンドグラスなどの細部に至るまでアール・ヌーヴォー風の装飾がちりばめられている。

内部も、書斎や寝室には円弧状モチーフの大胆なデザインが見られ、正方形を基本とした幾何学的モチーフを特徴とするアール・ヌーヴォーと同時代にウィーンで生まれたセセッション風のデザインも見られるなど、新様式が満載だ。

時期尚早の洋館

松本邸だけでも当時の新様式の魅力を体感できるので、もしも隣接して安川邸が実現されていたら、この地は新様式の聖地になっていたに違いない。

素朴な疑問ながら、ではなぜ安川は依頼した洋館を建てなかったのか。理由はよくわからない。ただ、松本邸の主である健次郎はアメリカのペンシルベニア大学への留学経験者で、洋風生活にも馴染み、日常生活の場として洋館を使いこなせた。だが、一方の父親の安川は福岡藩士族で、儒学者の子供として育つなど伝統的な生活を基本とした人物だ。また、辰野の設計した学校本館が、木造で洋風の下見板張りながら入母屋《いりもや》瓦葺きの大屋根が載る和風のデザインを取り入れているのも、安川の好みによるものだったようだ。こうした違いが理由だったのであろう。

実際、辰野の洋館に代わって建てられた安川邸は、伝統的な和風を基本としていた。六〇歳になろうとしていた安川が洋風生活へと牛活を変えるのは難しかったのである。

京都の私的迎賓館──村井別邸（長楽館）──

京都の東山山麓周辺は、明治期以降、別荘地として栄えた。建設の進んだ琵琶湖疏水の水を引き込んだ庭園も作られ、そんな庭園と一体となった数寄屋風の別荘建築の中には、まさに洋館然とした豪華な建築もあった。

その名は、長楽館。長く楽しめる館という名称から想起されるように、内部は変化に富んだインテリアが展開され、三階には伝統的な書院造の座敷も取り込まれている。

タバコ王・村井吉兵衛

施主の村井吉兵衛（一八六四〜一九二六）は、タバコ王という異名を持つ人物だ。タバコ雑貨商の子として京都で生まれ、幼少期から行商をはじめ、やがて店を構えて、製造にまで手を広げることになる。

当時のタバコの嗜《たしな》み方は、〝キセルで吸ってポン！〟だったが、村井は一八九〇（明治二三）年に日本で初めて両切り紙巻きタバコの製造に成功し、商品化した。その後、村井兄弟商会を興し、一八九四（明治二七）年にアメリカから輸入した葉を用いた「ヒーロー」を製造して売り出し、一九〇〇（明治三三）年のパリ万国博覧会に出品して金賞を獲得。世界にも通用するタバコの商品化に成功していた。

当時の日本は日清戦争を終え、日露戦争へと向かっていた。莫大な戦費が求められていた政府は、戦費確保の一策として庶民の嗜むタバコに活路を見出し、一九〇四（明治三七）年に煙草専売法を施行。これを機にタバコ産業は民営時代を終え、自由に製造・販売できない専売時代へと動いた。

長楽館

村井は、一切のタバコ製造の権利を失う代わりに、補償金による莫大な財を得て、それをもとに村井銀行などの新たな事業を手掛ける一方、一九〇九（明治四二）年、京都・東山にアメリカ人建築家J・M・ガーディナー設計の別邸長楽館を、また、一九一九（大正八）年には、東京に武田五一設計による本邸・山王荘をそれぞれ竣工させた。

魅力に満ち溢れた別邸

東京の本邸は延暦寺大書院に姿を変えてしまったが、別邸は村井の死後、村井家の手を離れたものの、ホテルとして再利用されながら現在もその姿を残している。

この建物は、その規模や豪華さもあって工事開始当時から注目されていたようだ。一九〇七（明治四〇）年三月二八日に京都に出かけた夏目漱石は、翌日京都帝国大学での打ち合わせを終えてから祇園に向かった際に工事現場を見たようで、日記に「村井兄弟の西洋館建築中」（『漱石全集』第一九巻、岩波書店、一九九五年）と書き残している。

建物は、地下一階、地上三階の本格的洋館。構造は、鉄骨を組んで外装の石を張る鉄骨石造と呼ばれるものであるという。

伝統建築の唐破風《からはふ》を思わせるような鉄製の曲線の門をくぐると、東面に突出したイオニア式円柱の玄関ポーチが目に入る。その背後には、イタリアに見られるルネッサンス風の貴族の館であるパラッツォを彷彿とさせるような三層構成の外観だ。

ちなみに、一階は花崗岩《かこうがん》の石張り仕上げ、二、三階は黄色のタイル仕上げ、そしてコーナー部分は花崗岩の隅石張り仕上げの外壁で、各階には縦長のプロポーションの窓が上下に重なるように同じ位置に揃って配されている。派手さはないが、端正な外観だ。

一方、南面は一転して、ベランダや出窓を配した凹凸のある変化に富み、中央部にはコンポジット式の大オーダーが配されるなど、その対比的なデザインが見て取れる。内部も、ホールを中心に様々な意匠の部屋が並び、三階には伝統的な和室も用意され、魅力的空間を造り上げている。

竣工直後、伊藤博文が招かれ、窓から見える豊かな景色や魅力に満ち溢れる多様な室内意匠から、別邸を長楽館と命名した。

村井は、本邸を東京に移し、京都の別邸は自ら楽しむというよりは、内外の著名人を招待する迎賓館として利用した。そんな村井の思いを汲んだかのような建物の特徴をよく表した名称だったといえるだろう。

長楽館：玄関ホール

一階・二階各室の意匠

丸に三つ柏の家紋の入った玄関部の鉄扉を開けて廊下を進むと大きな玄関ホール。中央には台座付の大理石の円柱が置かれ、その背後に大階段があり、踊り場からホールが見下ろせる。踊り場はそのまま中二階となり、喫煙室へ入るように計画されている。踊り場上部の天井は楕円状に切り抜かれるなどバロック的な流動感の漂う空間となっている。

このホールを含め、各部屋がそれぞれ異なる様式を基調としてデザインされているのが最大の魅力なのだ。

一階は、階段室を兼ねるホールを応接室、ビリヤードルーム、書斎、食堂などが取り囲むように配されている。応接室はフランスのロココ調。壁面はメダイヨンと呼ばれる楕円形の装飾や天井廻りの繰形《くりかた》は若葉のような花飾りが浮き出たレリーフに覆われている。食堂はイギリス風の格子状に組まれた大引き天井で、柱も縦溝の付いた角柱に象徴される直線的。古風さを残すデザインが見て取れる。

男性が利用したビリヤードルームは、天井が低く、アール・ヌーヴォー風の装飾の付いた金属板張りだ。また、中二階の喫煙室は、現在は中国風の意匠だが、当初はイスラム風の意匠の部屋で、床のモザイクタイルにその面影を残している。階段ホールを囲むように配されているのが、二階の寝室階だ。

和室の配された三階

日本の伝統建築と西洋の建築の違いのひとつは、階段の扱いだろう。日本の建築では黒子とされる階段が、西洋では主役となる。そんな階段の魅力を堪能しながら中三階の踊り場にいくと、折上天井や高欄そして障子が目に入ってくる。洋から和へのデザインの切り替えが表現されているのだ。ここからは、表千家の「残月亭」を摸した茶室へと続く。大床を構えた和室には、紅葉と桜をモチーフとした彩色豊かな円形のステンドグラスがあり、和と洋の融合化が試みられている。

長楽館：3階座敷

再び階段に戻って上り切ると、そこはもう和の世界。最も格式の高い部屋は御成の間だ。一九一五（大正四）年に、オリジナルの和室を折上格天井《ごうてんじょう》とするなど改修を行ない、現在の姿となったという。二重に長押《なげし》が廻る壁面には金箔の雲文様、天井の黒漆仕上げの格子には金の飾り金物などが施され、座敷飾りも正面に大床と火灯《かとう》窓風の開口部を持つ付け書院、その脇に違棚があるなど豪華で興味が尽きない。

設計者ガーディナー

洋と和のデザインの魅力満載のこの館の設計者は、アメリカ人建築家のJ・M・ガーディナー。聖公会の宣教師として、一八八〇（明治一三）年、当時築地にあった現在の立教大学の前身となる立教学校の教師として来日した。名門ハーバード大学の出で、建築教育は受けていないものの、一八八三（明治一六）年開校した立教大学校の校舎を設計し完成させた。その後、建築事務所を構え、建築家として活躍。博物館 明治村に移築された京都聖ヨハネ教会堂（一九〇七年）や横浜に移築された内田邸（一九一〇年）など国の重要文化財に指定された建物を残している。

棟札を見ると、施工は現在の清水建設が担当し、「監督技師米国人ガーディナー」とあり、加えて、「ガーディナー事務所主任荒木賢治」「現場主任小野武雄」「現場係上林敬吉」とある。

このうち荒木と小野は現在の工学院大学の前身である工手学校で建築を学んだ建築家だ。上林は事務所で丁稚《でっち》奉公として働きながら学び、建築家になったともいわれる人物で、建築教育を受けていたかどうかは不明。それでも、事務所には恩もあったようで、ガーディナーが亡くなると、しばらく事務所を継ぎ、当時引き受けていた仕事を処理した。

いずれにせよ、こうした日本人スタッフの力もあって見事な建築が出現していたのである。

和・洋館の共存を探る住宅―学習院長官舎―

博物館 明治村は、解体の動きのあった全国の重要な建築を集めて展示している、建築専門の野外博物館だ。東京から移築された明治末期の住宅の洋風化の状況をよく示す学習院長官舎を見てみたい。

学習院の開校

学習院の歴史は古く、一八四七（弘化四）年に公家の教育機関として京都御所に設けられた学習所に始まるという。二年後の一八四九（嘉永二）年、孝明天皇により「学習院」の名をいただいている。

明治になると、公家と藩主は華族となり、明治天皇を中心とする一族である皇室を守る藩屏《はんぺい》としての役割を与えられた。そして、彼らの子弟がその義務を果たすための教育の場が求められ、一八七七（明治一〇）年、再び学習院が、現在の東京・千代田区神田錦町に誕生した。当初は共学であったが、一八八四（明治一七）年に宮内省所管の官立学校となった際、男女別学となり、華族女学校が現在の新宿区四谷にでき、女学校として独立した。

学習院はその後火災で校舎を失い、港区虎ノ門、新宿区四谷を経て、一九〇八（明治四一）年に中・高等学科を豊島区目白に移転した。

キャンパス計画

現在のキャンパスの基になった最初のキャンパス計画は、文部省技師の久留正道《くるまさみち》が行なった。工部大学校でコンドルの教育を受けた久留は、一八八六（明治一九）年、フランス帰りの建築家・山口半六が初代建築掛長であった文部省に入り、草創期の文部省の学校施設の規準を作成し、それを実施したことで知られる。

目白キャンパスでは、図書館などの基本的な施設とともに、教室棟から、華族男子生徒全員を収容する寄宿舎まで用意された。また、高等官用や雇員用の官舎も用意され、そのひとつとして院長官舎もあった。

移転時の学習院長は日露戦争の勝利で知られる軍事参議官の乃木希典《まれすけ》。兼務となったのは、明治天皇が学習院に入学する皇孫（後の昭和天皇）の教育を託すために乃木を指名したのだ。移転翌年の一九〇九（明治四二）年、院長官舎が完成した。しかし、乃木は学生と寝食を共にしたいと、寄宿舎の事務棟である総寮部の一郭で寝起きし、院長官舎は使用しなかった。そのため、院長官舎は、一九一三（大正二）年の皇族学生のための皇族寮が完成するまで、皇族学生が使用した。

学習院長官舎の特徴

正門の東側に建てられた院長官舎。その最大の特徴は、院長官舎という立場にふさわしく、木造二階建ての様式の異なる洋館と和館という二つの建築からなる住まいであることだ。洋館は接客や教員との打ち合わせなどの公的な場、和館は日常生活の場として使い分けのできる住まいである。

和館と洋館の様式的な違いは明快だ。例えば、同じ二階建てでありながら、その棟の高さが異なり、洋館のほうがはるかに高い。屋根も同じ桟瓦葺きだが、洋館には棟飾りが付いている。

開口部も洋館は縦長の上げ下げ窓。対して和館は横長の引違い窓で、縁側があり建物自体が大きく外に開いている。外壁も同じ板張りだが、洋館が水平目地を強調するように幅の狭い厚板を張るのに対し、和館は幅広の薄板を重ねて張り、その上から押縁を縦に打ち付けた伝統的な簓子《ささらこ》下見板張りだ。

こうした小規模な和館と洋館を並べる形式は、明治初期の上流層の和洋館並列型住宅の影響を受けたもので、大正・昭和初期の中流層の住宅の普及に先んじて建てられたといえる。

ただ、一般的には、洋館はペンキなどの処理をして和館とは異なることを強調するが、そんな処理が見られない。どちらも木肌を見せるなど、異なった様式でありながら、何とか一つの住まいとして共存できる姿を探ろうとしているかのようでもあり、興味深い。

なお、一九六四（昭和三九）年、学習院では附属幼稚園建設の計画が起こり、この建物は博物館 明治村に移築された。

花綱飾りの館――竹田宮邸――

宮家の住まいの遺構としては、李王家東京邸や朝香宮邸もあるが、最も古いもののひとつが竹田宮邸だ。現在、和館部は解体されたが、洋館部は東京・品川の「グランドプリンスホテル高輪」の施設として活用されている。その名も貴賓館。結婚式などの会場として利用されている。

分割された御用地

東京湾に向かって急斜面となる高輪から白金エリアは、かつては東京の中でもとりわけ風光明媚な景勝の地として知られた。品川駅前の高輪南町一帯は、江戸期には薩摩藩の島津家や長州藩の毛利家など大名屋敷が櫛比《しっぴ》していた。

それが、明治になると政財界の邸宅の並ぶ高級住宅地に変貌する。品川駅前は、土佐藩士で大政奉還を導き逓信大臣や農商務大臣を歴任した、後藤象二郎の屋敷だった。そして、後藤が亡くなった翌年の一八九八（明治三一）年に、土地と建物は御用地として買い上げられることになる。

竹田宮邸

一九一〇（明治四三）年になり、御用地はさらに姿を変える。明治天皇の皇女姉妹を相次ぎ妃に迎えた竹田宮、北白川宮、そして朝香宮の各宮家に、新邸用として分割・下賜《かし》されたのである。三つの邸宅が隣接する宮家ゾーンの誕生である。

一九〇六（明治三九）年、北白川宮の第一王子、恒久《つねひさ》王は明治天皇から宮号を戴き、竹田宮家を創設した。二年後の一九〇八（明治四一）年、明治天皇の皇女・昌子内親王と結婚し、新居として設けたのが現存する洋館だ。

だが、分割時の御用地では、当初予定していた新御用邸の工事もすでに始まっていて、敷地の北側を与えられた竹田宮家には、そこに建設中の御用邸も一緒に下賜された。そこで、部分的な変更を加え、翌一九一一（明治四四）年に完成したのである。

内匠寮技師の設計

邸宅の形式は、地階付き二階建ての洋館と複数の建物の棟を雁行《がんこう》状にずらして連続させた和館からなる和洋館並列型住宅だった。

設計は、宮殿や宮家に関わる建物を担当する内匠寮《たくみりょう》で、内匠頭の片山東熊《とうくま》を筆頭に木子《きご》幸三郎ら多数の技師がいた。

こうした技師たちは、一八九八年から皇太子殿下（東宮）

竹田宮邸：2階寝室天井

の邸宅造営のために宮内省に設けられた「東宮御所御造営局」のスタッフでもあった。当時、東宮御所（現・迎賓館赤坂離宮）は一九〇九（明治四二）年に完成を迎えたばかりで、東宮御所の仕事と並行して竹田宮邸の設計を行なっていたのである。そのため、作風としては共通するところが多かった。

竹田宮邸のデザイン

洋館の北側の玄関部は左右対称の儀容《ぎよう》をつくろう姿をみせる。正面には急勾配の背の高いマンサード屋根があり、まるで高さのあるシルクハットをかぶっている紳士のようだ。この腰折れのマンサード屋根や丸い屋根窓はネオ・バロック様式の特徴のひとつ。

外壁も一階は石造風の目地があるのに対し、二階はツルンとした平らな壁で、壁の仕様を変える古典的な原理に沿う表現ながら、モダンさも感じられる。背面の南側外観は、中央に開放的なベランダを置き、その両側には多角形状のベイウィンドウ（張り出し窓）を配する左右対称の端麗で気品に満ちた姿といえる。

内部に入るとすぐ、中央階段を配したホール。親柱には、優雅な花綱飾りの彫り物装飾が施されている。この親柱のように内外部の装飾を凝視すると、いたるところに花綱飾りが見られる。植物の装飾は、復活の象徴といわれるものでもあり、さまざまな願いが込められているのかもしれない。

各部屋の室内には、フランスの一七〜一八世紀様式が採用されている。一階の部屋は接客関係で、食堂は内部の仕上げが木材。東宮御所の食堂である「花鳥の間」と共通した造りといえる。二階は学問所・御座所・寝室が南に面して並んでいる。金箔のレリーフ装飾がちりばめられているが、品の良い優雅なデザインに仕上がっている。

明治末期を飾る端厳な洋館——岩崎彌之助邸——

日本人建築家の生みの親であるジョサイア・コンドルは、政府との契約が切れても帰国せず日本で生涯を終えた。晩年の明治末期から大正初期にかけては、公的な仕事とは無縁で、もっぱら貴紳《きしん》の住宅を手掛け、そうした住宅がコンドルの遺構として知られている。

現存するコンドルの住宅

コンドルの邸宅設計は、三菱財閥の岩崎家との関係から始まった。最初に手掛けたのは、岩崎彌太郎が造園していた東京・清澄庭園にあった一八八九（明治二二）年竣工の深川別邸。ただし、造園途中に彌太郎が他界したため、弟の彌之助がコンドルに依頼したものだった。続いて、現存する一八九六（明治二九）年竣工の久彌邸。少し間を置いた一九〇八（明治四一）年には彌之助邸、翌一九〇九（明治四二）年に彌之助箱根湯本別邸を、そして、一九一三（大正二）年には彌之助の息子の小彌太の元箱根別邸を手掛けた。

一方、岩崎家関連の邸宅の傍ら、三重県桑名の諸戸邸（一九一三年）や島津邸（一九一五年）、さらに岩崎・三菱のライバル、三井家の迎賓館・綱町三井倶楽部（一九一三年）、古河邸本館（一九一七年）なども引き受けている。

こうした一連の邸宅は、コンドル自身が日本に持ち込んだ歴史主義建築の集大成ともいえ、現存する作品の大半が国の重要文化財に指定されている。

二代目総帥・岩崎彌之助

一八八五（明治一八）年、三菱財閥二代目総帥となった彌之助は、アメリカ留学を行なうなど新時代の流れに積極的に対応し、今日のビジネス街として知られる丸の内の敷地購入の大決断をした人物でもあった。

彌之助は、コンドルを顧問として入手した丸の内エリアの開発を進める一方、一八九三（明治二六）年には新たに三菱合資会社を設立し、社長を彌太郎の長男久彌に譲った。おそらく、財閥の基盤づくりを終え、その発展を三代目総帥に託したのである。その後、彌之助は男爵となり日本銀行総裁にも就任したが、一九〇八年に亡くなった。長男の小彌太は、一九〇六（明治三九）年に副社長に就任し、久彌の後を受け四代目総帥となっている。

なお、彌之助は、事業の近代化を進める一方、伝統文化の造詣も深く古典籍や古美術などの収集も行なっていた。収集を引き継いだ小彌太は、一九四〇（昭和一五）年に財団法人静嘉堂文庫を創設し、収集品をそこに納めた。「静嘉堂」は彌之助の堂号で、現在、収集品は研究者にとって貴重な資料として利用されている。

明治を飾る岩崎彌之助邸

彌之助邸の敷地は、東京・高輪の佳景の地。後藤象二郎の娘と結婚して駿河台に住んでいたが、一九〇〇（明治三三）年、大磯に住まいを移した伊藤博文から土地を買い取り、屋敷を構えた。和館は駿河台から移築し、洋館はコンドルに依頼して一年後の一九〇八年末に竣工している。広大な庭園には、新宿御苑などの宮内省関係の庭園を手掛けた福羽《ふくば》逸人《はやと》が係わった。

建物は、二階建て一部三階の煉瓦造石張り仕上げの洋館。関東大震災に耐えたが、戦時中に内部は焼失。修理により外観だけは往年の姿を取り戻している。外壁は石張りとはいえ、現在のように薄っぺらなものではない。肉厚の石で重量感が伝わってくる。両端が四五度張り出す正面は、中央部に一階は車寄せ、二階壁面には二本のイオニア式柱頭の吹寄《ふきよせ》の付柱、その上には三角形の破風《はふ》飾りと、ことさら中央部を強調した左右対称の壮観なデザインだ。

一方、南側は一、二階共に開放的なベランダが置かれ、玄関背面の東側は、階段を収めた円筒状の塔屋と多角形状の出窓を両端に配してある。その間の一階にはベランダ、二階にはバルコニー。正面の表側から裏側へと移るに連れ、徐々に変化に富んだデザインが見て取れる。

外観だけとはいえ十分見ごたえのある、熟練したコンドルの作品といえよう。

外交官の家――内田邸――

横浜に、「山手イタリア山庭園」と呼ばれる庭園がある。訪ねると二棟の洋館が建っている。低い敷地に建つのは「ブラフ18番館」で、外壁は塗り壁仕上げの大正末期の住宅。もうひとつの板張り仕上げの邸宅は、明治末期の〝外交官の家〟と呼ばれる、外交官・内田定槌《さだつち》の住宅で、重要文化財に指定されている。ともに移築されたもので、関東大震災前後に流行した外壁の変化の違いがよくわかる事例でもある。

外交官・内田定槌

一八六五（慶応元）年、現在の福岡で生まれた内田定槌は、東京帝国大学法科大学を卒業後、一八八九（明治二二）年に外務省に入り、以後領事として京城《ソウル》、ニューヨークなどに赴任し、トルコを最後に退官した外交官である。特に、ニューヨーク時代には、総領事として日露戦争後のポーツマス条約の締結に深く係ったことでも知られる。

一九〇七（明治四〇）年のニューヨーク総領事時代に、帰国後に住む日本の住まいの準備に入り、三年後の一九一〇（明治四三）年にこの住宅は完成を見た。建設地は、現在の東京・渋谷駅近くの南平台と呼ばれる南西の丘陵地で、見事な眺望が楽しめる立地だった。

内田邸

日本的要素のデザイン

内田邸は木造二階建ての住宅で、洋館と併せて和館をもつ上流層の住宅の典型。ただし、和館は移築時にはすでになく、洋館だけ保存されているのが現状だ。

最大の魅力は、変化に富んだ外観。装飾はなく一見シンプルに見えるが、建物全体の構成は凹凸の変化に満ちている。出窓やベランダに塔屋、塔屋の尖がり屋根や屋根窓、さらには一、二階の壁面に開けられた鎧《よろい》戸《ど》付きの大きな窓たちが、共演しつつ、にぎやかさを演出しているのだ。

外壁は板材を横に重ね張りしたアメリカ建築の特徴といえる下見板張り。出隅《ですみ》や入隅《いりすみ》のコーナー部分には柱状の部材を重ねて張り、その存在を強調するようにペンキの色も変えている。

屋根の三角形状の破風《はふ》面は、魚のウロコ状に板材を縦に重ね張りしたシングルスタイル風の仕上げ。こうした多様な変化に富んだデザインは、アメリカの一九世紀後半に流行したヴィクトリアン様式の特徴だろう。

だが、よく見ると日本ならではの要素も見て取れる。そのひとつがベランダの扱いだ。「サンルーム」と呼ばれる部分は、本来は開け放されたベランダ部分である。幕末・明治初期には開放的なベランダを備えていたが、長い雨期のため、明治二〇年代頃から室内化され始めた。このサンルームも、まさに日本化されたベランダといえるだろう。

また、サンルームの腰壁と塔屋三階の腰壁は、固定された壁に見えるが、実は、日本の伝統的な無双連子《むそうれんじ》窓の形式が取り入れられている。連子窓の内側にもう一枚連子を引違い風に備えそれを動かして開閉する形式で、伝統的な茶室などに好まれた。

こうした日本的な処理や伝統的要素が取り入れられている点こそ、日本の洋館ならではの特徴といえる。

内田邸の間取り

玄関ポーチに立つと、上部に内田家の家紋と思われる丸《まる》に剣《けん》三《み》つ柏《かしわ》をあしらった玄関扉が目に入る。内開きの玄関扉を開けると再び鮮やかな彩色を施したアール・ヌーヴォー風のステンドグラスを嵌《は》めた玄関内扉がみえ、横には供待《ともまち》室がある。まさに接客を重要視していた住宅であることがよくわかる。

内扉を押して内部へ入ると、階段室を兼ねた玄関ホールだ。内部では靴を脱いで生活していたと思われるが、玄関にはまだ日本風の靴脱ぎの土間は設けられていない。こうした日本の伝統的な実生活に合うように靴脱ぎの土間が洋館に採り入れられるのは、もう少し時間を経た大正期に入ってからのことになる。

一階には、玄関ホールを囲むように食堂、大客間、小客間が配されている。また、かつては食堂の背後に配膳室を挟んで和館があり、台所や女中室・下男室があった。二階は、階段ホールを囲んで長男室、定槌の書斎、夫婦の寝室、そして

内田邸：応接室

客用寝室がある。和館の二階には、仏間と娘たちの寝室の和室があった。娘たちだけが和室だったのは、嫁入りの際に和室でも暮らせるための準備であったという。男子の子供部屋が洋室で女子のそれが和室というのは昭和初期に建てられた細川護立《もりたつ》邸（一九三六年）でも確認できる。洋風化の受容の仕方に男女の違いが窺える間取りでもあるのだ。

新様式の室内意匠

室内意匠は、全体的にシンプルだ。壁も漆喰白壁で、壁と天井の交差部に見られるモールディングと呼ばれる繰形《くりかた》装飾も極めて簡素。一階諸室の壁面には和室のように柱や長押《なげし》状の部材があり、一見すると伝統的な室内にいるようでもある。

だが、玄関内扉のステンドグラスにみられるように、玄関ホールのコート掛けや食堂の食器戸棚、あるいは、暖炉のタイルや暖炉廻りなどに緩やかな曲線が散見できる。これらのことから、室内は外観とは少し異なり、ヨーロッパで流行していた新様式のアール・ヌーヴォーを採り入れていることがわかる。

また、一階の大客間と食堂の暖炉廻りは、暖炉を取り囲む小さな窪んだ空間となっている。これは、イギリスの邸宅で流行していた〝イングルヌック〟という炉端空間を簡略化したものである。

イギリスでも近代化の中で住宅設備が充実し、また、子供室の普及から家族がバラバラになり始めたことを反省し、もう一度家族全員が火の周りの小さな空間に寄り添って暖を取りながら団欒《だんらん》することの重要性が問われつつあった。その象徴的空間として流行したのである。

和館の存在を示す保存方法

ところで、改めて移築された洋館を外から眺めると、かつて存在していた和館と洋館の繋ぎの様子も、実は復原されていることに気づかされる。

鉄骨構造によるガラス張りの事務所棟と洋館の間の一間ほどの繋ぎの場は、外壁が伝統的な簓子《ささらこ》下見板張り。この存在から、事務所棟部分にはかつては二階建ての和館があったことがわかる。一見無駄にも見えるが、こうした処理によって創建時の建物の姿を伝えようとしているのだ

説明を聞いても、現在の住宅から、かつての邸宅が和館と洋館を備えていたとはなかなか理解しがたい。このように失われ、また、消えようとしている住まいの歴史を正確に伝えることが、保存建築には求められているのだ。

塔屋を強調した洋館──諸戸邸──

遠くから眺めていても、塔屋がやけに目につく洋館がある。ただ、建物全体の構成を考えるとちょっと高すぎて、主屋の一部というより、まさに高層の独立した〝塔〟が並んで建っているようにも見えてしまうのだが。

建築の一部に塔屋を設けるのは、ゴシック・リバイバルなど歴史主義様式によく見られる設計方法だ。

日本では、明治年間に建てられた洋館によく見られる特徴といえる。だが、そんな塔屋を備えるデザインの流れは、大正期になるとなぜかプツンと切れてしまう。

塔屋は、建物の外観や間取りに変化を与える重要な要素であったが、外観のデザインよりも内部生活の機能を満たす設

諸戸邸

計が重視されるなかで、急速に消えて行くことになったのだろうか。これも遠くからみれば建築のモダニズムへの移行現象といえるだろう。

二代諸戸清六

この高い塔屋のある建物とは、三重県桑名市の諸戸清六邸（六華苑）のことである。

諸戸邸を建てたのは二代清六で、先代は江戸末期に塩の売買に失敗して没落した諸戸家の再興に尽くした人物だった。特に、海運を利用した米穀業で成功し、得た資力をもとに木曾川沿岸の荒蕪地《こうぶち》を開拓して植林事業を進める一方、私財を投じて上水道を敷設し、町民に開放したことでも知られる。

一九〇六（明治三九）年に先代が亡くなると家産を二分し、次男が家屋敷を継いで西諸戸家を、四男が二代清六を襲名して先代の隣の敷地に東諸戸家をそれぞれ興した。

地方に現存するコンドル作品

二代清六の屋敷は、一九一一（明治四四）年に工事を始め、一九一三（大正二）年に竣工。設計者はジョサイア・コンドルなのだが、興味深いのは、コンドルの作品の建設地は東京が中心。地方といっても箱根や大磯などで、他の地方にはほとんどない。

コンドルが地方の作品の設計を引き受けたのには、どんな強力なコネクションがあったのか気になるが、残念ながらよくわからない。ただ、先代が事業の関係から海運業を展開していた岩崎家と深い関係があり、二代清六が三菱鉱業株式会社監査役だったことから察せられるように、その関係がまだ続いていたからだと推測できる。

立地を反映したデザイン

改めて、諸戸邸を眺めよう。建物は洋館の背後に平屋を基本とした和館が連なる木造二階建てで、洋館の正面玄関横の塔屋は四階建て。
一般的に塔屋は、主屋より一階分ほど高いものとするのが常道。邸宅の名手ともいわれるコンドルが、常識を破ってまでノッポの塔を配置しているのには、理由があるはずだ。そう思って周囲を見ると、敷地のすぐ近くに揖斐《いび》川が流れていることに気づいた。塔屋から見下ろす風景に川面を採り入れようとしたのである。

諸戸邸：客間

設計段階では三階建ての高さだったというから、おそらく、施主の二代清六の強い希望で変更となったのだ。

一階玄関の上部にステンドグラスの嵌《は》めこまれた扉を押し開けて内部に入ると、土間の先は階段室を兼ねた大ホール。

装飾は簡素だが、木造階段の手摺子《てすりこ》のデザインが面白い。細い四、五本の角材と板面の手摺子を交互に並べたもので、板面の手摺子にはハート形の透かし装飾が施され、イギリスで一九世紀後半に流行していたアーツ・アンド・クラフツ運動の中で試みられていたデザインを彷彿とさせる。

また、ホールから客間に入ると暖炉があり、暖炉の金属製フードは曲線模様の見られるアール・ヌーヴォー風だ。一生を日本に捧げたコンドルだったが、欧米のデザインの動向には敏感だったことが、これからよくわかる。

いずれにせよ、高い塔屋のある諸戸邸は、塔屋でデザインにアクセントをつけていた時代の終焉を告げる洋館で、コンドルの住宅作品の中でも最後となる塔屋付き住宅だった。

一七年の歳月をかけた洋館——迎賓館赤坂離宮——

明治期の住宅界を振り返ると、やはり皇太子である嘉仁《よしひと》親王の新居として長い年月をかけて計画された東宮御所は別格だろう。

規模の大きさはもちろんのこと、導入が試みられてきた様式建築の質もその完成を示すものといえるし、また、内部の仕上げの技法や材料も豪華絢爛で、最先端の設備も備えていた。

〃住宅としての洋館〃という枠を飛び越えて、まさに〃宮殿〃という呼び名にふさわしいものといえ、現在も国の迎賓館赤坂離宮としてその魅力を大いに発揮している。

皇太子のご成婚

後の大正天皇となる嘉仁親王は、一八七九(明治一二)年に生まれ、一八八九(明治二二)年に皇太子となった。そして、一九〇〇(明治三三)年五月一〇日に結婚した。

幼年期から病弱だった皇太子を診ていたドイツ人医師のお雇い外国人エルヴィン・ベルツは、「宮中での結婚式は、古代日本の宮廷意匠で行なわれた。それから、洋装の新郎新婦は儀装馬車で、宮城から青山の東宮御所に向かわれた」とし、また、「全市は、一面の祝賀装飾で美観を呈している」(『ベルツの日記』(上)、トク・ベルツ編、岩波文庫、一九七九年)と、その華やかさを日記に記している。まさに明治時代らしく、結婚の儀は和装、披露の儀は洋装という形式で式典が行なわれていたことがわかる。

一九〇八（明治四一）年に、上野の現・東京国立博物館内の敷地に結婚を記念した表慶館が竣工したが、この計画に先んじて、皇太子の結婚前から新居の計画が静かに進行していた。当時、皇太子は、旧紀州徳川家の中屋敷に設けられた「赤坂仮皇居」を東宮御所として利用していた。そこに、近代国家にふさわしく、かつ、欧米列国にも比肩できる宮殿を建設しようという、練りに練った計画であった。

新東宮御所の計画

一八九三（明治二六）年、東宮御所御造営調査委員会が置かれ、一八九六（明治二九）年には欧米の宮殿建築調査を実施するため、調査委員として建築家・片山東熊《とうくま》が任命された。辰野金吾の設計した日本銀行がベルギー銀行をモデルとしたといわれるように、当時、重要な建築を設計する際には、欧米の建築視察を行なうのが常であった。いわば、モデル探しを行なっていたのである。

調査委員を拝命した片山は、宮内省の営繕組織である内匠《たくみ》寮《りょう》の技師として奈良・京都の両帝室博物館の主任技師も務めていて、ヨーロッパ宮廷建築のモデルとされるフランスバロックを得意とする東宮御所の計画担当にはふさわしい建築家であった。

迎賓館赤坂離宮

片山は、一八九七（明治三〇）年三月からさっそくアメリカを手始めに出かけ、フランス、ベルギー、ドイツ、イタリアなどの宮殿を調査した。そして翌一八九八（明治三一）年、その成果を踏まえて工事を担う東宮御所御造営局が設けられた。

一八九三年の委員会設置から竣工した一九〇九（明治四二）年までの一七年の歳月と巨額を投じて、宮殿は完成したことになる。

技術の粋を集めた建築

実際の工事が始まると、再び、片山は何度か海外出張を行なった。工事着工した一八九九（明治三二）年には鉄骨および暖房器具調査のためにアメリカへ。

建物の外壁は花崗岩《かこうがん》の石造に見えるが、内部の壁は煉瓦で、耐震のため鉄骨で補強されていたのである。また、冬季用のための暖房設備も必要だった。

一九〇二（明治三五）年は、室内装飾品調査発注のために欧米に出張している。デザインだけではなく、建築材料や装飾品なども欧米から取り寄せられていたのだ。

また、人材も国内の多くの人々が登用された。室内装飾の調査や参考図の製作は、東京美術学校の黒田清輝や岡田三郎助、模様図案調査には東京帝室博物館の今泉雄作、油絵制作には京都高等工芸学校の浅井忠など、海外留学を経て腕を磨きながら日本で活躍していた当時の錚々《そうそう》たる一流の人物が係わって工事は進められたのだった。

左右対称の外観

四ツ谷駅を出て四谷見附の交差点から南に向かう。出くわした並木道に沿って歩いていくとすぐに、見事な鉄製の外構柵が見えてくる。ひとつ頭が抜き出ている部分が正門。格子の隙間から端正な外観が見える。この正門の扉の頭には菊花の紋章が付く。柵に沿って歩いていくと西門があり、そこから近づくと正面からとは印象の異なる立体的な建物の姿が確認できる。

建物の基本形はE字型。地下一階、地上二階建ての宮殿は、ネオ・バロック様式を基本とした左右対称の建築である。中央に玄関部を配し、両翼はまるで両手を広げて客を迎えるかのように湾曲した形状で、左右前面に伸びている。その姿は、厳格ながらも華麗でバロック的な〝動き〟を感じさせる構成だ。

改めて、外観を見てみよう。中央玄関部には緩やかなスロープがあり、車寄せに続く。車寄せのポーチ部分を含め、一、二階の外壁の扱いは大きく異なる。

一階部分は切石を積み上げたような水平目地が強調された仕上げであるのに対し、二階部分は外壁の目地が抑えられている。また、外壁の連続した開口部の間には柱が配されている。一階はどっしりとした基礎部、二階はその上に建つ軽快な柱の建築といった感があるのだ。

そして、中央の玄関部を見てみると、他の一部が壁と一体となったイオニア式柱頭の付け柱であるのに対し、独立した優雅なコンポジット式柱頭の円柱が、三角形状のペディメントを支えている。こうした建築の構成要素を変えながら特定の部分をことさら強調する構成こそ、バロック様式の特徴ともいえるのだ。

日本的モチーフの装飾

玄関部の上部に据えられたペディメントには、中央に菊花の紋章と甲冑の日本的モチーフのレリーフが描かれている。そのまま視線を上げると、中央屋根の両側には同じく鎧《よろい》や兜《かぶと》などの甲冑を纏った武士像が仁王立ちしているし、少し離れた両側の階段室屋根の上の星型装飾のちりばめられた天球儀の足元には、金色の霊鳥と桐の葉の紋章の描かれたプレートが置かれている。

これら細部の装飾は、建物がまさしく日本に建てられた宮殿であることを示しているのである。装飾は、建物の魅力や美しさを助長させるだけではなく、その建物の由来や由緒、あるいは来歴といった様々な情報を見る人々に伝えるという役割も備えている。そうした意味で、装飾はやはり、見る者の心を引き付けるのだ。

モデルと称される建築

ところで、当時、重要な建物を計画する際には、欧米諸国の同種の建物の綿密な調査が行なわれていた。正面の湾曲した両翼による独特の構成は、フランスの学士院（一六八八年）やウィーンの新王宮（一九〇八年、一九一三年の二説あり）にも見られるもので、とりわけ後者は、同じ王宮であることから、設計を担当した片山東熊《とうくま》がモデルとして参考にしたのではないかといわれている建築でもある。

同様に、背面の中央部を挟んで両側がベランダとなり、イオニア式の柱頭の円柱が二本ずつ吹き寄せに配されている優雅な姿は、ルーブル宮殿東面（一六七四年）を模したものだともいわれている。

欧米に追いつくために西洋の著名な魅惑的な建築を手本とし、同等の、あるいはそれを超える美しい建築を実現して見せようという片山の心意気が、この〝日本を象徴する洋館〟の姿から、いまでも十分伝わってくる。

一階は住居、二階は賓客用の接客空間

北向きに配された中央玄関部は、正門と同じフランス製の鉄扉を開けると、玄関ホール。床は鮮やかな白と黒を交互に敷き詰めた市松模様。共に大理石であったが、黒大理石は玄昌石に改修されている。

中央には真紅の絨毯が敷かれ、小広間を経て中央階段まで続く。一階は皇太子夫妻のプライベートな居室のため、訪れた人々は玄関ホールから賓客用の二階へ一気に導かれることになる。

一階と二階とで用途が全く異なるこうした造りは、接客空間を備える邸宅などによく見られる計画といえよう。

二階に誘うための見せ場ともなる中央階段は、床がイタリア産の白大理石で、壁はフランス産の赤い大理石。見上げた天井は円弧状のヴォールト天井で、金箔の張られた装飾がある。階段大広間には見事なイタリア産大理石の円柱が配され、華美を抑えた落ち着きのある空間を演出している。

この階段廻りを見ただけでも彩色や模様を使い分け、海外産の高価な建築材料をふんだんに使用していることがわ

かる。

このように様式建築では、モダニズム建築とは異なり、室内を構成する天井・床・壁のすべてがデザインされ、それにふさわしい意匠と材料が用いられているのである。

朝日の間・彩鸞の間

二階には、階段を挟んで南・北には朝日の間と彩鸞《さいらん》の間、東・西には花鳥の間と羽衣の間がそれぞれ配置されている。

朝日の間は、フランス人画家のもとで描かれた朝日を背に女神が馬車で駆ける天井画から付けられた名称で、楕円形の縁取りの中の絵は国運の隆昌を表しているという。当初は第一客室と呼ばれる謁見の間で、現在は国・公賓のサロンとして使用されている。

装飾は、繊細な曲線を多用するロココ様式（ルイ一五世様式）の後のフランス一八世紀末様式（ルイ一六世様式）で、ロココ様式とは異なる明快な構成による装飾でまとめられている。

反対側の彩鸞の間は、かつての第二客室で、現在は招待客の謁見の場として使用されている。暖炉や大鏡に神霊の精の生まれ変わりといわれる鸞《らん》の装飾があることから付けられた名称で、室内全体に華麗な金箔装飾を用いながら、軽快で均整の取れた構成とした一九世紀初頭にフランスで流行したアンピール様式であるという。

花鳥の間・羽衣の間

一方、花鳥の間は、当初饗宴の間と称された部屋で、花鳥をモチーフとした壁面の七宝《しっぽう》の額や格天井《ごうてんじょう》の油絵があることからの名称で、現在でも晩餐会会場として使用されている。

壁は木曾産の木材を使用した木パネル、床は欅の寄木張り、彩色も華麗な金地とは異なる茶褐色で、落ち着いた重厚さを感じさせる。一六世紀半ば以降にフランスで流行したアンリ二世様式であるという。

最後の羽衣の間は、かつては舞踏室と呼ばれた部屋で、様式は朝日の間と同じフランス一八世紀末様式だ。フランス人の画家がわが国の伝統芸能である能楽の作品「羽衣」から画題を取って大天井画を描いたことから命名された。舞踏室らしく、オーケストラ・ボックスも見られる。

こうした部屋ごとの機能に合わせて様式を取捨選択し、デザインしていくのは、歴史主義の建築の基本的手法である。そのため、当時の建築家たちは古代からの様々な様式について精通していなければならなかった。歴史の知識は、建築家にとって最大の武器でもあったのだ。この建物は、そんなかつての建築家の役割と建築の姿を今に伝えている。

迎賓館赤坂離宮：花鳥の間

第4章

別荘・別邸として出現した洋風の住まい

ドイツ派の洋館――青木家那須別邸――

本格的な建築家教育をイギリス人のジョサイア・コンドルが行なったことから、明治期の建築家にとってはイギリスこそが建築の本場だった。日本人建築家第一号の辰野金吾も、留学時はコンドルの紹介状を携え、イギリスに渡ったのだった。

ただし、当時の建築家には少数派ではあったがアメリカやフランス、あるいはドイツで建築を学んだ人もいた。その一人が松ヶ崎萬長《まつがさきつむなが》（一八五八～一九二一）。ドイツからの帰国後、ドイツ風と称される貴重な洋館を残したことで、ドイツ派と呼ばれた。

官庁集中計画とドイツ派

イギリス風が最盛の中、一時《いっとき》このドイツ風建築の栄えた時期があった。欧化政策に躍起だった外務大臣井上馨《かおる》が、海外に劣らない諸官庁の連なる官庁街実現をめざして臨時建築局を発足させたのが一八八六（明治一九）年。その際ドイツ人建築家が招聘《しょうへい》されたからだ。強く主張したのは、ドイツ人の妻とともにドイツ公使を終えてベルリンから帰国し、外務次官となった青木周蔵だった。

ドイツで松ヶ崎と懇意だった青木は、帰国後皇居御造営事務局に出仕していた彼を一八八六年二月に出来たばかりの臨時建築局の初代工事部長に抜擢。ドイツ人建築家たちの通訳や作品の相談相手としたのである。

男爵建築家

一八八六年四月に来日したドイツ人建築家のベックマンは、工事現場の視察を行なった。日本人技術者や職人では経験不足と感じたベックマンは、職工や建築家をドイツで修業させることを提案し、実践させた。このドイツ派遣には松ヶ崎も深く係わり、建築家として河合浩蔵、渡辺譲そして妻木頼黄《よりなか》の三名をドイツに送った。ドイツで日本の諸官庁の設計に従事した彼らは、帰国後、ドイツ派と呼ばれることになる。

ドイツ派の中心人物であった松ヶ崎は、一八五八（安政五）年孝明天皇の侍従長の次男として生まれたとされ、一八七一（明治四）年には一三歳にして岩倉使節団に同行。軍人となる教育を受けるためにドイツに渡った。だが、兵学校で健康状態が不適格とされ、建築家の道を選んだのである。

一八七七（明治一〇）年、松ヶ崎はベルリン工科大学の前

青木家那須別邸

青木家那須別邸：2階階段ホール

身とされる学校で建築教育を受けた後に建築事務所で実務に就き、一八八四（明治一七）年末に帰国。帰国直前の華族令で松ヶ崎は男爵に列せられていた。そのため、男爵建築家としての帰国となった。

青木周蔵の那須別邸

一八八〇年代、山形県令だった三島通庸《みちつね》始め大山巌、西郷従道《つぐみち》、松方正義といった明治政府の要人たちが那須野ヶ原に農場を次々と開設していた。殖産興業政策として、未開地の開発がめざされたのである。入植者を集め、開墾や植林さらには牧畜などが行なわれたが、開拓には資金力も必要で、必然的に要人たちが深く係わることになった。

青木周蔵は、ドイツ留学経験から、ドイツ貴族たちが永続的な財産として土地を所有している――土地貴族であるユンカーの存在を知り、土地所有に強い関心を持っていたため、一八八一（明治一四）年に国有地を借り受け、開拓事業に着手した。東北本線の開通もあって、一八八八（明治二一）年には別邸を構えた。当然ながら、設計はドイツ仲間の松ヶ崎に依頼した。現在、重要文化財に指定されている建物の竣工は一九〇九（明治四二）年。最初の別荘を中心に据え、自邸として使うために同じ松ヶ崎のデザインで左右に両翼棟を増築したのである。そのため、あたかも当初からのもののように、破綻のない見事なまとまりのあるデザインとなった。

最もドイツ的な特徴が見られるのは、外観の屋根。その存在を強調したデザインこそドイツ風だ。屋根窓のにぎやかさとともに寄棟屋根と一体となった二階の開口部のアーチを支える持ち送りのデザインは独特な納まり。また、一般には屋根に用いるスレートを外壁全体に魚のうろこ状に貼る仕上げも特徴的だ。

実はドイツ派の手になる建築遺構は極めて少ない。その意味でも貴重な洋館である。

軽井沢最古の日本人別荘—八田別荘—

避暑地といって思い浮かぶのは、軽井沢。明治初期から外国人の避暑地として栄えた軽井沢は洋風別荘の宝庫。そんな土地に日本人所有のもので初めて設けられた別荘建築が、八田別荘だ。

日本人別荘の第一号

殖産興業政策もあって一八八〇年代には各地で官有地の開拓事業が始まった。軽井沢でも一八八三（明治一六）年、雨宮敬次郎が離山一帯の官有地の開墾・植林事業に着手。旧軽井沢宿では外国人の避暑が始まった。

避暑地となったのはカナダ人宣教師A・C・ショーが訪れたことからというのが定説。ただし、『軽井沢物語』（宮原安春、講談社、一九九一年）によれば、その時期には一八八五（明治一八）年説と一八八六（明治一九）年説があり、後者が有力だという。また、最も古い文献のひとつ『かるいざわ』（佐藤孝一編著、教文館、一九一二年）によれば、別荘建築の第一号は一八八八（明治二一）年にショーが建てた別荘とのこと。では、日本人の別荘の第一号はどれか。『かるいざわ』では、一八九三（明治二六）年の八田裕二郎の別荘であるという。

八田は、福井藩の武士の子として一八四九（嘉永二）年に生まれた。一八六七（慶応三）年、公武合体を主張した大名として知られる藩主・松平慶永《よしなが》からイギリス留学を命じられ、二年ほど天文学を学び帰国した。帰国直後の一八七〇（明治三）年、今度は新政府の官費留学生として海軍の勉強のために再渡英。ロイヤルグリニッジ海軍大学校を卒業し、日本人初の英国海軍大学校卒の肩書で帰国して海軍大佐となった。

その後の一八八七（明治二〇）年から、東伏見宮家の依仁《よりひと》親王のパリ留学のお付きの武官として再び渡欧したが、親王の留学終了直前の一八八九（明治二二）年、突然海軍から呼び戻された。ただでさえ薩摩閥で固まっていた海軍は居心地が悪いうえ、突然の帰国命令の理由もわからない八田は精神的ダメージを受け、帰国後は体調を崩してしまう。回復までが長引き、一八九二(明治二五)年、ついに休職。頭痛治療によいといわれる群馬県の霧積《きりづみ》温泉で療養生活に入った。

軽井沢の別荘建設

温泉宿の食事には頻繁に牛乳や牛肉が出た。イギリス生活の長かった八田にとっては馴染んだ肉食だったが、当時の日本人には不慣れな西洋料理だった。食材の確保も簡単ではない食事に驚き、理由を訊ねると碓氷《うすい》峠を越えた旧軽井沢宿に外国人がいて、洋食材が簡単に手に入るという。

八田はさっそく旧軽井沢宿に出掛け、出会った外国人たちと久々の英会話を堪能した。外国人からも移り住むことを勧められ、翌年には別荘を構えたのである。

頭痛が完治した八田は、その後、知人らに軽井沢の魅力を紹介し、避暑地として整備事業にも尽力した。

八田別荘の姿

八田別荘は、旧軽井沢銀座入口近くにあり、木立の奥に緑色に塗装された鉄板瓦棒葺きの屋根を冠した木造二階建て。敷地と道路との境には古さを感じさせる低い自然石積の塀が廻る。

建物の姿は伝統的な和風だが、屋根部分の三角形状の破風《はふ》板と窓枠は洋風の趣を感じさせる白ペンキ塗りで、木立の緑の中でとりわけ輝いている。創建時から一二五年ほど経ており、その間に台所やトイレなどの増改築が行なわれた。そうした改造部分にベランダもある。

建物に近づいていくと、正面に二階の白ペンキ塗りの手摺を載せた片流れ屋根の下屋があり、腰壁の上には大きな開口部が設けられている。室内化されているが、実はここがかつてのベランダ部分。室内は畳敷きだが、ここだけがイス座の屋根だけの開放的な空間で、お茶を飲みながら通りの人々に声をかけ、時には人々が集まって雑談を交わした場所だった。

ベランダは軽井沢別荘の社交の空間だったが、一年中使用する目的から室内化されてしまった。今後、可能ならば、ぜひともオープンな場に復原してほしい空間である。

杉皮張りの野趣あふれた住まい――ライシャワー別荘――

宣教師A・C・ショー以来、日本の夏の蒸し暑さに閉口していた外国人たちは軽井沢の魅力の虜となった。宣教師たちを含む多くの外国人が毎年訪れ、やがて別荘を構え始めた。『避暑地軽井沢』（小林收、株式会社櫟、一九九九年）によれば、一八九〇（明治二三）年に五戸だった別荘数は、二〇年後の一九一〇（明治四三）年には一六三戸に増加しているが、明治末年の日本人別荘は三〇戸だけで、明治期は外国人中心の避暑地だった。

ライシャワーの来日

ハーバード大学教授で駐日アメリカ大使であったE・O・ライシャワーの父親であるオーガスト・カール・ライシャワーが宣教師として来日したのもその頃で、一九〇五（明治三八）年のことだった。一九〇七（明治四〇）年に長男、一九一〇年に後に駐日大使となる次男、そして、一九一四（大正三）年には長女が生まれている。一時帰国し、再来日後の一九一八（大正七）年には東京女子大学の創設に関わった。一九四一（昭和一六）年の日米開戦を機に一家は帰国したが、大学の常任理事だった時に一家が過ごした住宅が現存している。

子供が生まれたばかりのライシャワーは、来日後数年で、軽井沢に別荘を構えた。万平ホテルの北東の急斜面に位置する桜の沢と呼ばれる地域の中腹だった。

別荘には番号が付いている。別荘番号がなぜあるのかといえば、当時の郵便局が避暑で別荘に滞在する不特定多数の外国人の郵便配達に苦労し、個人名ではなくハウスナンバーで処理することを思い立ったからという。

ちなみに、ライシャワー別荘の建築年は不明だが、一九一〇年に作成された郵便局の地図に別荘番号が確認できることから、遅くとも一九一〇年には別荘は建っていたことがわかる。軽井沢でも古い別荘のひとつなのだ。

野趣に富んだ別荘

急な公道の山道を上ると、雛壇状の平らな敷地の奥の急斜面に接するように建物が建っている。木造二階建てで鉄板葺きの入母屋《いりもや》屋根。一階南側には一間幅ほどの広くて大きなベランダがあり、テーブルとイスがある。柱も梁などの軸部は丸太がむき出しの素朴な造りだが、軽井沢の気候や風景を楽しめる魅力的な空間だ。

外観で最も目につく特徴は、杉皮張でできている外壁だ。杉の幹を覆う杉皮は、確かに風雪から幹を守っている材料で、外壁材として数寄屋造の建築などに時折みられるが、建物全体を覆うことは珍しい。別荘とはいえ足場も悪く、山の中腹といった建築工事には向かない場所。夏場の気候のよい二、三か月を過ごすだけの建物だから、経費も手間もかけず、材料もできるだけ入手しやすい材料を利用したのだろう。でも、そうした無理のない素朴さが、かえって豊かさを感じさせる魅力となっている。

豊かな内部空間

玄関はなく、ベランダから室内へ。戸を開けて中に入ると南側には居間、そして食堂の二間が連なり、イスとテーブルが並んでいる。居間部分には、自然の浅間石を積み上げた暖炉がドンと置かれている。食堂の奥の北側には台所。この台所と食堂の壁の間にはハッチがあり、料理を受け渡す工夫が見られる。こうした機能性を重視した装置を配するのは、まさしくアメリカ的合理性の現れだ。

改めて室内を見渡して驚くのは、内部の壁も杉皮張がそのまま見えること。いわゆる仕上げの壁も杉皮なのだ。まさに自然に満ちた内部空間が広がっている。二階には四つの寝室。寝室の丸太の柱には子供たちが背くらべをして付けたキズが今でも残っており、当時の和やかな別荘生活を彷彿させてくれる。

再び、外部へ。敷地の奥の東側には、敷地の下に降りてゆく小道がある。小道から建物を見上げると、小さな三角形の妻面が外観を強調するアクセントにみえる。その横には土管の煙突がニューッと立ち上がっている。おそらく、当初はこの小道側が正面だったのだろう。
なお、このライシャワー別荘のすこし上にかつては川端康成の別荘があったが、残念ながら解体された。

和室を取り込んだ華麗な洋館―中埜家別邸―

明治も末期になると、洋館は地方にも確実に広まっていた。こうした普及とともに、和館の横に洋館を配置する従来の形式をさらに発展させた新しい形式――和室吸収型洋館――が出現する。

中埜半六と鈴木禎次

その代表格が半田市の中埜《なかの》家別邸。中埜家は、江戸時代から海運業と醸造業で栄えた旧家で、ミツカン酢でも知られる一族だ。英国留学を終えた中埜半六は、江戸末期から明治初期の建物といわれる二階建ての主屋とは別に、帰国後の一九一一（明治四四）年に欧州で心惹かれた建物を再現しようと別邸を建てた。

設計者は鈴木禎次《ていじ》。夏目漱石夫人鏡子の妹を妻としたので、鈴木は漱石の義弟にあたる。一八九六（明治二九）年東京帝国大学工科大学造家学科を卒業し民間で働くが、一九〇三（明治三六）年に文部省から英仏留学を命じられ、帰国後は名古屋高等工業学校（現・名古屋工業大学）教授となる。トヨタ自動車の創業者豊田喜一郎の別邸（一九三三年）を手掛け、英仏の建築に精通した建築家として中部地区に多数の作品を残し、漱石の墓標も手掛けた。

手の込んだ見事なデザイン

中埜家別邸は、瀟洒な小ぶりの洋館である。

木造二階建てで、屋根は大棟の両端にフィニアルと呼ばれる尖頭飾りを置いた急勾配のスレート葺きの切妻屋根に入母屋《いりもや》屋根と寄棟屋根を組み合わせながら三角形状の妻面を見せる複雑な造りとなっている。しかも、そのスレートをよく見ると、先の丸いウロコ形のものと角形のものとを八段ごとに交互に葺《ふ》くという手の込んだものだ。

屋根も特徴的だが、最も興味深いのは外壁面の仕上げ。妻面と二階部分は、戦前の日本の洋館として最も好まれた、柱などの部材を露出させた見事なハーフティンバースタイル。一方、一階部分は、壁の上部は白漆喰仕上げだが、腰壁の一部は白漆喰壁の中に白と黒の大理石の小片をちりばめた独特な壁。『修理工事報告書』によれば、施主の中埜が外遊中に出会った北欧の民家を模したものとあるが、英国南部地方に見られるナップド・フリントという小石埋め込みの手法をもとにしたという説もある。

いずれにせよ、日本の洋館でも他に類例がないほどの個性的な外壁といえる。

和室を組み込んだ間取り

玄関土間が小さくなってしまい、今日の日本では見られなくなってしまった内開きのドア。そこから玄関に入ると、そこは大広間だ。突き当りの正面には端正な手摺子《てすりこ》のある大階段があり、暖炉も備えられている。興味深いのは暖炉の上に神棚があることだ。商人の洋館らしいともいえる。

玄関の隣の客間には台形状の張り出し窓。張り出し部の両側には柱頭飾りのついた各柱と、その上にはエンタブレチュアと呼ばれる屋根を支える梁が置かれた門型の端正なデザインが見て取れる。クラシカルだが、重くも軽くもなく品の良いデザインで、建築家の技量を感じさせる。

小屋組が露わに表現されている階段を上って二階に行くと、暖炉のある洋寝室の他に和室が二部屋ある。『修理工事報告書』にある当初の図面では、和室はなく洋室として計画されていた。何らかの理由で設計変更したようだ。しかも、その変更は単に畳を敷いただけというものではなく、開口部も上げ下げ窓から伝統的な引違い窓へ、壁も柱が見える真壁《しんかべ》へ、天井も竿縁《さおぶち》天井へ、そして西側の和室には床の間、押入れを設けるといった本格的なものだ。

とはいえ、外観を見ても、内部に和室があるとは全く想像もできない。明治末期になると、こうした小洋館の内部に和室が飲み込まれた形式が姿を現す。和館と洋館を並べていた時代から、和館の代りに洋館の中に和室を取り込むという、新しい住まいの形式の時代へと大きく変化していくことになる。

華麗な質の高いデザインとともに、間取りの形式もまた新しさを今に伝える遺構といえる。

コンドルが助言した住まい——英国大使館別荘——

わが国の近代別荘地発祥の地のひとつとして、早くから外国人が注目していたのが日光だ。中には日光東照宮などの観光地の喧騒から逃れるために、いろは坂を上った中禅寺湖のほとりに別荘を構えた外国人もいた。

ベルギー大使館別荘も公開

中禅寺湖畔には、現在でも英国大使館別荘、イタリア大使館別荘、そして、ベルギー大使館別荘などが現存している。

前二つは、共に現役を退いていて貴重な文化財として一般公開されているが、ベルギー大使館別荘は今でも現役。そのため、その内部の様子はほとんど知られていないが、各別荘は道路側ではなく湖に正面を向けているため、外観の様子は湖上からよく見える。

木造二階建てハーフティンバー風の洋風建築として知られるベルギー大使館別荘は、二〇一八年と二〇二三年に一階部分だけ一般公開され、多くの人々でにぎわった。

英国大使館別荘

洋風のベルギー大使館別荘と異なり、英国大使館別荘は和風の姿を見せている。一八九六（明治二九）年に建てられた英国大使館別荘、大きな寄棟屋根で、外壁はわが国の伝統的な押縁下見板張による木造二階建ての主屋に、平屋の使用人用の部屋を配した細長い建物が接続している。

創建時の玄関ポーナは、湖に面した正面の中央にあった。主屋の湖側には、一、二階共に広縁と呼ばれる伝統的な和風住宅の縁側より幅の広いまるでベランダのような空間が配されている。この広縁は、正面の両端の戸袋の存在が示すように全面を開け放すことができ、たちまち内外が一体となった空間に変貌するのだ。それは、まさしくわが国の伝統建築の特徴的空間そのものといえる。

一方、一階の広縁の後方には板敷きでイス座の食堂と客間および書斎が配されている。食堂と書斎には煉瓦造の暖炉があるが、広縁側は引違いのガラス戸で仕切られた開放的な造り。

そのガラス戸は造りが凝っていて、腰部分は板張、中央部は大きなガラス、上部は障子風の小さな格子割りがある。ガラスが導入された明治期に、わが国で生まれた猫間障子をアレンジしたものといえ、これで室内からも外の景色が一望できる。こうした開放的な造りは二階も同様だ。

コンドルの関与

この伝統色の強い別荘の施主は誰かといえば、日本の近代化に大きく寄与したことで知られる英人アーネスト・サトウだ。

幕末に英国公使館の通訳生として来日し、一八八二（明治一五）年まで勤務。再び一八九五（明治二八）年から一九〇〇（明治三三）年まで英国公使として滞在した。日本各地を巡り、一八八一（明治一四）年には『明治日本旅行案内』を出版。日本の観光地や保養地を紹介した。お気に入りの保養地は日光だったようで、公使として来日した際に、中禅寺湖畔に別荘を構えたのだ。

興味深いのはサトウの日記の一八九六（明治二九）年五月三〇日の一文だ。「すばらしい朝だ。コンダーと家の敷地へ行って、ボート・ハウスの位置を決め、家の裏手から丘の方へのびている小道を歩く。敷地の前は、拡げられるように三段のテラスを作ることにする」（『アーネスト・サトウ公使日記Ⅰ』新人物往来社、二〇〇八年）。

コンダーとは、日本の近代建築の父といわれるジョサイア・コンドルのこと。コンドルに敷地を見てもらいながら助言を受けていた。皇后陛下との謁見の際には、サトウは別荘の様子を尋ねられたという。こうした歴史を重ねた別荘が一般公開されていることは、まことにうれしい限りである。

ヴォーリズの自然を楽しむ山荘—ヴォーリズ別荘—

建築家として知られるウィリアム・メレル・ヴォーリズのめざした新しい住まいの原点は、家族団欒《だんらん》の場をつくることだった。そして、その姿を具体的に示す理想郷として近江ミッション住宅が計画された。このヴォーリズの活動を見ていると、もうひとつ原点といえる場が存在している。軽井沢に設けた最初の別荘のことである。

避暑地軽井沢

一八七三(明治六)年に来日し、福沢諭吉の子供たちに英語を教えた縁で、慶應義塾の英語教師としても活躍していたカナダ生まれのA・C・ショーは、伝道活動の最中に出会った軽井沢で家族を伴ってひと夏過ごした。この一八八六(明治一九)年(その時期は一八八五年と一八八六年の二説あり、後者が有力という)の避暑が避暑地軽井沢の始まりとされ、ショーは軽井沢の気候・風土に魅せられ、別荘を構え、友人たちにも軽井沢の避暑を勧めた。

一八九三(明治二六)年には、「めがね橋」の名で知られ、現在重要文化財に指定されている煉瓦造の四連アーチ橋・碓氷第三橋梁が完成し、軽井沢・横川間の鉄道が開通した。こうした東京と軽井沢を結ぶ交通網の整備もあって、明治後期には宣教師を中心とした外国人たちの避暑地軽井沢が賑わいを見せていたのである。

ヴォーリズと軽井沢

ヴォーリズは、来日した一九〇五(明治三八)年の夏、英語教師としてすでに来日していた友人エルモアを案内役として日本旅行を行ない、その途中に軽井沢を訪れた。自伝(『失敗者の自叙伝』近江兄弟社・湖声社、一九七〇年)には「軽井沢は、人も知る有名な避暑地」で、「平素各地に散在している宣教師たちが、おおぜい集まってくる」と記されている。ここから、来日当時すでに、避暑地軽井沢がよく知られた存在であったことがわかる。

ヴォーリズは、以後、毎夏軽井沢に出かけた。幼年期に健康に恵まれなかったため、家族で大自然豊かなアリゾナ州の高原町で育ったヴォーリズにとって、軽井沢の豊かな自然こそ大きな魅力であったに違いない。

ヴォーリズは、一九一二(明治四五)年、軽井沢に夏だけ利用する建築事務所を構え、近江に次ぐ二つ目の建築活動の拠点とした。

避暑に来ていた宣教師たちから、住宅や学校などの相談を受け、やがてそれらが実際の仕事にもなっていったのである。この事務所建築は、今は店舗として軽井沢に現存している。

最小限の別荘建築

ヴォーリズは、一九一九(大正八)年に結婚。新妻は一柳子爵の娘・満喜子で、自ら手掛けた東京・明治学院礼拝堂で式を挙げた。そして、翌年には、軽井沢のせせらぎの森に向かう道沿いに別荘を構えた。

現在は増築されているが、創建当初は三間四方を一回り小さくしたような規模の建物だ。寄棟の木造平屋で、外壁は伝統的な押縁下見板張りのベンガラ塗だったという。東面の道路側には粗い石を無造作に積み上げた煙突が地面から立ち上がり、屋根から突き出ている。

南側の自然の玉石を敷き固めたポーチから室内に直接入る。内部は、板床の大きな居間で、奥には粗い石の煙突と一体となった暖炉がある。内壁は外壁とは異なり縦に並べて張った板張で、板と板の目地の上には細い板材が打たれている。天井は竿縁だ。その印象は、極めて質素な伝統的な小屋のようだ。

それでも、その空間は気持ちがいい。南側のガラス窓は戸袋に収まり、開口部全面が開放されるため狭さはまったく感じない。この居間に続き、暖炉の裏側には寝室、その隣が台所、玄関ポーチの北側にはトイレ。これですべてだ。しかも、寝室は夫婦用だが、二段ベッド。まったく無駄のない、最低限の施設だけの最小限住宅のようだ。

内部から見る景色は、自然だけ。自然に住み、自然と暮らし、心身を自由に開放する空間だ。

こうした小手先のデザインに頼らない素朴さが、ヴォーリズの創り出した空間の魅力のように思う。

瀟洒なアメリカ風別荘──徳川慶久別荘──

軽井沢は避暑地として明治期から知られていたが、利用者の多くは、宣教師などの来日していた外国人だった。こうした外国人中心の避暑地とその生活が日本人にも広まり、日本人利用者が急増したのは大正初期に展開された野沢源次郎の軽井沢開発によるといえる。

野沢組の軽井沢進出

一八八二（明治一五）年に慶應義塾を卒業した野沢源次郎は、開国以来、外国商社に独占されていたわが国の輸出入業の閉塞状況を打開すべく、父・野沢卯之吉が始めた洋物販売業を自らの手で輸出入を行なう貿易商・野沢組へと発展させた。

自ら欧米視察も行ない、家督相続した一九〇〇（明治三三）年にはロンドン支店を開設し、宮内省主馬寮《しゅめりょう》の下命で英国産サラブレッドの種馬を輸入した。また、一九〇四（明治三七）年には台北出張所を開設し、台湾総督府から台湾檜の国内販売権を得るとともに、総督府の特命を得てウーロン茶の輸出も行ない、貿易界では知られる存在となっていた。

事業は順風満帆だったが、一九一四（大正三）年、源次郎は肺疾患のため医者から転地療養を勧められ、軽井沢を訪れたという。初めての土地との出会いの中でその気候に魅せられ、日本人向けの避暑地開発を思い付いたといわれている。

一方、源次郎の孫にあたる岡村八寿子氏は、一九一一（明治四四）年に長野県の依頼で作成したにもかかわらず実践できなかった、東京帝国大学教授本多静六博士の「軽井沢遊園地設計方針」という提言を、源次郎が実業家として事業化したのではないかという（『祖父 野澤源次郎の軽井沢別荘地開発史』牧歌舎、二〇一八年）。

どちらが正しいか詳細は不明だが、一九一五（大正四）年には源次郎が離山一帯の土地購入を行ない、一〇〇万坪とも二〇〇万坪ともいわれる広大な土地を取得。土地の入手と共に土地分譲のために、道路や植林などの整備も行なった。細川護立《もりたつ》の別荘のあった細川レーンと呼ばれる並木道は、この時の植林によるものだった。

野沢組には地所部が設けられ、土地分譲を開始。一九一六（大正五）年には細川護立が約一万九〇〇〇坪、徳川慶久が約四五〇〇坪の土地を購入した。また、その翌年には早稲田大学創立者大隈重信が三〇〇〇坪を購入するなど、当時の著名人も土地を購入し、別荘を構えた。

あめりか屋の別荘

別荘の建設を手掛けたのは「あめりか屋」。橋口信助が一九〇九（明治四二）年に創設したアメリカ建築をモデルとした建築を得意としていた建築会社である。

源次郎の軽井沢開発事業を知ったアメリカ帰りの橋口が様々なアドヴァイスを送ったのが縁で野沢組とのタイアップにつながり、土地分譲は野沢組、別荘建設はあめりか屋がそれぞれ担当する。一九一六（大正五）年に軽井沢に出張所を設けたあめりか屋は、注文別荘の設計施工とともに野沢組経営の貸別荘の建設を手掛けることになる。

細川別荘と大隈別荘は現存せず、その姿を伝えるのが徳川慶久別荘だ。慶久は最後の将軍である徳川慶喜の七男で、一九一〇（明治四三）年に東京帝国大学法科大学政治科を卒業すると徳川慶喜家の継嗣として貴族院議員となった。細川護立とは仲がよく、軽井沢の敷地は隣同士だ。

アメリカンバンガロー様式を伝える建築

一九一六（大正五）年に竣工した別荘は木造二階建てで、急勾配の切妻屋根の妻面には軒裏を支えるブラケットがリズミカルに配されている。煉瓦と白然石を組み合わせた堅固な基礎の上に建ち、外壁は一階部分が板材を横に張り付けた下見板張りに対し二階部分は白漆喰の荒壁仕上げと、仕上げの対比を意図した変化に富んだ魅力的な建物で、様式的にはアメリカ西海岸で流行していたバンガロー様式を基調としたものだった。「あめりか屋」の得意とした典型的デザインだ。

内部は、一階は暖炉のある居間を中心としたイス座の部屋だが、二階は寝室で暖炉付きながら畳敷きの部屋だ。もっとも、この別荘の主役は一階居間の南側全面に配されたベランダ。自然と一体となれる開放的なベランダは、別荘建築の象徴として今でもその魅力を放っている。

豪華で古風な別荘―徳川圀順別荘―

明治末期から大正期にかけての住宅洋風化に大きな影響を与えた「あめりか屋」。この社名を知っている人は、かなりの高齢者か、あるいは、日本近代の住宅の歴史に詳しい人物だ。戦前期、各地に支店を設け洋風住宅を手掛けていた会社だからだ。

震災・戦災もあって残念ながら大半の住宅作品は残っていないが、戦火を免れた軽井沢にはあめりか屋の手になる別荘がまだ数棟だが、現存している。

あめりか屋創設と橋口信助

宮崎県の飫肥《おび》町（現・日南市）に一八七〇（明治三）年に生まれた橋口信助は、現在の一橋大学にあたる東京商業学校に入学するも、途中で退学。帰郷し、親の木材業を継いだ。

だが、事業はうまくいかず、当時、国策として移民事業が積極的に進められていたこともあり、アメリカへ渡る。一説には密航ともいわれるが、一九〇一（明治三四）年頃には北米の中心都市シアトルの日本人街では成功者のひとりとして「橋口商店」を構えていた。古着商を中心とした商売で、アメリカ人用の衣服を日本人用サイズに仕立て直した衣服の販売が当たったのだ。

橋口は、事業で得た資金をもとに新たな起業をめざした。山林を購入し、日本から労働者を移民させ、日本に米材を輸出する事業を企てたのである。ただ、運悪く、当時は移民の増加に伴いアメリカ人の仕事を奪ってしまうという日本人を含むアジア人の排斥運動が起こり、一九〇八（明治四一）年に日本側が移民を制限する日米紳士協約が結ばれる中で計画は頓挫した。

軽井沢への進出

次に橋口が考えたのは、アメリカから住宅を輸入することだった。当時アメリカではツーバイフォーと呼ばれる板材だけで建築を造る新工法が普及していた。その工法を利用し、図面とともに板材による建築部材をパッケージとした住宅が商品として販売されていたのである。

橋口は、この商品化された組立住宅を六棟購入して帰国し、販売するために一九〇九（明治四二）年、東京市芝区（現・東京都港区）に店を構えた。そこは芝家具として知られる洋家具店街の一隅で、「あめりか屋」というユニークな名称の看板をかかげたのである。

輸入した住宅の五棟は、外国人向け貸家業を行なっていた藤倉五一が購入し、残りの一棟だけは日本人用の住宅として売れた。

ただ、輸入住宅事業は斬新なアイデアだったが、輸入税や運搬費を考えると住宅は決して安いものではなかった。そのため、橋口は輸入をやめ、アメリカ住宅をモデルとした設計施工へと事業を方向転換した。

ちょうどその頃、野沢組の軽井沢開発を知り、野沢組の販売した土地に別荘を設計施工するというタイアップ事業を展開したのである。この軽井沢進出は多くの施主を得る機会となり、あめりか屋の発展の契機となったのである。

「あめりか屋」を代表する徳川圀順別荘

一九一六（大正五）年に軽井沢に出張所を設けていたあめりか屋は、同年に徳川慶久・細川護立《もりたつ》別荘など五棟の建築を手掛けた。アメリカの西海岸などで流行していたバンガロー様式を基調とした建築で、一階外壁を下見板張、二階を白スタッコ仕上げとし、その異なる外壁の織りなすコントラストを特徴とするものだった。

その後の津軽承昭《つぐあきら》別荘なども同じ流れのデザインだったが、一九二〇（大正九）年の徳川圀順《くにゆき》公爵別荘（田中角栄家別荘）は、それまでの作品とは異なり木造二階建てで、一、二階の外壁はすべて板材を横に張る下見板張仕上げで、アクセントとして正面の三角形状の妻面は同じ板張りながら縦に並べて張る竪羽目板仕上げだ。

全体の構成は、東西を長手とする切妻屋根の上隅を斜めに切り落とした半切妻の大屋根を掛け、北に設けられた玄関脇の北東隅には尖がり屋根の塔屋を置き、南側のベランダ上部は三角形状のものを二つ連続させた独特の破風《はふ》を載せている。

建物四面に異なる形状の破風を配した変化に富んだ絵画のような外観は、塔屋の存在などやや古風ながらも、戦前期に一世を風靡した住宅専門会社あめりか屋の作品として貴重な遺構といえるのだ。

旧藩主好みの西洋館―久松家別邸（萬翠荘）―

旧城下町を訪ねると、しばしば旧大名などの構えた別邸に出会うことがある。立派な庭園を備えた伝統的な和風建築の場合が多いが、時には東京などの邸宅にも劣らない魅力的な洋館と出会うこともある。

フランス帰りの当主

一八七二（明治五）年、旧松山藩主亡き後に養子として当主を継いだのが久松定謨《ひさまつさだこと》だった。時代が明治に動くまさにその直前の一八六七（慶応三）年、松山藩主分家の旗本松平勝実《かつよし》の三男として生まれたが、本家当主の遺言により新たな輝かしい人生を送ることになったのである。

一八八三（明治一六）年フランスに留学。語学勉強中のフランスで伯爵を授爵した。一八八七（明治二〇）年にはナポレオンの創設したサン・シール陸軍士官学校に念願の入学を果たし、一八八九（明治二二）年に歩兵科を卒業している。

この陸軍士官学校は一八〇三年創立のフランスの名門学校で、空港にその名を残したフランス第一八代大統領シャルル・ド・ゴールの出身校でもあり、日本人では閑院宮《かんいんのみや》載仁《ことひと》親王や朝香宮鳩彦《やすひこ》王が学んだ。また、定謨の補佐役として留学して騎兵戦術を学んだ秋山好古《よしふる》は日清・日露戦争で活躍し、後に陸軍大将となった。

帰国後は陸軍歩兵少尉となるが、翌年から再びフランス陸軍に一年ほど留学している。中尉となり近衛師団副官などを経て、一九〇二（明治三五）年にはフランス駐在日本公使館付き武官として一九〇六（明治三九）年までパリに滞在。まさにフランスと陸軍との縁の深い人生を送り、引退前の一九二〇（大正九）年には陸軍中将まで登りつめた。

松山城を取り囲む建築たち

江戸時代最後の城郭で、日本三大連立式平山城《ひらやまじろ》のひとつとして知られる松山城。この名城の麓にはかつての表御殿跡と奥御殿跡が二之丸史跡庭園として公開されている。

庭園の南側には中央に円型ドームを冠した一九二九（昭和四）年竣工の愛媛県庁本館、その東側に二〇〇七年に開館した安藤忠雄設計のガラスと打ち放しコンクリート造によるモダンな坂の上の雲ミュージアム、そしてその近くには大正時代に建てられた萬翠荘《ばんすいそう》が現存している。

松山市内中心部に位置する松山城を取り囲むように、近世から現代までの様々な時代の建築が配されており、まさに松山市の象徴となっている。

フランス式の別邸

萬翠荘

東京に屋敷を構えていた定謨だが、五〇歳を超えた一九二二（大正一一）年、おそらく引退後の余生を過ごすことも考えて、故郷の松山城の近くに、緑に囲まれた邸宅ということから名づけられた別邸、萬翠荘を構えた。

竣工時の一九二二年一一月一五日から一六日の二日間には、松山陸軍大演習が実施された。その際、後の昭和天皇である摂政宮の観閲も予定されていたため、お迎え用の行啓御殿として突貫工事で完成させたともいわれている。

地下一階・地上二階建て。マンサード（腰折れ）の大屋根の建物で、重要文化財に指定されている。設計者は、建築家木子《きご》七郎。

松山市内初めての鉄筋コンクリート造による建築ともいわれ、最大の特徴はデザインで、フランス帰りの定謨に合わせたフランス式でまとめられている。

気品と華麗さを感じさせる建物は、クラシカルな塔屋を持つ構成で、屋根は中央上部に急勾配の塔屋状根を突出させ、隅には四角錐状屋根の塔屋を置いて、軒上には屋根窓を連続配置するなど、善美を尽くしている。

また、天然スレート葺き屋根の縁廻りを銅板で仕上げた丁寧な造りなどに見られる屋根のデザイン重視は、一九世紀後半にフランスで流行した第二帝政様式の特徴ともいえる。

外観も壁面装飾の代りに二階正面部分には三連アーチとベランダを配して壁面に凹凸と陰翳を生み出すなど、まさにフランス風の華やかさが見られる。

木子七郎と松山の縁

松山の篤志家《とくし》といえば、そのひとりは新田長次郎。一八五七（安政四）年、現在の松山市山西町の農家の次男として生まれ、当時、賤業として嫌われていた皮革産業に従事した。

一八八八（明治二一）年、新田は動力伝達用革ベルトの国産化に初めて成功した。近代日本を象徴する紡績業の発展のなかで革ベルトの需要も高まり、瞬く間に新田帯革製造所は業界のトップとなった。また、新田は一九一九（大正八）年には合資会社新田ベニヤ製造所を興し、「ベニヤ」の登録専売特許を取得するなど建築業界にも進出している。

こうした事業の傍ら、篤志家としての活動も開始。一九一一（明治四四）年には大阪で貧困子弟のための夜学校を設立し、また、故郷では一九二三（大正一二）年に松山高等商業学校（現・松山大学）の創設のために費用などを出資した。

木子七郎は、一八八四（明治一七）年に木子清敬《きよよし》の四男として生まれた。父の清敬は明治宮殿の造営にかかわり、また、辰野金吾の依頼で、帝国大学で初めて「日本建築学」の講義を行なったことでも知られる伝統建築の大家。兄の幸三郎も東宮御所（現・迎賓館赤坂離宮）の造営にかかわった宮廷建築家という名門の出だ。

一九一一年、七郎は兄と同じく東京帝国大学工科大学建築学科を卒業し、大林組に入社する。新田の経営する工場の設計を担当したのが縁で、新田と懇意となる。才能を認められた木子は新田の長女と結婚し、一九一三（大正二）年には新田の援助もあって大阪に建築事務所を開設。そして、義父の事業関連の建築とともに、義父と関係の深い松山で萬翠荘はもちろんのこと、一九二五（大正一四）年の石崎汽船旧本社、一九二九（昭和四）年の愛媛県庁舎などを手掛けたのである。

木子と萬翠荘

久松定謨と木子七郎との出会いの詳細は、残念ながらわからない。それでも、旧藩主の本家を継いだ定謨は、松山出身で実業界にその名を轟かせていた新田長次郎の存在はよく知っていたと思われるし、また、新田の娘婿が代々天皇家関連の建築に携わってきた家系の出で、品のある有能な建築家であることも小耳にはさんでいたのだろう。

おそらく、そうした義父の縁から、定謨は木子七郎に設計を依頼した。木子は義父の大きな喜びと叱咤激励を受けながら設計にいそしんだに違いない。木子自身も、工事開始直前の一九二一（大正一〇）年に海外への建築視察に出かけるなど、万全な準備をしていたからである。

萬翠荘：2階御居間

魅力的な室内意匠

鳳凰と久松家の家紋の梅鉢をアレンジした鉄製グリルのある玄関扉を開いて萬翠荘に入っていくと、大きな階段ホールを二分するかのように配された花綱飾りのついたイオニア式の石造の円柱が壁側に建ち、その奥には大階段が見える。踊り場には大きなステンドグラス。風を受けた帆船が波間にゆったりと浮かんでいる。定謨が海外で良質な教育を受けたことを象徴している絵柄だ。

玄関ホールの東側の手前は謁見の間。壁面は穏やかながらも白を基調とした金地の花模様の装飾をほどよく施したロココ調だ。その奥は晩餐の間。一転して褐色を基調にした部屋で、壁面は木製パネル仕上げで、天井は大梁と小梁からなる格天井《ごうてんじょう》のチューダースタイル。やや暗いものの、落ち着いた品の良さが感じられる。

二階にはやや古めかしさの中にも腰壁部分のデザインなど、当時流行していた新様式の軽快なモダンさを取り入れた寝室などの諸室が配されており、魅力的な室内意匠が楽しめる。

老舗和菓子店の隠居住宅―山崎家別邸―

川越の伝統的な土蔵造の町並み地域は、電線が地中化されており、電信柱のない景観として魅力的だ。江戸期の土蔵造もあるものの、統一した町並みとして誕生したのは明治期の大火後のこと。

大正期になると鉄骨造の銀行が建てられ、町並みは徐々に変化し始めた。設計したのは建築家・保岡勝也《やすおかかつや》。保岡は、この銀行とともに鉄筋コンクリート構造のデパート、そして、老舗和菓子店の木造の隠居住宅も手掛けた。それらは今でも現存し、川越の戦前期の洋風建築として知られ、隠居住宅は国の重要文化財に指定されている。

建築家・保岡勝也

住宅作家のパイオニアとして知られる保岡の経歴は、なかなか興味深い。

在学中は銀行建築に興味があったようで、設計も論文も銀行をテーマにし、一九〇〇（明治三三）年、東京帝国大学工科大学建築学科を卒業している。最初に勤めたのは丸の内のオフィス街開発を行なっていた現在の三菱地所。開発を手掛けていたジョサイア・コンドルと曾禰達蔵の後継者として期待されての入社だった。

山崎家別邸

入社後は、主にオフィスビルを手掛け、一九〇六（明治三九）年には期待どおりに曾禰の跡を継いで技師長となった。一九〇八（明治四一）年には一年ほど海外視察に出かけ、帰国して現存する岩崎家深川別邸の茶亭（現・東京都清澄庭園の涼亭）を手掛け、また、オフィスビルの高層化を先取りし、それまでの煉瓦造を鉄筋コンクリート構造に切り替える道筋を整えた。そして明治の終わり、突然、三菱を去り、独立して事務所を構えたのである。

独立後は、地方銀行の建築なども手掛けたが、一九一五（大正四）年には主婦向けに住宅設計の解説本『理想の住宅』（婦人文庫刊行会）を上梓した。

それは、最先端のオフィスビルから中小規模住宅の設計へと自らの仕事を大きく方向転換することの宣言でもあった。以後、保岡は多数の中小住宅を手掛ける傍《かたわ》ら、さらには茶室と露地といった伝統建築も探求し続け、住宅の作品集や解説書とともに茶室に関する著作も多数残している。

保岡と川越との出会い

保岡の手掛けた知り合いの家を通して、その仕事ぶりに興味を持ったのが川越の老舗和菓子店の亀屋の五代目山崎嘉七だった。

山崎は、川越の経済界の重鎮で、第八十五銀行（現・埼玉りそな銀行川越支店）や川越貯蓄銀行の取締役でもあり、一九一五年竣工の川越貯蓄銀行の設計を保岡に依頼したのである。これを機に川越との縁ができ、保岡は一九一八（大正七）年竣工の第八十五銀行も手掛けた。そして、一九二五（大正一四）年には、山崎の隠居後の住まいを完成させた。

山崎家別邸のもう一つの役割

亀屋本店の裏側にあたる道路を進むと、一九一三（大正二）年竣工といわれるハーフティンバーの魅力的な歯科医院が目に付く。その建物の反対側には奥行の深い敷地があり、奥には重要文化財として一般公開されている山崎家の隠居住宅の案内所が見える。

この山崎家別邸は、外観上は塗壁仕上げの二階建ての洋館に見えるが、庭側に廻ると背後に平屋の和館が接続されている。

こうした洋館と和館を並存させる住宅の多くは、基本的には洋館部は接客用、和館部は日常生活用として利用される。隠居後の住まいには立派な接客用の設《しつら》えは必要ないのに、洋館があるのにはわけがあるのだ。

実は、地方の名望家たちは、軍事演習などで来た皇族たちの滞在のために座敷や離れなどを提供していた。山崎家別邸もそうした役割を担い、竣工直後には梨本宮殿下と李殿下が宿泊し、その後も秩父宮殿下や朝香宮親王の来訪もあったのである。この洋館部は、そうした迎賓館的役割も担っていたのだ。

屋敷の南側には芝庭の和風庭園が広がり、その一角には如庵《じょあん》を写したといわれる茶室もある。これらの庭園も茶室も保岡の手になるもので、オフィス建築とは異なる独立後の保岡の作品を知る貴重な遺構といえる。

見事なステンドグラス

建物の規模の割には小ぶりのポーチ。脇にはステンドグラスの大きな開口部がある。階段室を兼ねた玄関ホールに入るなり、日光を浴びて鮮やかな色彩のステンドグラスが飛び込んでくる。とりわけ印象深いのは、階段踊り場のもの。作者は小川三知《さんち》。テーマは「泰山木《たいさんぼく》と鳥」といわれ、中央の鳥の赤と青の羽がまぶしい。

山崎家別邸には、この玄関ホール以外にもステンドグラスがある。客室と食堂だ。

客室では、上げ下げ窓の上部の九分割された窓面の中央部に植物をモチーフにした絵柄のものがある。作者は、小川三知ではなく、別府七郎という。別府は、ドイツで学んだわが国最初のステンドグラス製造者の宇野澤辰雄の弟子。

わが国のステンドグラス界を担う宇野澤派と小川派の二派の共演ということになる。この点も興味深い。

洋館部の様子

階段室を兼ねた玄関ホールだが、階段横は、実は、地階つき二階建ての蔵。ホールは戸前《とまえ》も兼ねているのだ。この蔵部分は、柱と梁の骨組みの壁にラスという鉄網を張ってコンクリートを塗り付けた木骨鉄網コンクリート造で、当時の新しい防火構造が取り入れられている。ただ、この蔵の存在は、洋館と一体となった外観からは気づかれない。

山崎家別邸：居間

蔵の反対側は客室。玄関側に別府のステンドグラスのある出窓風の突出部がある造りだ。ただ、出窓は内・外に凹凸のアクセントをつけるものでもあるのだが、ここでも外観からはその存在はわからない。室内の家具や壁紙は創建時のもので、庭側にはベランダがある。上部は二階の書斎のバルコニーとなっている。

客室に隣接する奥の部屋は食堂で、一階はここまでが洋館。ただ、食堂の隣にはハッチを介してパントリー的な役割の小さな和室がある。

二階は、ベッドの置かれた寝室で、その片隅は造り付けの書棚のある書斎。そして、廊下を挟んで六畳の和室がある。

ここも隠居後の生活の場というよりも、利用する皇族の生活スタイルに合わせた造りで、和室はお付きの人の利用のためのものと思われる。

竹尽くしの客間

では、隠居後の生活のための和館部はどのような空間だったのか。食堂の隣には、客間と居間が南に面して配されている。居間には床の間に並んで仏壇があり、この部屋こそ隠居後の生活の中心であった。そして、ちょっとした接客の場が客間だ。この二室は続き間でもあり、意匠的にはよく似ている。

この和館で特に注目されるのは、柱。基本的な内部の柱には、丸太が使用されているのだ。丸太は製材していないため、表面には凹凸があり、太さも上下で異なる。柱間には襖や障子の建具が入るが、丸太柱と建具はピタッと合わずに隙間ができてしまう。そのため、建具枠を柱面に合わせて削り出すというきめ細やかな調整をしているのだ。

とりわけ、客間は柱とともに鴨居上の長押《なげし》も丸太を割いた部材で、数寄屋風を基本とした造りである。この丸太材の存在だけでも驚きだが、さらに目を凝らして内部を見渡すと、至る所に竹が使われているのだ。付け書院は、桂離宮に見られる櫛型の形。形も美しいが、障子の桟は竹材の吹き寄せだ。入側《いりかわ》との間の欄間も櫛形で、算盤竹《そろばんだけ》と呼ばれる節だけが異常に大きな竹材の格子が見られる。違い棚の落とし掛けも竹。天井の縁も三面ともに竹の貼物だ。襖引手もよく見ると竹の節を切り取ったもの。まさに竹尽くしだ。

ここにいるとオフィスビルを捨てた保岡が技術よりも技の世界に惹かれていった気持ちがわかるような気分になる。

三つ目の洋風山荘──朝吹別荘（睡鳩荘《すいきゅうそう》）──

歴史的建築の好きな読者ならば、〝朝吹邸〟、そして、〝ヴォーリズ〟と聞くと、軽井沢の朝吹別荘を連想するだろう。常吉から山荘を引き継ぎ、仏文学者として活躍した長女・朝吹登水子《とみこ》が、書籍などを通してその存在を紹介しているからである。

この山荘は移築され、現在でも軽井沢に現存している。

洋風山荘の建設

朝吹常吉一家は、すでに鎌倉に別荘を構えていたが、一九一七（大正六）年から軽井沢にも避暑に出かけ、一九二〇（大正九）年にはイギリス人宣教師からテニスコート付きの別荘を買い取っている。そして、一九三一（昭和六）年には、自邸に続きヴォーリズに依頼した新しい山荘が竣工した。

新しい朝吹別荘は、矢ヶ崎川に沿った小高い丘の上に建設された。隣にはテニスコートも設けられた。矢ヶ崎川を挟んだ反対側には、戦後、軽井沢で最も名の知られている建築家の吉村順三の山荘が建てられた。

山荘は、木造二階建てで、敷地の起伏を利用し、一部には地下倉庫も設けられていた。外壁は、一階部分は丸太をスライスした板材による下見板張り。丸太の持つ円弧状の形状を残した板材による外観は、軽井沢の豊かな自然に溶け込んだ。一方、二階部分は同じ板材でも端まで切り落とした板材による縦羽目板張りで、板材の表面にさらに菱形などの板材をワッペンのように貼り付けた幾何学的装飾のある外壁である。一階入口側には広いベランダが設けられ、屋根は二階のバルコニーとして利用されている。それらの柱や手摺も丸太を用いたものだが、窓枠とともに鮮やかな白ペンキ塗り仕上げで、建物に華やかさを与えている。

野趣に富む室内意匠

正式な玄関は無く、ベランダから直接内部に入る造りはまさに山荘風だ。

最初の部屋は、ホールのような大広間。手前の正面には、軽井沢彫と呼ばれる浅彫装飾のあるサイドボードがあり、また、壁面には配膳室とのハッチも見られるなど、現在のリビングルームとダイニングルームを兼ねた部屋であることがわかる。奥には自然石を積み上げた大きな暖炉があり、また、まるでイギリスの旧領主の館のように動物の頭部の剝製が飾られている。こうした設《しつら》えは、まさにイギリス通の常吉の好みによるものであった。

天井には、密に架けられた直径三〇センチを超える太い丸太の梁が露出し、また、腰壁は杉皮貼りで、その上は漆喰の白壁。そのコントラストは、どことなく品の良さを感じさせる。

この野趣に富んだ室内意匠による個性的な空間は、おそらく家族はもちろんのこと、テニス仲間などとの心地よい団欒《だんらん》の場として大いににぎわっただろう。

室内に丸太の梁を見せる手法は、ヴォーリズがしばしば山荘に用いるもので、古くは現存する大正後期竣工の宣教師・アームストロングの山荘にも確認できる。

ベンチを置けるほど広々とした踊り場のある階段を上ると二階。寝室が並んでいるが、解体時に床板の下一面には大鋸屑《おがくず》が詰め込まれていることが確認された。一階への遮音のためといわれているが、暖房効果も考えられるなど、ヴォーリズならではの生活者への心遣いともいえる工夫である。

移築された朝吹別荘

住み手の登水子の死後、山荘は軽井沢を代表する貴重な別荘建築として保存されることになった。二〇〇八（平成二〇〇〇年、塩沢湖の軽井沢タリアセンを新天地として再建。起伏のない敷地のため、創建時の地下は設けられなかったが、ヴォーリズ研究者で建築史家の山形政昭氏の監修で地上部分は再現され、ヴォーリズ建築と軽井沢の別荘生活の魅力を体験できる場所として一般公開されている。

中世趣味の小洋館を持つ別荘―根津家別荘（起雲閣）―

日光や軽井沢の高原地帯は、明治以降、外国人が持ち込んだ避暑文化の場としてにぎわったが、温泉地は古くから湯治場として栄えた。

とりわけ、江戸期に徳川家御用達として知られていた熱海は、明治以降、文豪・尾崎紅葉の『金色夜叉』に見るように、財界人や文化人たちを中心に温泉のある保養地としてにぎわった。

熱海を代表する巨大な別荘

当時の財界人には、船成金とよばれる人たちがいた。三井物産から独立し、内田汽船を興した内田信也もそのひとり。一九一九（大正八）年に母親の静養のため、熱海に和風の別荘を構えた。その別荘を一九二五（大正一四）年、東武鉄道で知られる実業家の根津嘉一郎が買い取り、庭園の整備を楽しんだ。

敷地は斜面地で、斜面を生かしながら巨石を配置し、また芝生を植え、一番低いところに池を設けるという洋風を加味した近代的な回遊式庭園として、その庭園を囲むように二つの小洋館を増築。一九二九（昭和四）年には温泉を楽しむための浴室を設けたガーデンハウス、一九三二（昭和七）年には新たに食堂を中心に据えた洋館が完成した。増築工事の担当は、現在の清水建設株式会社の清水組。設計は、弱冠一五歳で入社し、働きながら工手学校（現・工学院大学）で学び、昭和初期には設計部設計課長を務めた、清水組で叩き上げの設計技師・大友弘が担当した。

本邸をモデルとした小洋館の増築

根津は、日本と東アジアを中心とする古美術を収集した。それらが現在の根津美術館の貴重な所蔵物となっている。ドイツのケルン市に一九一三（大正二）年に東洋美術館を開設した東アジア美術史家で蒐集家《しゅうしゅうか》のアドルフ・フィッシャー夫妻も、根津コレクションの存在を知り、一九一〇（明治四三）年六月二二日、根津邸を訪れ、尾形光琳・乾山兄弟や俵屋宗達の絵画、古仏画・木彫刻などを閲覧し、「好感のもてる実業家」との印象を残している（『明治日本美術紀行』フリーダ・フィッシャー、講談社学術文庫、二〇〇二年）。フィッシャー夫妻が訪ねた根津邸は、現在の根津美術館の敷地で、広大な和風建築と庭園があった。根津は、その後の一九二二（大正一一）年頃、新たに木造二階建てで、切妻屋根を十字に交差させて東西南北の四面に大きな妻面を持つ洋館を増築した。

設計・施工は清水組。特徴的な妻面は、壁面に露出した柱状の木材が密に並ぶハーフティンバー風のデザインで、イギリス中世趣味が色濃く表現されているのだ。おそらく、根津が入手した熱海の別邸の増築が清水組の手になるのは、この本邸からの繋がりだった。そして、後述するように本邸とデ

起雲閣

ザインまで共通しているのは、古美術蒐集家の独特な風雅さの表現なのかもしれない。

別荘は、一九四四（昭和一九）年に根津の手を離れ、一九四七（昭和二二）年から「起雲閣《きうんかく》」という高級旅館として名を馳せたが、現在は廃業。熱海市所有として公開されている。個人所有の別荘から高級旅館への用途変更は、大規模な改修を想像させるが、終戦直後のため最小限に留められたようで、建物と庭園は根津時代の様子をよく残している。

浴室付きのガーデンハウス

庭園の巨石は二〇トンあるという。根津の采配で、二〇名の庭師が二か月かけて運んで据えたものという。作庭を終えた根津は、次に建物の増築に取り掛かった。

最初に増築された浴室付きのガーデンハウスは、その名の通りベランダの付いた客室に大きな浴槽のある浴室と脱衣場と湯上がり後の着替えをする化粧室からなる、一種の東屋だ。現在は廊下で連結されているが、建設当初は庭先に独立して建てられ、専用の玄関も残されている。

木造平屋建て寄棟瓦葺き屋根の建物で、外観は、屋根には石積の煙突、地面からは石の乱積の腰壁が立ち上がり、壁と上げ下げ窓の開口部が並んでいる。壁には柱が露出し、軒も深い。軒裏には、曲線状のブラケットと呼ばれる持ち送りが配されるなど、イギリス中世のハーフティンバーの表現が見える。

アーツ・アンド・クラフツ運動のおもかげ

浴室付きガーデンハウスの外観に見られるハーフティンバー風イギリス中世趣味の雰囲気はそのまま内部意匠にも続いている。

小洋館のため、間取りはいたってシンプル。玄関用のポーチからベランダと客間に繋がり、客間の裏側の廊下から浴室へ行ける。

浴室は手が加えられたが、その造りはローマ風浴室と称されている。ベランダと客室は一繋がりの空間で、共に床は凹凸の表現豊かなタイル張り。客間の暖炉廻りはイングルヌックと称される造りで、大胆な石積の暖炉の両側にベンチが置かれ、ベンチ脇には角柱が建ち、天井も低く、角材を繋ぐ梁材で区画化されている。

室内は部分的に手斧《ちょうな》ハツリが施された太い柱や長押《なげし》風の部材があり、天井も根太天井風に部材が露出している。とりわけ興味深いのは、ベランダ境やイングルヌック境の柱の上部と柱を繋ぐ梁材の装飾で、柱上部には花草の浅彫、梁にはロンバルディア帯のような小さいアーチ状の連続浅彫があり、その一部にハートやダイヤ、あるいはクラブ型の螺鈿《らでん》細工が、象嵌《ぞうがん》風に施されているのだ。

単なる中世趣味というよりはモダンさもあり、二〇世紀前後にイギリスで流行したアーツ・アンド・クラフツ運動の流れに位置するものとも思われる。

古美術趣味によるもうひとつの小洋館

二つ目の洋館も、外観は最初のものによく似て、石乱積の基礎部分の上に建つ木造平屋の建物だ。柱などの部材が露出するのも同じ。ただし、桟瓦葺きの屋根は少しムクリのある和風だが、そこには荒い石積の煙突がニョキッと突き出ている。しかも、露出している柱は全面にハツリが施され凹凸のある仕上げ。屋根の軒は深いものの、軒を支える円弧状の持ち送りが見られるなど、和とも洋とも区別の付かない意匠だ。

間取りも同様にシンプルで、独立した玄関と廊下から客間食堂そしてベランダへと行き来できる。

客間の暖炉廻りも同じイングルヌックの造りだ。石積の暖炉だが、暖炉上の壁面部分のオーバーマンテルには古美術品と思われる仏像のレリーフが嵌《は》め込まれている。しかも、暖炉に向かって左側には、床柱のような太い丸柱があり、床の間のような構成が取られている。その丸柱は鉄のタガのある古木で、古いお寺や神社の柱とか帆船の帆柱ともいわれる転用材。この太い丸柱に負けじと、天井には太い梁材が走る。しかもこうした木材部分にはハツリが執拗に施されている。

起雲閣：アール・デコ調ステンドグラスが圧巻のサンルーム

隣の食堂も実に興味深い。正面には暖炉があるものの、両脇には丸柱が建ち、まるで床の間のように水平に走る落とし掛け状の部材で食堂部と区画化されている。この部材は、室内を一周し、その部材の上には蟇股《かえるまた》と組物が置かれている。そして、それらが折上格天井《ごうてんじょう》を支えるという伝統建築に見られる構成だ。中央にはシャンデリアが吊るされ、菱形を組み合わせた寄木の床を照らしている。

いずれも和と洋に中国風の要素が混在したまさに根津の古美術趣味から生まれた空間ともいえる。

見事なステンドグラスによる光天井

この個性的な食堂の続き間として、黄色に青色・緑色の鮮やかな小ロタイルを敷き詰めた魅力的な床のベランダがある。

やや薄暗い食堂とは一転して、この部屋は庭側全面が掃き出し窓の開放的で明るい造り。天井も色鮮やかなステンドグラスで眩しい。中央部は格子状の幾何学模様、周囲は植物風のアール・デコのデザインが降り注いでいる。

小規模ながら、飽きのこない見所満載の洋館である。

第5章 大正・昭和初期の洋館を中心とした住まい

1 古典主義系住宅の展開

2 アメリカ系住宅の出現

1　古典主義系住宅の展開

品格漂うコンドルの洋館――島津邸――

日本近代建築界の父といわれるコンドルは、一八七七（明治一〇）年の来日以降、様々な建築設計の依頼があったが、晩年期は住宅が中心だった。

この時期の代表作品として知られる東京の綱町三井倶楽部とともに手掛けた洋館が島津邸と古河邸だ。ともに邸宅としての役割は終えたものの、建物はいまだ健在。このうち島津邸は、現在、清泉女子大学の本館として利用されている。

島津邸の建設

清泉女子大学のある東京都品川区東五反田の一帯は、島津山と呼ばれている。島津家所有ということによる名称だが、江戸時代後期は仙台藩伊達家の大崎袖ケ崎屋敷と呼ばれた下屋敷があり、明治初期から一九四四（昭和一九）年まで島津家が所有していた。

島津家は、一八七九（明治一二）年、当主・忠義の上京のために伝統的な和風の建物を建て本邸とし、一八八一（明治一四）年、庭園の躑躅《つつじ》の満開時期である五月九日には天皇の行幸があった。

忠義の急死の後を継いだ忠重は、和館の老朽化もあって洋館建設に着手。英語の家庭教師だった英国婦人からイギリス風の生活スタイルも学んでいたため、住宅もイギリス風の洋館に造り替えることをめざし、当時のイギリス大使の助言もあってコンドルに設計を依頼したのである。

コンドルの設計

一九〇六（明治三九）年、コンドルは設計に着手。翌年には最初の計画案が完成したという。だが、設計変更とともに第一次世界大戦勃発などにより工事は中断。竣工には時間を要した。

ただ、竣工時期は明確ではない。一九一五（大正四）年、一九一六（大正五）年、一九一七（大正六）年の三説がある。おそらく、建物本体の完成から、付属施設や庭園の完成まで含めた完成の時期による違いと思われる。

ここでは、庭園を含むと思われる一九一七年を完成年としておこう。なぜならば、この年の五月八日に大正天皇と皇后がお揃いで行幸啓をしているからである。

煉瓦造二階建て地下一階の建物で、白タイル貼り仕上げの古典的なモチーフがちりばめられたルネッサンス様式を基調とした外壁。品格と厳格さの漂う洋館だ。

南側に回ると、コンドル作品に共通して見られるベランダ。一、二階揃ったベランダはそれぞれトスカナ式柱頭とイオニア式柱頭の円柱からなる列柱廊であり、ことさら古典的雰囲気が漂う。このベランダ中央部は、緩やかな円弧状に張り出し、柱も張り出しの存在を強調するように二本を束ねた双子柱とするなどバロック的手法が加えられ、優雅さを生み出している。

島津邸

島津邸：大階段の見上げ

この円弧状の張り出しは、これ以前に手掛けて一九一三（大正二）年末に竣工した綱町三井倶楽部にも見られるもの。晩年のコンドルは、バロック的手法にことさら関心があったようだ。

魅力的な室内へ

伊豆石造のポーチを潜って正面玄関から内部へ。

一階の諸室は基本的には接客用で、二階には夫婦寝室とともに主人室や子供室などの個室が配されている。玄関ホールは、玄関扉や欄間さらには、階段側のスクリーンにも、アール・ヌーヴォー風の曲線装飾によるステンドグラスが多用されている。とりわけ、玄関正面の欄間のステンドグラスには〝丸に十文字〟の島津家の家紋が施されており、新時代の洋館であっても伝統を重んじようとする強い意志が伝わってくる。

玄関ホールの先には階段室を兼ねる大きな中央ホール。暖炉のペディメントは、三角形状の頂点の切れた形でスワンネックと呼ばれるもの。この変形ペディメントは、一階の旧食堂の暖炉にも見られ、島津邸の古典的装飾のアクセントとなっている。

現在、女子大学の施設となって多少の改造もあったものの、この島津邸はコンドルの遺した名作として国の重要文化財となり、その品格漂う魅力を放ち続けている。

和館の代りに和室を取り込んだ洋館――古河邸――

コンドルの遺した最晩年の作品として島津公爵邸に続くのが、古河虎之助邸だ。

現存するコンドル作品の最後を飾るこの建物は、現在、東京都の都立庭園である古河庭園の中に現存し、貴重な遺構として公開されている。

古河邸の建設へ

戦前期の財閥家の住宅とともに庭園が、震災・戦災をかいくぐってそのままそっくり丸ごと残っている事例は、極めて珍しい。

古河邸の場合、建物も庭園も幸い被害を免れたが、戦後の財閥解体により物納され、古河家の手を離れて国有財産となった。その後、東京都と北区が公園としての開放を求めると、都立庭園としての利用が認められ、今日では名勝として国指定文化財ともなっている。

敷地は武蔵野台地の斜面地で、その地形を巧みに生かした計画が進められた。眺望の得られる高台に洋館が建ち、斜面に洋風庭園、下の低地に池泉回遊式《ちせんかいゆうしき》の和風庭園という和洋の庭園が用意されたのである。しかも、洋風庭園はコンドル、和風庭園は「植治」こと小川治兵衛の担当という、豪華な庭園であった。

ところで、この敷地にはもともとは外務官僚として明治政府を支

古河邸

えた陸奥《むつ》宗光の屋敷があった。古河財閥を創設した古河市兵衛は、自らの後を継ぐ二代目として陸奥の次男である潤吉を養子としていたため、陸奥の死後に潤吉がこの地を譲り受けたのである。ただ、その潤吉も一九〇五（明治三八）年に若くして亡くなったため、家督を継いだ義弟の虎之助がこの地を古河家本邸とするためにその建設に取り掛かった。

軽快でモダンな室内意匠

建物は煉瓦造二階建て地下一階。ただ、外壁は雨にあたると少し赤みがかった色合いに変色する新小松石の野面《のづらづ》積み仕上げのため、一見すると石造風にしか見えない。

南側にはコンドルの設計らしくベランダが配されているものの、二階は屋根のないバルコニーとなるなど、急勾配の屋根を配したその姿は格式を重視した邸宅というよりも山荘風に見える。

重い外観の印象とは異なり、抑揚のきいた室内装飾によるデザインは軽快さが感じられる。玄関から玄関ホールに出ると、左側には喫煙室とビリヤードルームと書斎、そして応接室が並ぶ。造り付けの書棚が並ぶ主人の書斎の隣に配されたビリヤードルームはいつでも楽しめる場として考えられたようだ。

古河邸：仏間

玄関ホール南側は小客間と大食堂。大食堂の大理石の暖炉を取り囲むように木製の柱と上部には櫛形ペディメントが配されている。底辺の梁部分の切れたブロークンペディメントだ。晩年のコンドル建築に共通するバロック的な装飾でもある。天井の漆喰装飾はパイナップルや柘榴《ざくろ》など果物がモチーフで、食事の場であることが表現されている。

新しい洋館の提案

ホール右側は階段ホールを兼ね、二階に誘う。階段を上るとトップライトのあるドアの並ぶ大きなホール。諸室がそれを取り囲む。

最奥に進み、正面のドアを開けると、思わずびっくり。襖と畳が見える。内部は床の間、床脇、平書院の座敷飾りを備えた座敷と次の間だ。格天井《ごうてんじょう》で天井長押《なげし》と内法《うちのり》長押のある書院造を踏襲した端正な和室である。南側のドアを開けると居間。家族の日常生活の場である居間は数寄屋風のくだけた和室となっている。

また、仏間もある。ドアを開けると畳敷きの前室と一段高い畳敷きの仏間があり、仏間への入口は禅宗寺院に見られる火灯《かとう》窓風の造り。コンドルのわが国の伝統建築に対する理解の深さを見て取れるデザインといえよう。

一方、この古河邸には当時の上流層の邸宅建築に常に見られる和館がない。洋館だけで完結した住宅だ。和館の建設の代りに、洋館内部に多数の和室が取り入れられているのだ。

洋風生活普及の中、地に足の着いた新しい洋館の姿をコンドルは提案したのだ。そこには最後まで日本にふさわしい建築を追求するコンドルの姿が見えるようだ。

地場産業の繁栄を象徴する迎賓館—石川組製糸西洋館—

明治以降の近代化の動きを産業界の変化として見ていくと、第一次産業から第二次産業への転換とも言えるし、現在はその動きも第三次産業へと進展して久しい。明治以降、海外輸出が開始されると、外貨を稼ぐ地場産業だった養蚕業や製茶業が急速に発展し、地方にも大きな資本が投じられた。その証として、しばしば、地方では不釣り合いと思われるようなモダンな洋館と出会うことがある。

入間市の石川組製糸

そんなひとつに埼玉県入間市に残る石川組製糸西洋館がある。この石川組製糸は、農家の長男として生まれた石川幾太郎が一八九三（明治二六）年に始めた製糸会社だ。

入間地区は、当時、機械製糸工場もある製糸業の先進的な地であった。日清・日露戦争景気もあり、事業は瞬く間に利益を上げ、明治末には業界でも石川組製糸の名が知られ、一九一二（大正元）年には資本金五万円の合資会社石川組製糸に改組している。

昭和恐慌や化学繊維の出現などの影響もあって一九三七（昭和一二）年に石川組製糸は解散するが、一九二二（大正一一）年度の生糸出荷高は全国六位で、恐慌直前の一九二九（昭和四）年当時の従業員数は五〇〇〇人を超えていた。大正期には郡是《ぐんぜ》、片倉製糸と肩を並べるほどの急成長を見せ、国内はもとよりニューヨークにも支店を出店。その取引先の社長が商談で来日する計画が起こり、幾太郎は米人に「みくびられてはたまらない。超一流の館をつくって、そこへお迎えしようではないか」（『石川家の人々』石川家本家、二〇〇二年）との号令をかけ、金に糸目をつけない贅を尽くした賓館の建設が始まった。

設計は、埼玉県出身の建築家・室岡惣七《むろおかそうしち》。東京帝国大学工科大学建築学科で西洋建築を学んだ、いわば地元出身の俊英であった。一九一三（大正二）年の卒業で、同期には重要文化財である聴竹居を設計した藤井厚二がいた。石川の郷土愛もあって将来を嘱望されている同郷の建築家である室岡が指名されたと思われる。

重厚感漂う西洋館の出現

職人たちにもこだわり、大工は川越出身で「時の鐘」の棟梁として知られる宮大工・関根平蔵だった。

西洋館の上棟式は関東大震災前の一九二一（大正一〇）年、この頃竣工した。建物は木造二階建ての本館と平屋の別館からなる。外観は茶褐色のやや地味な化粧煉瓦張りで、一見すると煉瓦造にも見える。正面の構成は左右対称を基本としつつ、少しずつ崩しながら到達したようなデザイン。すなわち、入母屋《いりもや》屋根の車寄せを挟んで左右の壁面の一部を少し突出させ、右側の壁面にはさらに一、二階連続した張り出し窓（出窓）を設けて変化をつけている。屋根は、創建時はスレート葺きで、切妻屋根の上部先端を切り落としたヒップゲーブル（半切妻）とし、また、半円状の屋根窓が設けられているなどにぎやかだ。

布団張りの室内意匠

玄関を入ると大理石の暖炉をドンと置いた大きな階段室を兼ねたホールがあり、食堂、応接室、客室、二階には二間続き間の和室、大広間、貴賓室が配されている。

細部や材料にもこだわりが見られ、デザインも各部屋の天井が面白い。一階の食堂と応接室は伝統的な折上格天井《ごうてんじょう》をアレンジしたもので、食堂は幾何学的デザインを強調したセセッション風といえる。

もっとも手が込んでいるのは二階の貴賓室の天井だ。伝統的な社寺建築に見られる肘木と斗《ます》による組物が天井廻りに配され、まるで宙に浮いた天井を支えているような造り。こうした伝統的技法を駆使したデザインは、まさに宮大工の力量を発揮させたものといえる。

室内の壁の仕上げも布団張りという綿入れの絹布《けんぷ》張り。絹布は自社製の生糸を用いたもので、カーテンも自社製の生糸を用いたものだった。

戦後は進駐軍に接収され、改造を受けたものの、その魅力はいまだ健在だ。

古城に寄り添う大正洋館──藤田家別邸──

弘前は、戦前・戦後を通じて日本のモダニズム建築を主導した前川國男の作品の宝庫として知られている。作品のひとつの弘前市庁舎は、旧弘前城を取り囲む堀沿いにある。そしてその隣地には、塔屋を抱く洋館がある。弘前出身の実業家としてその名を轟かせた藤田謙一が一九二一（大正一〇）年に故郷に建てた別邸である。

実業家藤田謙一の誕生

藤田は、勉学のために上京し、一八九一（明治二四）年に明治法律学校（現・明治大学）に入学している。法学を学び、卒業後は大蔵省に入り、できたばかりの専売局に籍を置いた。専売局ができたのには理由がある。日清戦争を終えたばかりの政府が、戦費の確保策としてタバコ製造の専売化をめざしたからだ。

そんな思惑も知らず、当時のたばこ業界は共に〝タバコ王〟という異名を持つ岩谷松平と村井吉兵衛の村井兄弟商会が激しい競争を行なっていた。

岩谷商会は、一八八四（明治一七）年に国産葉を用いた「天狗煙草」を発売していたが、村井兄弟商会が外国葉を用いた「ヒーロー」を一八九四（明治二七）年から売り出し、熾烈な販売合戦を展開していたのである。劣勢だった岩谷商会は、切り札としてタバコの専売化や法律に詳しかった役人の藤田を引き抜いたのだ。

一九〇一（明治三四）年、野に下った藤田は、会社の立て直しのために個人商店を合理化し、また、一九〇四（明治三七）年に実施されタバコ製造専売化の交渉では、政府から高額の補償金をせしめたという。そんな功績もあって、様々な企業再建に関わり、一九二八（昭和三）年には日本商工会議所初代会頭に就任。また、貴族院議員にもなった。

藤田家別邸

藤田家別邸：階段親柱・独特な雰囲気が漂う

別邸の建設

実業家としての地位を得た藤田は、故郷・弘前に別邸を建設した。お城に隣接する敷地は高台部と低地部からなり、高台部には津軽富士といわれる岩木山を借景にした洋風庭園、低地部には高低差を利用した滝のある池泉回遊式の日本庭園を作庭した。

両袖番屋を配した冠木門をくぐると洋館は目の前だ。木造二階建てで塔屋付きの建物だが、その構成は極めて大胆。平面は二つの棟をL字形に配置し、その二つの棟の交差部分に塔屋が置かれている。塔屋は最上部を八角平面とし、屋根も先の尖った八角ドーム。

二つの棟の屋根は同じ瓦葺きだが、その形状は異なり、瓦葺きの切妻屋根と半切妻で一階玄関先まで葺《ふ》きおろした大屋根。しかも、大屋根には緩やかな反りがあり、煙突と屋根窓もある。

一方、外壁は全体がドイツ壁といわれる荒いモルタル壁仕上げ。明治期の邸宅でも部分的にモルタル壁とする事例は見られるが、全体を塗り込める表現は、シンプルだが新しい。関東大震災後、類焼被害から建物を護るために、建物全体を不燃材料の塗壁とすることが奨励され、普及する。この洋館はそんな動きを先取りしたのだ。

魅力的な室内

赤煉瓦と切石を組み合わせた太い柱に支えられた大屋根の下が玄関だ。

内開きの扉の両側には幾何学形態と緩やかな曲線を組み合わせたモダンなステンドグラス。タイル張りの土間を抜けると正面にはシンプルな矩形《くけい》を組み合わせた形状の白い大理石の暖炉が配された玄関ホール。天井は住宅には珍しい円弧状のトンネル・ヴォールト。突当りの大広間の暖炉部分は、イングルヌック。天井を低くし両側にベンチを置いて腰壁で囲んだ小部屋風の空間で、家族が揃って暖を取りながら会話を楽しむ場だ。

また、隣の応接室の暖炉や造り付けの戸棚などは、グラフィカルな幾何学装飾が見られ、ウィーンで生まれたセセッションのモダンな雰囲気が感じられる。

設計者は、明治期に弘前を中心に擬洋風建築を手掛けた大工・堀江佐吉の息子の堀江金藏。室内に取り込まれた新しいデザインに、明治期に擬洋風を手掛けた父親の情熱が重なって見えるようだ。

鳩の飛ぶ洋館―鳩山邸（鳩山会館）―

五代将軍徳川綱吉が創建し、本堂と月光殿（旧日光院客殿）と二つの重要文化財のある護国寺。ここには三条実美《さねとみ》・山県有朋・大隈重信など明治の著名な政治家たちが今でも眠っている。

この護国寺が接している東京・文京区の音羽通りを江戸川橋の方に向かうと、突如として、鬱蒼《うっそう》とした木々を抱えた急斜面の屋敷地に出会う。

建物は見えないが、門を入って坂道を上り切ると、丘の上に洋館がある。護国寺に眠っている政治家たちと一緒に活躍していた鳩山和夫以来四代の政治家を生んだ鳩山邸（鳩山会館）である。

一族を見守った鳩山邸

鳩山邸を建てた鳩山一郎は、一八八三（明治一六）年、弁護士で政治家でもあった和夫と現在の共立女子大学の創立者のひとりである春子の長男として生まれ、父の政治家の面を継ぐように東京市議選挙に立候補し、当選。衆議院議員にも当選し、以後、政治家としての道を歩み始めた。戦後は公職追放などを経つつも、内閣総理大臣にまで上りつめた。

鳩山邸

大学卒業の一年後には寺田薫（結婚後、薫子に改名）と結婚し、やはり政治家となる長男・威一郎を授かる。以後、孫にあたる由紀夫と邦夫まで四代にわたる政治家の家系となったことは周知のとおりだろう。まさに華麗なる一族というわけなのだが、その歴史を見守り続けてきたのが、この鳩山邸ということになる。

ハトが出迎える邸宅

急な坂道を上り終え、息を整えて顔をあげると、正面には、バラ園のある芝庭と車寄せを構えた洋館が聳《そび》えている。この建物は、一郎の友人でもあった建築家・岡田信一郎による設計だ。岡田は、現在重要文化財に指定されている大阪市中央公会堂や東京・丸の内の明治生命館などを手掛けた、戦前期を代表する建築家のひとりであった。

本体は鉄筋コンクリート構造の三階建て。ちなみに鉄筋コンクリート構造の建物は関東大震災後に急速に普及した新工法で、一九二四（大正一三）年に竣工したこの建物は、新しい工法を用いた最初期の住宅の遺構といえる。

改めて目を凝らし、アーチを用いるなど中世風の車寄せのある建物正面上部の妻面を見て驚いた。大きな鹿の頭部とその横には今にも飛び立ちそうに羽を広げた白い鳩の彫刻装飾がある。古めかしい邸宅内部が映し出された洋画で、しばしば鹿の頭部を飾ったインテリアを見ることはあるが、外に飾ったものは記憶にない。

一方、鳩の彫刻はしばしば見かける。鳩は古代西洋よりその繁殖力から豊饒の象徴とされ、とりわけ、白い鳩は平和の象徴とか精霊の生まれ変わりとして親しまれてきた。そのためか、最近も見た記憶がある。上海で見たアール・デコ建築を多数残した建築家ラズロ・ヒューデックのハーフティンバースタイルの旧宅の屋根には多数の鳩の彫刻装飾が置かれていた。

ところで、この鳩はもちろん、邸宅が鳩山家であることを表現している。よく見ると玄関脇の開口外側の鉄格子にも輪の中に鳥が描かれた「丸に結び雁金《かりがね》」と呼ばれる家紋があるのだが、愛らしい顔つきで、鳩にも見える。

車寄せの前を通って北側に廻ると、内玄関がある。ドリス風の柱頭のある円柱を二本吹寄せにした古典主義を基調とした品のあるデザインだ。ここの扉の格子にも「丸に結び雁金」が見える。鳩たちが、訪れる人々を迎えてくれるのだ。

魅力あふれる建物だが、とりわけバラ園のある南庭から一層端正な外観が味わえる。特に一階の三連のアーチ状開口部と二階の長方形状開口部を重ねて見せる明快な対比的構成が安定感とともにモダンさも生み出している。屋根には屋根窓とともに知恵の象徴であるフクロウが並んで見下ろしているのも楽しい。

不思議な玄関、多様な様式

車寄せの扉を押して内部へ入ると、目前にドンと白大理石の階段が現れる。

普通、敷地の高低差は外階段で処理するが、ここではその階段を内部に取り込んでいて、正直、驚かされる。そのまま階段を上り切って振り向くと、またびっくり。外部からは見えないが、玄関扉上の欄間には見事な鳩のステンドグラスがある。見事なトリックを見ているかのようだ。

鳩たちの歓迎をうけながら、階段ホールを兼ね、廊下として奥まで続くホールへ。このホールと廊下を挟んで、南側には四部屋が並ぶ。北側には階段や内玄関などが配されている。南側の玄関側から

鳩山邸；階段踊り場のステンドグラス

日本間の続き間のように続く三室は、第一応接室、第二応接室、食堂で、さらに続く最奥の一室は、かつては和室だったが現在は洋室となっている。

政治家の家では、客の応対をする応接室が重要な存在で、二部屋並んでいる。ただ、それらのインテリアは全く異なる。

第一応接室には、中央に濃灰色の大理石の暖炉が置かれ、その両側にはステンドグラスの上げ下げ窓。壁は格子状の木製パネルで、天井には梁材が露出するなど、全体は黒色を基調とした重厚感が漂う。

一方、第二応接室は、一転して明るいクリーム色を基調としたインテリア。小壁には繊細で優雅な漆喰装飾が施されている。一八世紀後期のイギリスの建築家アダム兄弟が古代ローマやエジプトの装飾を応用したもので、アダム様式とも呼ばれるものである。

食堂には、腰板部分などの木部に手斧《ちょうな》仕上げのギザギザしたハツリが見られ、中世風の古風で落ち着いた雰囲気が漂っている。

注目すべきは、これら三室の境が折れ戸で仕切られているため、必要な時に、すべて開放して一室にできることである。しかも、第二応接間と食堂の南側には広縁のような開放的なサンルームがあり、ここもガラス戸の折れ戸で開け放すことができる。洋室は、閉鎖的な部屋と思いがちだが、ここは日本間のように開け放して一室化が可能な造りになっているのだ。それは、政治家の住まいとして、パーティーなどにも対応できるように三室を並べつつ、日本建築の特徴である開放性を積極的に採り入れたものといえるだろう。

建築家・岡田信一郎

階段踊り場の小川三知《さんち》による鳩の飛んでいるステンドグラスも見所の一つだが、こうした開放的で魅力的な建築を創りだしたのは、建築家・岡田信一郎の手腕だ。岡田と鳩山一郎との関係は、一八九五（明治二八）年の東京高等師範学校附属中学校に入学したのが縁で、中学、第一高等学校、そして東京帝国大学を通して生まれた親交は一生続いたという。

岡田は、一九〇六（明治三九）年の卒業時に成績優秀で恩賜の銀時計を受けた俊英で、一九〇七（明治四〇）年には東京美術学校（現・東京藝術大学）講師、一九一一（明治四四）年には早稲田大学講師、翌年教授として教育に携わる一方、多くの魅力的建築を残した。欧米の建築様式を縦横に駆使した秀作だけではなく、関東大震災後に手掛けた歌舞伎座のように日本の伝統様式を取り入れたものもあるなど、様々な様式に対応できた建築家であった。

鳩山邸を見ても、例えば正玄関は中世風、内玄関は古典風、また、第一応接室は中世風、第二応接間は近世風、食堂は中世風というように、多様な建築様式を自在に操っている様子が窺える。

その意味では、まさに親友の鳩山に捧げた、岡田らしさの十分に発揮された洋館といえるだろう。

大正時代の特徴を表した洋館――清田邸――

東京・武蔵野市の吉祥寺駅から井の頭公園を抜け、玉川上水に沿って三鷹駅へ向かうと、大正期末に開発された旧南井の頭田園住宅地前に至る。さらに進むと、敷地の少し内側に設けられた門とその奥の洋館が見える。『路傍の石』（一九三七年発表）で知られ、わが国を代表する作家山本有三が住んでいた洋館だ（現在は「三鷹市山本有三記念館」として公開されている）。

山本有三の住まい

一八八七（明治二〇）年に栃木県に生まれ、一高から東京帝国大学文科大学独文科を経て小説家として活躍し始めていた山本は、一九二六（大正一五）年、吉祥寺に住まいを構えた。

ちなみに、同じ作家で中央線沿線の荻窪に一九二七（昭和二）年から住んでいた井伏鱒二は、「新宿郊外の中央沿線方面には三流作家が移り、世田谷方面には左翼作家が移り、大森方面には流行作家が移って」（『荻窪風土記』井伏

清田邸

鱒二、新潮文庫、一九八七年）いたと、当時の文士たちの居住地の傾向を述べている。
執筆活動で忙しくなった山本は、子供も大きくなったため、より広く静かな中で仕事のできる家を物色していた。そんな中で出会ったのがこの洋館。一九三六（昭和一一）年に引っ越した。
山本の見初めた洋館の最初の主は清田《せいた》龍之助。清田は、父親が牧師というキリスト教との絆の強い家庭で育ち、学校も立教中学などを経てアメリカ留学し、オハイオ州ケニオン大学を経て、イェール大学大学院を終えている。帰国後は、日本電報通信社を経て一橋大学の前身である旧東京高等商業学校の英語講師となり教授職にまで就くが、一九二〇（大正九）年には学校を去り、浜口商事株式会社総支配人に転じた。この住まいが完成した一九二六（大正一五）年には、清田は実業界の人だったのだ。しかしながら、転職先は昭和恐慌のあおりで破綻。再び大学講師などを務めることに。そんな波乱のなかで清田は住まいを手放したのである。

清田邸の新しいデザイン

この建物の一番の魅力は、格式ばらない親しみやすさだ。明治期に建てられた上流層の歴史主義建築の古風な洋館とは異なり、明るくてモダンさが感じられる。

玄関を見るとその親しみやすさがよくわかる。明治期の洋館では、堂々とした車寄せがあり、玄関の場所が瞬時にわかる。気の小さい筆者には、威厳のある格式ばった玄関はやや苦手な場所だが、この住宅にはそうした玄関がないのだ。

改めて、外観を眺めると、腰折れの大屋根に包まれた壁面は、開口部が少なくやや閉鎖的だ。

そうした閉ざされた壁面にポンとひとつだけ穴があいたような、上部が台形状の開口部がある。そこが玄関であることを示しているのは、外灯と入口上部の鳥のレリーフのみ。極めて簡素で、客をもてなそうという配慮はあまり感じられないが、機能的な出入口のようにも見える。

もう一つ外観で日につくのが、スクラッチタイルという引っ搔き模様のタイル張りの外壁とその横の巨大な大谷石の石積みだ。その上部には屋根を突き抜けた煙突が続き、建物内部には暖炉があることがわかる。

このスクラッチタイルと大谷石は、アメリカ人建築家F・L・ライトの設計により一九二三（大正一二）年に竣工した、帝国ホテルに用いられた材料として知られる。二階外壁部分の木製の線材による装飾もライトの好んだもので、その影響が見て取れる。

外観からはわからないが、この建物は地下と一階部分が鉄筋コンクリート造で、二階は木造。わが国の建築への鉄筋コンクリート構造の積極的な導入は、一九二三（大正一二）年の関東大震災以降のことで、建築の耐震・耐火性を求めてのことだった。

このように、この建物のデザインはライト風で、構造は耐震・耐火性を求めた鉄筋コンクリート造の採用と、まさに大正末期のわが国の建築界に見られる最も新しい動きをそのまま表現している貴重な住宅といえるのだ。

中世風の建築細部

上部が台形状の扉を押し開けると、腰まで石張りでその上から天井まで漆喰仕上げ、床は石敷の小部屋で、正面に尖がりアーチの開口部に納められた扉が見える。太い枠材でできた扉には、上部に菱格子状に分割された黄色いステンドグラスが嵌《は》められている。取手《とって》と丁番《ちょうばん》は、鉄を叩いて成形したような表面に凹凸のある手作り風の金物だ。

この尖がりアーチも手作り風の金物も、建築的には中世の教会堂に見られるゴシック様式の特徴だ。創建時の施主だった実業家の清田龍之助の父親が牧師であったことを考えれば、このデザインを取り入れたことも十分理解できる。

さらに進むと、正面に階段を配したホール。その右側には煉瓦造の半円形状の暖炉を挟んでベンチが置かれた小部屋がある。この暖炉が正面外観の大谷石の石積みとして表現されていたのだ。

清田邸：玄関ホールのイングルヌック

小部屋はイングルヌックと呼ばれるもので、日本の伝統的な囲炉裏を囲んだ炉端空間と考えればいい。暖炉のぬくもりを家族一緒に味わうために、天井も低い小さな空間とし、両脇のベンチに家族が寄り添って過ごす場にしてある。中世では暖炉は貴重で高価なため幾つも設けることはできなかった。そのため、ひとつの暖炉に家族が集まったのだ。

近代化の進んだイギリスでは、個室化していく住宅の中で家族が一緒になる行為を重視し、再び一九世紀末頃からイングルヌックを積極的に採用した住宅が現れる。日本でも同じように明治末から昭和初期にかけてイングルヌックを取り入れた住宅が出現する。この宅もまさにそのひとつだ。

この小部屋は床から腰壁、さらには天井まで、構造部材が露わになっている。しかも、それらは、表面にギザギザした手斧《ちょうな》ハツリが施されている。このハツリも中世の手仕事を象徴している表現だ。

山本が子供たちと一緒に暖を取っている写真も残されているが、多くの場合は原稿を待つ編集者の待機の場として使用されたという。

和室に改修されたみごとな和書斎

ホールの反対側は、創建時は食堂と応接間だったが、現在は間仕切りのないひとつの大きな部屋だ。どちらにも暖炉があり、床も凝った寄木で、南側のテラスに出られるように掃き出しの開口部がある。

食堂のさらに奥の長女が使っていた部屋は、半円アーチの開口部が連なり、天井もドーム状で壁面上部にはロンバルディアアーチ帯が見られる。この小さなアーチを繰り返す装飾は、イタリアのロンバルディア地方で生まれたもので、中世のロマネスク様式の特徴といわれるもの。おそらく、創建当時は半円アーチ部分には建具のない半屋外的な部屋だったと思われるが、転居の際に子供部屋として改修された。

二階には山本の洋書斎と和書斎がある。和書斎も当初は洋室だったが、山本が和室に改修した。

作家の多くは自邸で仕事を熟《こな》すため、自邸内で過ごす時間が長い。そのため、住まいには、仕事に行き詰まった際に気を紛らわせる場が必要だった。二部屋あるのは、気分転換の装置だったと思われる。

もっとも、和書斎は単に畳を敷いただけではなく、床の間も棚もあるし、ガラス戸の内側には障子を入れた数寄屋風の凝ったもの。しかも、これらの壁や建具などは嵌め込み式で、取り外すことができるという。

おそらく、山本は創建時の建物に備えられていた手作りを意識した中世風意匠に魅力を感じていた。そのため、いつでも元に戻せるような改修を行なったのでは、と想像している。

事務棟を取り込んだ洋館──前田家本邸──

東京大学の象徴として知られる赤門は、そこがかつては加賀藩前田家の江戸本邸であったことを教えてくれる。徳川家斉《いえなり》の娘の溶姫が前田家に輿《こし》入れする際に造られたものだからである。

明治期になると、本邸として洋館も建設されるが、その後、東京・駒場への本邸の移転が決まり、一九二九（昭和四）年に洋館、翌年には和館が竣工した。

洋館建設と行幸

明治初期、前田家は度重なる明治天皇の行幸の光栄に浴し、その恩に報いるため、一五代当主の前田利嗣《としつぐ》は、天皇を迎えるための本格的な洋館を建設することを決意した。ただし、日清戦争の勃発で工事は延期され、洋館建設を前にして利嗣は亡くなってしまう。

そこで、一六代目当主となった前田利為《としなり》は父の遺志を継ぎ、海軍省技師で建築学会会長でもあった渡辺譲の設計による洋館を建設し、一九一〇（明治四三）年七月八日の明治天皇行幸とともに、一〇日の皇后陛下と一三日の皇太子・同妃殿下の行啓を仰いだのである。

本郷から駒場への移転

利為は学習院中等科を終えると軍事立志の決意を固め、陸軍士官学校に入学し亡き父の願望を叶えた翌年の一九一一（明治四四）年には、陸軍大学校を終え参謀本部付となった。一九一三（大正二）年からドイツに留学し、途中からイギリス出征軍従軍武官として視察を行ない、一九一六（大正五）年一二月に帰国している。一九一八（大正七）年から陸軍大学校の教官を務め、一九二七（昭和二）年には再び英国大使館附武官としてイギリスに渡るなど、国際派として活躍した。

海外に行き来する利為は、江戸以来の本邸は大きすぎて使い勝手が悪く、また、周辺環境も繁華街化し、生活の場にふさわしくないと感じていた。また、一六代当主として新時代に前田家の家名と財産をどのように未来永劫維持していくのかという問題も抱えていた。そんな折、関東大震災後の復興事業が始まると、利為は「華族ハ率先垂範、国家ニ奉仕」（『前田利為』前田利為侯伝記編纂委員会、一九八六年）すべきとし、新時代への対応として旧慣改善のため親族間の虚礼廃止を命じた。一方、図書館を焼失した東京帝国大学には前田家蔵書の利用という援助を行ない、一九二五（大正一四）年にはキャンパス拡大という大学の計画を受け入れ、本郷邸地を移譲。代わりの新本邸地に大学所有の駒場を選んだのである。

利為の求めた英国系邸宅

駒場の新本邸は、「御殿風ヲ排シテ洋館」だけとした。また、業務の簡素化のために事務棟を独立させるのではなく、洋館内部に一体として設け、付属施設も前田育徳財団用建物、重役職宅二戸、事務員職宅一二戸だけとした。当時の前田家の

前田家本邸

邸宅は個人邸とはいえ、莫大な財産を管理し、また、大勢の親族などを世話するための事務職員が多数存在していたのを、最小限にとどめたのである。

本邸の設計は、東京帝国大学教授として洋風建築の計画・デザイン分野を担当していた塚本靖博士に依頼し、高橋貞太郎が担当。高橋は一九一六年に東京帝国大学工科大学建築学科を卒業し、勤めた宮内省内匠寮《たくみりょう》で東伏見宮邸・秩父宮邸などの設計担当の経験を積んだ邸宅設計にふさわしい人物で、後に学士会館、川奈ホテル、戦後は帝国ホテルなどの著名建築を手掛けている。

虚礼廃止をめざしていた利為の本邸の洋館だが、建物を見ると改めて「加賀百万石」のすごさを思い知る。構造は当時の最新式の鉄筋コンクリート造で、地下一階地上二階建て塔屋附きの大きな建物だ。間取りは中央に中庭を配したロ字型で、利為が考えていたように事務棟を取り込み、東南側が邸宅部、北西側が家政を営む事務部となっている。外観は、車寄せに向かって右側に巨大な三角屋根の塔屋、また、東端部と西端部にも三階建ての塔屋を配した威風堂々とした構成だ。全体的には利為が長らく滞在していたイギリスの邸宅風で、車寄せのアーチは扁平でチューダー系の中世風の香りがする。

外履きで出入りした洋館

車寄せの扁平アーチを潜《くぐ》り、玄関に入ると広い土間と式台風の階段がある。

当時の建物は、洋館でも玄関で履物を脱ぐという伝統的スタイルが取り入れられていた。雨期の長い日本では泥んこ道で足元も汚れ、また、畳敷きの浸透もあって、履物の着脱の伝統が生まれたし、また、そうした伝統生活の中で培われた独白の衛生観も根強かったからである。

ただし、前田家本邸は、当主の利為の海外生活が長く、外国人の迎賓館的役割も兼ねていたことから、西洋式に履物を履いたままで使用したという。四〇名ほどの女性の使用人（藤森照信『日本の洋館』第五巻、講談社、二〇〇三年）がいたというから、掃除も苦にならなかったに違いない。

重厚な中世風の室内意匠

扉を開けて寄木張りの見事な床《ゆか》の広がる玄関ホールへ。床はそのまま伸び、奥の薄暗い階段広間へと続く。玄関ホールと階段広間との境にはアカンサスの葉が彫られた柱頭が載る大理石張りの角柱が二本吹き寄せに並び、太く、重々しい。玄関ホールの庭側にはサロンと応接室があり、ベランダが続く。玄関ホールの延長のように続くサロンは、梁型を密に配した天井で儀容《ぎよう》をつくろい、一方、出窓のある応接室は明るい白漆喰仕上げの天井で、暖炉のラジエーターは透かし彫の陶器製カバーで覆われた典雅な部屋である。

階段広間の主役は、堂々としたコの字型の大階段。木製の親柱も手摺子《てすりこ》も太く、また、曲線状に伸びる手摺も、その存在感では大理石張りの柱に負けていない。表面に施された彫り物や荒々しいナグリ風の装飾は中世趣味だし、菱形をアレンジした形の鉛枠に嵌《は》められた黄色のステンドグラスからの薄暗い光は、静謐《せいひつ》で品のある空間を生み出している。興味深いのは、大階段下の扁平アーチの開口部の奥に置かれた暖炉とベンチ。イングルヌックと呼ばれる炉辺《ろへん》空間で、広い階段広間の重要なアクセントとなっている。

サロンを経て、さらに奥に進むと大食堂。中央の炉がチューダー・アーチとなる大きく重厚な暖炉が置かれ、反対側に出窓がある。伝統的な内部仕上げで、腰壁は木パネル、天井は太い柱型。暖炉の背面の壁は柘榴《ざくろ》や葡萄《ぶどう》を描いた金唐紙《きんからかみ》。隣は、家族用の小食堂で、葡萄の彫り物のある食器戸棚があり、内部には、料理を運ぶダムウェーターが配されているという。

二階へ、そして、和館へ

一階だけでも見どころ満載で、満腹になる。それでも、見事な大階段に惹かれて二階へ。そこはすべて洋室の家族の寝室群だ。

東端は夫婦の寝室。床は絨毯敷きで、絨毯の厚さだけ中央部の床面は低く処理されている丁重さには驚く。こうし

前田家本邸：大階段踊り場から2階を見る

た寝室を兼ねた子供室とともに、婦人室、書斎が続く。婦人室は暖炉の造りが優雅で女性らしい。書斎は床の間風の飾り棚もあるなど趣向が凝っている。

一方、中庭を挟んで反対側の北側には事務部として集会場や使用人用の部屋としての和室が置かれている。中庭を介して同じ建物に事務部ゾーンを設けたので、家族用ゾーンと区別するために、事務部ゾーンの二階床の高さを少し低くして階段で区画している。領域のデザイン化の処置だ。

なお、利為は、本邸は洋館だけと考えていたが、実際には小和館も設けられた。外国人の接待には和室や庭園、茶室が必要だし、また、武士の伝統としての書院造の座敷を持つことを江戸以来の家臣たちが求めたのだ。

他に例がないほど長い渡り廊下の先に和館が設けられたのは、軍人、そして、華族として新時代の合理的生活を求めていた利為の無念の思いの表れでもあったのではあるまいか。

谷戸の中に佇む邸宅—華頂宮邸—

鎌倉には、御用邸をはじめ皇族の別邸が多数つくられていたが、関東大震災で多くの建築物が失われた。現在もなお、その面影を残しているもののひとつが華頂宮邸である。

臣籍降下した侯爵

華頂宮家は、伏見宮邦家《くにいえ》親王の第一二王子の博経《ひろつね》親王が一八六八（明治元）年に創設した宮家で、四代目の博忠《ひろただ》王の薨去《こうきょ》後に廃絶された。ただし、伏見宮博恭《ひろやす》王の第三王子として一九〇五（明治三八）年に生まれた弟の博信《ひろのぶ》王は、海軍兵学校を卒業した翌年の一九二六（大正一五）年に海軍少尉になった際、華頂の家名を賜り侯爵華頂博信と名乗って臣籍降下されたのである。

侯爵華頂博信は、その後、閑院宮《かんいんのみや》親王の第五王女と結婚し、一九二九（昭和四）年、鎌倉に本邸を構えた。本邸を構えた翌年の一九三〇（昭和五）年には長男、二年後には二男、四年後には長女と子供に恵まれたが、ほどなくして住まいを手放すことに。その後、持ち主は転々とし、一九九六（平成八）年に鎌倉市が取得。庭園を中心に公開している。

鎌倉の本邸

鎌倉駅から若宮大路を進み、鶴岡八幡宮の手前を鎌倉国宝館方面に向かって右折し、そのまま浄明寺まで行き、今度は竹林で知られる報国寺前の小道を進むともうじき華頂宮邸だ。

華頂宮邸

華頂宮邸：食堂

ひたすら歩くと、突然、門柱を構えた門とその奥に急勾配の屋根を構えた洋館が見える。鎌倉独特の地形である谷戸《やと》を活かした配置で、北側の前庭とともに建物を挟んだ南側には、芝庭に幾何学的な歩道をデザインした西洋庭園が広がっている。

建物は木造二階建てで、そのスタイルは典型的なハーフティンバー。ハーフティンバーの基本形式は柱型を縦に密に並べたもので、玄関側の正面に置かれた破風《はふ》面には柱型と柱型の間に×型の装飾も見られるが、本邸のデザインの見どころは、庭から眺めた南側の外観だ。左右対称の幾何学的庭園に対応するように、外観も遊びのない端正なデザインで、ハーフティンバーも柱型だけでまとめられている。いずれにせよ、谷戸の造りだす豊かな自然の中で、南側に見られる庭と建物の一体化された幾何学的造形がひときわ鮮やかに感じられる。

なお、竣工時期の一九二九年といえば、アール・デコなどのモダンな様式が流行していた時期であり、古典的ともいえるが、柱型が壁面に表出したこのデザインは日本人好みのひとつで、プリンスホテルとして利用されている東京・赤坂に現存する李王家東京邸など、時代の動きとは関係なく実例もたくさん存在する。この建物も、昭和期にハーフティンバーを採用した邸宅の代表例のひとつなのだ。

魅力あふれる室内

主屋はほぼ矩形《くけい》の二階建てで、主屋北西隅に平屋の使用人用の付属屋がついている。主屋の内部は、洋室を基本とするデザインであったようだが、実はこんなに魅力的な建物でありながら、創建時の図面などが残っていないため、創建時の姿はもともと部屋名称など不明な点が多い。内部の和室は後の改造で、また、一階のサンルームも後の増築ともいわれるが、建具などの納まりなどからみると創建時のものらしい。そんな増改築などの不明な部分もあるが、玄関から続く階段ホールの吹き抜けは魅力的で、思わず見上げたり見下ろしたりしたくなる衝動に駆られる。また、南西隅の庭園側に飛び出ている食堂と推定される部屋は、舟底天井が庭園に向かってドンと伸びるなど、庭園との繋がりを強く意識したデザインが見て取れる。

また、南側に展開する庭園と建物を結ぶテラスも魅力的だ。開放的な建具を介して室内からテラスへと繋がる。テラスには円弧状の手摺が廻り、その下には池泉が置かれ、庭園と建物を緩やかに繋ぎ、思わず意識を外へと向けさせる。

設計者も現在のところ不明だが、こうした宮家関係の住まいは宮内省内匠寮《たくみりょう》の技師たちが深くかかわることが多かった。この邸宅の設計者もあるいはそうした人物かもしれない。

曳家された邸宅―李王家東京邸―

昭和期に建てられた規模が大きく魅力的な邸宅として宮家のものがある。その多くは関東大震災で被害を受け、大正末期から昭和初期にかけて再建された。そんな中に、その後の戦火を潜《くぐ》り抜け、現存するものがある。華麗な姿を今に伝えるが、その外観のデザインは明治期以来の古典様式を踏襲したものと新たにモダンデザインを取り入れたものとに大別できる。

古典を踏襲したひとつが赤坂プリンスクラシックハウスとして再利用されている李王家東京邸であり、モダンデザ

李王家東京邸

インを求めたのは東京都庭園美術館として再利用されている朝香宮邸だ。

李王家について

李垠《イウン》は、朝鮮王朝第二六代高宗《コジョン》の王子で、一八九七（明治三〇）年ソウルで生まれている。一一歳で来日し、以後、日本で教育を受けた。日韓併合後は、日本の皇族に準じる身分とされ、一九二〇（大正九）年に梨本宮方子《まさこ》王女と結婚、一九二六（大正一五）年には李王家を継いだ。

結婚後、北白川宮邸の建っていた敷地二万坪を下賜《かし》され、李王家東京邸の計画が開始された。宮内省内匠寮《たくみりょう》課長の北村耕造と技師・権藤要吉《ごんどうようきち》を中心に設計が行なわれ、竣工した一九三〇（昭和五）年三月には引越し、生活を開始した。

生き続ける曳家の技法

東京都千代田区紀尾井町の高台に建つホテルの高層棟の横に、李王家東京邸がその凜とした姿を見せている。その姿は一九三〇年の創建時のものだが、建設地は現在地より一三メートルほど後ろだった。

〝赤プリ〟という愛称で知られていた建築家・丹下健三の手掛けたホテルの建て替えに伴う再開発に合わせ、保存が決定していた李王家を曳家《ひきや》したのである。こんな巨大でしかも鉄筋コンクリート造の建物を動かすことができるのかと訝《いぶか》る読者もいるかもしれない。

工事の様子を少し説明しよう。地下部分を切断し、地上面に建つ建物の一階床下に新たにマットスラブと呼ばれる厚い鉄筋コンクリート造の床を造る。次に、そのマットスラブの上に置かれた建物をマットスラブごと地上に持ち上げる。最後は、そのマットスラブの下にレールを敷いて少しずつ引っ張って動かしたのである。言い換えれば、このマットスラブはお盆のようなもので、壊れやすい建物をお盆に乗せてそっと運んだということだ。

日本の伝統技法のひとつに根継ぎというものがある。木造建築の柱の下方部分が地面からの湿気などで腐った場合、建物を地上面から持ち上げ、柱の腐った部分だけ切り取って新材に取り換える技法だ。曳家は、この持ち上げた建物を丸太や今回のようなレールを用いて前後に移動させることになる。こうした伝統的な技法が鉄筋コンクリート造などの近代建築の保存方法としても利用されている。素晴らしい技術は、時代を超えて生き続けるのだ。

ピクチャレスクな外観

建物は、中庭を囲んで諸室をロの字型に配した巨大なものだ。構造はすでに触れたように鉄筋コンクリート造で、塔屋付きの二階建てで、かつては地下もあった。屋根窓を持つスレート葺きの急勾配の大屋根も印象深い。車寄せの開口部のアーチは、少し押しつぶされた扁平形。これはイギリス・チューダー様式を基調としたデザインであることを教えてくれる。基礎廻りの荒い石積風仕上げ、鏝《こて》の跡が残る荒い仕上げの壁もチューダー風の特徴だ。東側正面から、南側に向かうと外観のデザインは一層変化がみられ、庭側には半円形の外壁にねじり柱を並べた大客間が飛び出ている。

その隣は大きな三連アーチのベランダで、三連アーチの上部には二階の床を支える梁材が頭を出し、その太い桁を架けて開口部が設けられている。そのため、二階開口部は一階壁位置より外に迫り出るなど、多彩な手法が見られる。西側には尖がり屋根の四階建ての塔屋が置かれるなど、変化に富んだピクチャレスクな外観の洋館だ。

多様なねじり柱の存在

車寄せのチューダー様式の特徴である扁平のチューダー・アーチを潜って玄関へ。広間に進むと、太い梁と大引きを組んだ天井が続いている。目の前には、木製のねじり柱を立格子状に何本も並べたスクリーン。ここは「談話の間」。広間から三段ほど高い位置にあり、スクリーンの中に進むと正面には大きな石造のねじり柱を配したマントルピースがある。その力強い表現とは裏腹に、天井は数寄屋建築によくみられる伝統的な網代《あじろ》天井だ。その組み合わせが独特だ。

廊下を挟んだ隣の部屋は、かつての食堂。当初は二部屋で、折れ戸で仕切られていた。奥が大食堂で、手前が家族用の小食堂だった。共に重厚感漂う木パネルの腰壁と荒い仕上げの白漆喰塗の小壁に包まれた部屋で、大食堂正面には白大理石の玉を重ねたような柱を吹き寄せに配したマントルピース、小食堂には木造のねじり柱のある造り付けの戸棚をのせたマントルピースと、ここでもねじり柱や球を重ねた柱がみられる。

この〝ねじり〟のモチーフが至る所に見られ、まさにねじり柱の洋館と筆者は呼んでいる。これらは、チューダー様式に続く一七世紀初頭のジャコビアン様式の特徴のひとつといわれるものである。

華麗な大客室

食堂の隣の広間の南端には、大客室がある。この邸宅でもっとも華麗で格式の高い部屋だ。デザインは一転し、白を基調とした鮮やかで明るい彩色による古典主義でまとめられている。すなわち、間取りは長方形状の部屋に半円形状のアルコーブが附いたもので、その境にスクリーンが置かれている。手前の長方形状の部屋の周囲には柱頭に渦巻模様のイオニア式が用いられた角柱が配されているのに対し、アルコーブ部分では半円形状に沿って柱頭がアカンサスの葉模様のコリント式の角柱が並べられるなど、二種類の柱頭の柱が使われている。

また、長方形状の部屋の天井周囲には、歯形装飾のように渦巻のかたちをした持ち送り風の装飾が配され、独特の雰囲気を生み出している。

アール・デコ風の階段室

大客室の反対側に進み、大きなチューダー・アーチを潜ると、大階段室だ。大階段の親柱のデザインが圧巻だ。四本の円柱を束ねた形状で、表面は職人の丹念な思いが感じられる菱格子と花草模様の彫物彫刻で覆われている。手摺が二階まで伸び、それを支えるための手摺子《てすりこ》が並ぶ。ここにもねじり状の装飾が施されるなど、木部の扱いは綿密で重々しさが感じられる。一方、踊り場には、チューダー・アーチ状の細長い窓があり、正方形状の色ガラスが嵌《は》め込まれたステンドグラスとなっている。その色彩は伝統的なゴシック建築で目にするステンドグラスの色合いと比べると、明るく透き通っている。このアール・デコ風に燦然《さんぜん》と輝く明るさは、見どころのひとつでもある。

居間に相当する談話の間

二階には、殿下の書斎や妃殿下の書斎などの個室群とともに、かつては和室の座敷もあったが、現在は改装されている。興味深いのは、二階にも一階同様に「談話の間」があることだ。場所も一階と同じところの真上だ。一階より少し広く、室内は柱型が見える真壁《しんかべ》風の造りだ。天井は格天井《ごうてんじょう》風で、一階同様に格間《ごうま》には網代天井が組み込まれている。正面中央にはシンプルなデザインのマントルピースも置かれている。

李王家東京邸：客室

いずれにせよ、広い大きな邸宅にあって、二階が家族の個室の並ぶゾーンであることを考えれば、この部屋は現在のわれわれの住まいの中心として設けられている〝居間〟に相当する部屋なのかもしれない。

本格的スパニッシュの洋館―ジェームス邸―

モダンで革新的な住宅が建てられ始めた昭和初期。だが一方で、部分的に新様式を採り入れた歴史主義による邸宅も健在だった。

格式性や威厳性を求める人々にはモダンなデザインはあまりに軽快すぎて、落ち着いた雰囲気が感じられる伝統的デザインを捨て切れなかったのだろう。

洋館の宝庫・塩屋駅周辺

神戸市の少し外れに位置する塩屋にジェームス山と呼ばれる地区がある。JR神戸線の塩屋駅周辺もその一部だが、駅に近づくと停車直前に車窓から洋館が見える。神戸で活躍していた建築家A・N・ハンセルが、明治末期に完成させたといわれるベランダの見事なグッゲンハイム邸だ。そして、建築家・設楽《したら》貞雄が大正中期に手掛けた急勾配の赤い屋根が特徴の後藤邸である。明治も末期頃になると神戸の山手が洋館で埋まり、外国人たちは手狭となった山手を離れ、より良い住環境を求めたという。塩屋はそうした外国人たちが新たに見出した豊かな眺望の得られる住宅地のひとつだったのである。

この二棟の洋館も魅力的だが、塩屋駅からさらに一〇分ほど坂道を歩き続けると巨大な洋館が見えてくる。塔屋を構えたスパニッシュ様式を基調とする洋館で、神戸で生まれ育ったイギリス人のE・W・ジェームスが一九三四（昭和九）年に設けた自邸だ。設計施工は、地元の竹中工務店が担当した。

貿易商で財を成したジェームスは自邸建設とともに、昭和恐慌後の日本の発展には外国人との交流が大切だとして、外国人専用の近代的設備を備えた豊かな住環境の賃貸住宅地開発を思い立った。

静かで自然豊かな敷地を物色し、南斜面で海を一望できる塩屋山麓一帯の土地を購入。雑木林を住宅地として切り拓き、道路をはじめに電気・水道などのインフラ整備を行ない、およそ七万坪の敷地に自邸と同じスパニッシュの住宅五五戸を建てた。現在は当時の面影はほとんど残っていないが、かつては、テニスコートや小動物園、さらには教会などを備えた高級住宅地として知られていた。現存するジェームス邸は、住宅地南側の海外線に最も近い平地に芝庭つきで建てられたもので、円筒形の塔屋が聳《そび》え、明石海峡と淡路島を眺めるための望楼となっている。今もジェームス山と呼ばれる所以である。

巨大なスパニッシュの洋館

塀で囲まれた邸宅は、鉄筋コンクリート造の地下一階地上二階建てで、赤いスペイン瓦の寄棟屋根の建物だ。正門からは二階建てに見えるが、芝庭からは敷地の高低差によって地下部分の外壁が露わになり、三階建てに見える。この地下部分は荒石張り仕上げで、一、二階はクリーム色の塗壁仕上げ。地下部分が建物を支えているのを石の外壁が表現している。そしてその外壁の一画には、スパニッシュの特徴である海獣の噴水口のある壁泉《へきせん》が据えられている。

一階部分には、中央に出窓のある突出部が置かれ、全体は左右非対称の構成だ。その突出部で分割された外壁は、向かって左側には暖炉の煙突が伸びているだけの簡素な構成。一方、右側の外壁は一階部分が三連アーチの開口部でテラスと繋がり、二階部分はハツリ仕上げの木造のベランダが外に迫り出ているなど、変化に富んでいる。

装飾に満ちたインテリア

内部を見てみよう。一階は吹き抜けの階段広間を中心にして、南側には応接室、リビング、ダイニングが並び、北側にはキッチンが配されている。二階は家族用と客用の寝室で、地下には社交の場となるビリヤードルームとバーがある。バーと塔屋の床面には色とりどりの大きさも異なる泰山タイルが敷き詰められ、不思議な魅力を放っている。一階のリビングはモダンながらも木製パネル仕上げで暖炉廻りの装飾や天井装飾はジャコビアン様式を基調としたもの。隣のダイニングは、大づくりの暖炉や梁型を露わにした天井。また、木製パネルの腰壁は英国風の伝統を踏襲したインテリアといえ、現在はレストランとして再利用されている。

木彫りの熊が迎えてくれる洋館―徳川義親邸―

高原リゾート地帯として知られる八ヶ岳高原に行くと、八ヶ岳ヒュッテと呼ばれるハーフティンバーの建築に出会う。ハーフティンバーは明治以降から戦前期にかけて最も人々に愛され、また、多くの住宅建築に採用されてきた古典的な様式だ。

この八ヶ岳ヒュッテは、実は、モダニズムが流行していた一九三四(昭和九)年に東京に邸宅として建てられたもの。一九六八(昭和四三)年に移築されたものの、その姿は見事で、施主がモダンなデザインに惑わされることなく採用した戦前を飾るにふさわしい傑作といえる。

麻布から目白への移転

尾張徳川家一九代目の徳川義親《よしちか》は、大正時代に東京・麻布富士見町に屋敷を構えていた。一九二八(昭和三)年の雑誌には、古い邸宅に手を入れ、当時流行し始めていたスパニッシュ様式の洋館の増築記事が掲載されている。だが、せっかく増築したにもかかわらず、その直後に新たな屋敷を東京・目白に構えている。

麻布の屋敷周囲の人口が増え、建物も高密度化するなど都市化が進み、周辺の建物から屋敷内の生活が覗《のぞ》かれることもあったという。そんなことから急遽、静寂で緑豊かな環境を探し始め、東京・目白の土地を入手したのである。

また、この時期、義親は家長として尾張徳川家の歴史と伝統、そして、代々受け継がれてきた美術工芸品などの維持のため、公益財団法人徳川黎明会を創設していた。そのため、新たに入手した敷地の一部を財団に寄贈し、邸宅建設前には徳川黎明会の建物も建てた。設計は邸宅も含め、当時の著名建築家の渡辺仁《じん》が行なった。

見事な目白の洋館

緑繁る広大な敷地の北側には、家職たちの役宅が用意され、当時の上流層の邸宅にふさわしく洋館に並んで日本館も建てられた。洋館の様式は、尾張徳川家の歴史と伝統を感じさせる部材も太い本格的なハーフティンバー。その特徴は、柱や梁などの構造材の木組みをそのまま装飾として壁面に露出させるなど、一五世紀末から一七世紀のイギリス中世の様式を基調としたものだ。屋根はスレート葺きの切妻屋根。三角形状の大きな破風《はふ》面は、まさしくハーフティンバーの見せ場。

圧巻なのは正面だ。車寄せの切妻屋根の破風面をはじめ、四つの破風が階段状に積み重ねられ、個性的で印象深い外観を生み出している。しかも、二階の開口部上部に露出している大梁の中央には徳川家の家紋である葵の御紋が彫り込まれているのだ。時代が違えば見ることはできないものと思うと、感慨深いものがある。

多様な木組み装飾

外壁に見られる木組みは、直線状の部材を縦に密に配する「クローズ・スタッディング」という形式を基本としている。ただし、正面の二階壁面には四分の一の円弧状の部材が、破風面には斜めに配された部材が加えられている。各面が単調にならないように斜材や円弧状の曲線材をアクセントとして加えているのだ。しかも、各部材はすべて中世風の手作り感を出すために手斧《ちょうな》ハツリ仕上げ、と凝りに凝っている。

内部の見どころは、玄関広間を兼ねた階段室だ。移築時には再現されなかったが、竣工時は吹き抜けの階段室の天井にはフレスコ画で知られる長谷川路可《ろか》画伯の天井画が描かれ、階段踊り場の開口部にはステンドグラスが嵌《は》め込まれていた。そして、二階の階段親柱には木彫りの熊が置かれ、天井の登り梁と桁の接合部にも熊の彫り物が配されるなど、手作り感が際立つ空間だったのである。

現在でも木彫りの熊は健在で、訪れる人々を優しく迎えてくれる。この熊の彫り物は、義親が洋行途中のスイスで発見し、帰国後、北海道の八雲村の人々に紹介し、以後、流行したといわれている。いずれにせよこうした絵画や彫刻、さらには、手斧ハツリの部材などに包まれた手作り感溢れる空間は、当時の民芸運動の影響があったのではないかと感じさせられるのだが、どうであろうか。

日本趣味漂う空間の洋館──細川邸──

歴史主義を基本としたクラシックな洋館は昭和初期にも建てられていたが、明治期のものとはそのデザインが異なる。古風ながらも、時代の変化の中で生まれた新様式の影響を受けたからである。特に昭和初期は、モダンデザインにわが国の伝統建築の意匠を採り入れた日本趣味や東洋趣味の空間も流行していた。

そんな動きの中で生まれた洋館が、細川邸だ。

和敬塾としての利活用

東京・山手線の目白駅から目白通りを東に進み、左側に外観からは想像できない魅力的な内部空間を内包している日本女子大学の講堂を横目に、目白台運動公園を過ぎると、古い門柱に出会う。ここは、一九五六（昭和三一）年、戦後復興には若い力が必要と、前川製作所の前川喜作が創設した男子学生専用の学生寮、和敬塾の入口だ。

この一帯は、細川家の下屋敷跡地で、南斜面地に広がる池泉回遊式の肥後細川庭園もその一部だった。

明治期になると、本邸として和館と洋館の並ぶ和洋館並列型住宅が建てられていたが、関東大震災で一八九三（明治二六）年竣工の片山東熊《とうくま》の洋館は被害を受けて解体された。被害が軽微だった木子清敬《きごきよよし》の巨大な和館は解体され、世田谷の幸龍寺や杉並の真盛寺に移築された。そして、再び、新たな細川邸が建設された。現在、この建物は和敬塾の本館として再利用され、周囲には戦後の学生寮の建物や食堂施設などが建設された。

新本邸の建設

細川邸の再建は、関東大震災後しばらく経た一九三二（昭和七）年から開始された。細川家は都心などにいくつかの別邸を構えており、本館が無くなっても住まいに不自由することはなかったからである。建設にあたっては、設計を大森茂建築事務所、施工は大林組が担当した。大森は現在の東京工業大学の前身である東京高等工業学校出身で、東京・御茶の水の明治大学本館を手掛けた建築家だが、細川護立《もりたつ》からの依頼の経緯は不明だ。

設計はその年に完成したものの、そのまま据え置かれ、二年後の一九三四（昭和九）年に大森と同級生だった臼井弥枝《ひろし》の手で修正、そして、それをもとに具体的な工事が始まり、一九三六（昭和一一）年に完成している。

その時の姿は、洋館単独の和館を持たないもので、明治期の住まい形式とは異なるものだった。

鉄筋コンクリート構造の三階建て地下一階の建物で、三階は鉄筋コンクリート造の二階建ての軀体《くたい》の上に木造の大きなキングポストトラスの大屋根を掛けた木造の巨大な屋根裏空間のようだ。

様式は、チューダー・ゴシック様式を基調としたものといわれている。ただ、チューダー様式の特徴であるチューダー・アーチと呼ばれる少しつぶれた尖がりアーチなどはどこにも見られず、外観からはチューダー風の特徴が見えない。それでも、屋根部分の三角形状の妻面の破風板《はふ》を強調したデザインや、内部に見られる室内意匠から、チューダー・ゴシック様式を基本としていることは間違いない。工事の実施前に保留になったデザインを修正しているが、現在の外観デザインから考えれば、おそらくその修正とは、当初用意していたハーフティンバー風の外観の簡略化であったように思う。

北側に突出した車寄せから内部に入ると、正面には、大階段を据えた大ホールが見える。玄関と大ホールとの間には腰の高さのスクリーンがあり、大ホールの入口には二本の丸柱が立っている。礎盤の上に立つ柱の上下の端部は丸い粽《ちまき》風の処理があり、禅宗寺院風に見える。スクリーンや大階段の手摺部分は、卍崩《まんじくず》しのデザインだ。これは法隆寺の独特のデザイン。しかも大ホールの採光は擦りガラスの扉や開口部からの光だけ。デザインだけでなく明暗まで抑えた伝統的な日本趣味の空間となっている。

一階の諸室の様子

戦前期の邸宅の多くは、一階は接客用、二階は家族生活用として諸室が配されていた。細川邸もほぼ同様だ。

一階の大階段のある大ホールに向かって右は応接室そして客間、左側は食堂だ。応接室と客間は並んで配され、引込戸で仕切られてりおり、大勢の客の時は開け放して使うことができる。その引込戸をよく見ると、一枚の扉ではあるが、客間側と応接室側とで仕上げが異なっていることがわかる。客間の腰壁と開口部の枠回りは漆塗り仕上げのため、客間側だけが統一感を出すために漆塗りとなっているのだ。暖炉もあるが、地下には石炭を燃料とするボイラー室があり、ラジエーターによるスチーム暖房が採られていた。

南側には三連のアーチ状開口部のあるベランダ。テラス、そして、南庭に続いている。ベランダの横は喫煙室。南側立面を引き締めている石張りの半円形の突出部の部屋だ。

隣の食堂とも繋がり、親しい友人たちはここに通されたという。別名「魚《さかな》の間」とも呼ばれ、床には双魚の絨毯が敷かれ、壁面には細川流の投げ網用の漁網が張られていたという、独特の部屋だ。食堂は、床が寄木で、壁紙は朝香宮邸と同じスイスのサルブラ社製のもの。洋室だが、扉上の欄間に見られる卍崩しのような桟割や造り付けの家具などには、和の雰囲気も感じられる。食堂の東側のドアを開けると廊下が伸び、そのまま進むと右手の庭側に本棚の供えられた前室を持つ書斎が隠れている。前室も含め、扉だけでなく腰パネルや天井に見える化粧梁などにも、ハツリと呼ばれる手斧《ちょうな》仕上げ風のギザギザ模様がある。栗の木を用いたことから「栗の間」とも呼ばれ、暖炉を中心に据え、周囲には本棚が造り付けになっている。金泥仕上げの壁は落ち着いた重厚感の漂う雰囲気を生み出すなど、チューダー様式を基調としていることを示す部屋といえる。

二階の和室へ

大階段から二階へ進むと、一階同様に大ホール。その奥にまるで玄関のような踏込のある四畳半があり、さらにその奥には畳廊下で囲まれた一二畳半と一〇畳の和室が続く。庭側の奥が一〇畳の間で、正面に床の間と棚、そして付け書院がある。床柱は上部で切られた宙に浮く束のような構成で、落とし掛けの部材は竹、長押《なげし》は丸太のような自然形状を残した部材など数寄屋風の造り。一方、手前の和室は、柱も長押も角材による遊びを抑えた本格的な書院造風の造りといえる。

一〇畳間の奥に、庭に面して眺望のよい部屋がある。侯爵の二階の書斎で、「支那の間」とも称されるように床の寄木のデザインは卍崩し風で、開口部なども東洋風なデザインだ。三畳ほどの一休みのための畳敷きの小上がりがあり、床の間も用意されている。

大階段を挟んで反対側の北側には娘たちの和室があり、その奥の東隅の独立した二つの部屋は、居間と次の間。奥の居間は夫婦の寝室で、「竹の間」とも称される。収納部の落とし掛けの押しつぶされたような竹材など、至るところに多様な竹が使用されているからで、興味が尽きない。次の間は、家族用の食堂だ。

二階の最後の部屋は、娘たちの和室の裏側にあるサロン。壁面には大柄なウィリアム・モリス風の植物の葉をモチーフとした壁紙があり、中央には赤色のボーダータイル仕上げの暖炉がある。上部の棚板にはハツリがあり、棚の背面の壁は金唐紙《きんからかみ》だ。最も印象深いのが中央の三連アーチと天井の化粧梁。アーチを支えるのは、らせん状の溝の彫られたねじり柱で、化粧梁とともにハツリが見られる。中世風の見事な、濃密で魅惑的な空間といえる。

2 アメリカ系住宅の出現

アメリカで学んだ成果を伝える洋館――木下別荘――

今日、海外留学はさほど難しいものではなくなり、国際化の中でむしろ当たり前のものとなりつつある。その目的は専門性を高めるためというよりは、語学を習得することに重きが置かれているようだ。

一方、戦前、とりわけ明治期の人々は、より高い専門性を求め、海外に向かった。そこに大きな違いがあるように思われる。早世だったこともあって、その業績はほとんど知られていないが、建築家・小笹三郎もそんな一人だった。

大磯駅前の洋館

伊藤博文も別荘を構えた海浜別荘地の神奈川・大磯には、早くから洋風別荘が建てられていた。

駅前の山道に沿った三角形状の敷地に、左右に出窓を配した端正な外観を見せる洋館がある。外壁は幅の狭い板材を横に重ねた下見板張り。左右対称に配された縦長窓の上部には、ゴシック様式の尖がりアーチを連想させるような、縦長の六角形が連なる装飾が付いている。出窓の間のポーチは、キーストーンの代りに擬宝珠《ぎぼし》のようなペンダントを配したアーチとなるなど、アメリカのヴィクトリアン様式を基調としたものといえそうだ。

木造の地下付き二階建て。屋根裏部屋付きの建物で、屋根は棟の端部に屋根飾りを配した急勾配の切妻屋根を十字に交差させている。

玄関から内部に入ると、幅の広い中廊下が奥までまっすぐに伸び、左右に各部屋が配されている。廊下の中央部にある折れ階段を上っていくと再び二階の中廊下。玄関側と反対側にはガラス窓張りのベランダがあり、海が一望できる造りとなっている。

大正元年の建物

一九一二（大正元）年、東京・四谷に住む貿易商の木下建平が建てたものだが、設計者は不明。だが、『建築画報』一九一二年五月号には、木下別邸と極めてよく似た住宅が紹介されている。小笹工務所の手掛けた三井銀行監査役の小野友次郎邸で、出窓でアクセントをつける外観はもちろんのこと、開口部上部の独特の装飾まで共通しているのだ。同一人物の作品と類推でき、その人物こそが小笹工務所の小笹三郎である。デザインが垢抜けているので外国人の手になるものとも推測されていたが、この日本人建築家の設計であることは間違いなさそうだ。

このアメリカ式住宅には傷みもあったため、修理工事が行なわれた際、その工事からさらに興味深いことが明らかとなった。二階床部分の外壁が剝がされて露出した隅柱は、よく見ると間柱（半柱）に使われる板材を二枚重ねたもの。また、柱は一階部分と二階部分で切れ、一階の上に二階が載る形式だった。当時日本ではほとんど知られていなかったアメリカ式の板材だけによる新形式のプラットフォーム工法。その貴重な事例だったのだ。

アメリカで学んだ建築家・小笹三郎

アメリカ式の新工法に精通していた小笹とは、どのような経歴の建築家だったのだろうか。資料を探るとおぼろげながらその姿がみえてきた。

一八七六（明治九）年に長崎に生まれ、一八歳で渡米。一九〇三（明治三六）年にオレゴン州立大学に入学し、鉱山学を専攻して一九〇八（明治四一）年一月に卒業。専攻は建築ではないものの、「機械製図」や「枠組構造」といった科目名の単位を取得しており、アメリカ式の木造系建築の知識も備えていたことが窺える。

卒業後は、オレゴン鉄道会社を経て、一九一〇（明治四三）年にシアトルで建築事務所を開設。ちなみに、シアトルの建築案内を見ると、一九一〇年に手掛けたパナマホテルがいまだ現存している（Jeffrey Karl Ochsner, editor『SHAPING SEATTLE ARCHITECTURE : A Historical Guide to the Architechts』University of Washington Press 1994）。

一九一一（明治四四）年には帰国し、一一月に事務所を開設したが、五年後の一九一六（大正五）年脳膜炎で死亡した。短命であったが、留学先のアメリカに作品を残した建築家など、小笹の他にはほとんどいなかった。この木下別邸は、アメリカで学んだ小笹の業績を今に伝える、貴重な洋館なのである。

楽しき住家――西村自邸――

ヴォーリズが近江八幡でアメリカ住宅の普及をめざしていた頃、東京ではアメリカ帰りの橋口信助が一九〇九（明治四二）年にアメリカ住宅の輸入販売会社「あめりか屋」を開店していた。そして同じ頃、和歌山・新宮に住んでいた西村伊作もアメリカ住宅に注目し、独学で得た知識をもとに自らの住宅づくりを始めていた。

明治期の終わり頃、偶然にも全く縁もゆかりもない人々がアメリカ住宅の導入をめざした。いわゆるアメリカ住宅ブームが始まったのである。

西村伊作の最初の自邸

一九〇六（明治三九）年、西村は最初の洋風住宅を建てた。その住宅は、極めてシンプルな木造平屋の切妻屋根の建物だ。

玄関はなく、前面に設けられたベランダから居間に直接入る造りで、その八畳ほどの居間と四畳半ほどの寝室と書斎、それに台所があり、トイレは外に設けられていた。各室はすべてイス座。タタミを敷いたユカ座の部屋はない。様式はアメリカで流行していた〝バンガロー〟で、前面に大きく張り出た屋根だけの開放的なベランダの存在を最大の特徴とするものだった。

クリスチャンの両親に育てられた西村は、独学で得た知識からバンガローを知り、独身にもかかわらず、伝統や習慣から抜け出した新しい生活を自ら実践しようとしたのである。バンガローはアメリカのカリフォルニアで生まれた様式で、日本人向きの洋館である、と西村は述べている。その理由として、安価で建設できること、簡易生活に適していること、平屋の開放的な造りで自然生活ができること、夏向きの開放的なベランダがあることなどを挙げている。西村は、格式を重視する玄関や客間などの堅苦しい部屋のない間取りで、家族の生活の場である居間を住宅の中心とした単純な造りを特徴とするバンガローに、新しさを見たのである。

アメリカの木造構法を採用

明治以降、わが国では貴顕紳士の間で多くの洋館が建てられてきた。ただ、その多くは実際の生活の場というより接客用の建物とするものが多く、それゆえ形式や意匠を重視した高価なものだった。それが明治末頃には、都市中間層たちも、実際の生活の場として洋館を建設しようとしていた。

西村も、住宅こそ〝楽しい生活〟の基盤として捉え、「スイートホームのホームを作りたい」(『楽しき住家』西村伊作、警醒社書店、一九一九年)とし、楽しい生活の場としての住まいづくりをめざしたのである。

和歌山・新宮には、〝楽しき住家〟を実現した住宅として、一九一四(大正三)年竣工の自邸が現存(西村記念館)し、重要文化財に指定されている(写真は改修前のもの)。

ただし、この建物は西村にとっては三番目の自邸であり、その前にもうひとつ、第二の自邸を実現していた。結婚後の新居として一九〇八(明治四一)年に建設したもので、最初のバンガローを新宮に解体移築し、その上に二階を増築している。注目されるのは、その増築にあたっては様式だけではなく、建物の構造体も、アメリカ生まれで、角材の代りに板材を用いる新構造を採用していたこと。今日、ツーバイフォー工法(枠組み壁構法)と称されているものである。

この構造についても西村は、「西洋風の建て方は日本家屋と比べたなら、実に簡単なのです。米国式の木造住宅は鋸と金槌とがあれば、素人でも家を組立てることが出来ます」(『楽しき住家』)と紹介している。そこからも、西村の独学がどれほど深く真摯なものだったかが窺えよう。

第三の自邸・西村自邸

この結婚後の新居の竣工後再び、三番目となる新居を建てたことになる。

紀州の山林地主を継いでいたため経済的にも恵まれ、趣味の絵を描き写真を撮るという、悠々自適な生活をしていたが、一九〇八（明治四一）年に長女、そして長男と次々と子供を授かった。それを機に子供との生活を楽しむ新たな住宅を具現化したのである。

西村伊作は、教育家と建築家の二つの顔を持つ。

教育家としては、小学校を終えた長女のため、歌人与謝野晶子・鉄幹夫妻や画家石井柏亭らの文化人・芸術家の協力を得た自由で芸術性豊かな教育をめざす文化学院を、東京のお茶の水に一九二一（大正一〇）年に創設したことで知られる。娘のための新しい教育の場の設置といえば、羽仁もと子・吉一による自由学園も知られるが、ともに同時期に国の教育方針とは無縁の自由な教育をめざした。

一方、独学で住宅を設計した経験をもとに一九一九（大正八）年には著書『楽しき住家』を刊行した。楽しい生活の場としての住宅を持つことを勧めるその主張には多くの反響があり、住宅設計の依頼が多数届いた。それを受けた西村は建

西村自邸：居間

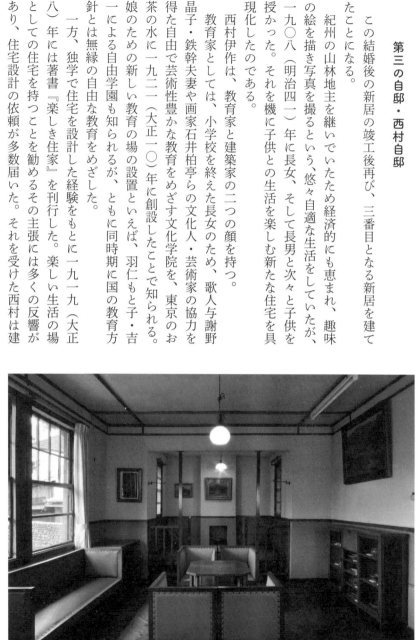

築事務所を開き、建築家として活動を始め、一〇〇〇棟余りの住宅を設計したという。これが建築家としての顔である。

西村自邸

民家型を取り入れた外観

そんな西村の自邸は、切妻屋根の木造二階建て、外壁は白い漆喰の塗壁仕上げ。その姿は洋館ともいえるが、装飾的なものの一切ない簡素な造りだ。西村は一九二二（大正一一）年に『装飾の遠慮』と題する著書を刊行するが、まさにそのタイトルを体現した外観である。

それでも、南側の妻面を見ると、三角形状の破風《はふ》面は幕板という赤く塗られた板張だ。実は、この部分は地元紀州の山奥の民家の型であるガンギを取り入れたものである。アメリカのバンガローの導入から始まり、やがて身の周りの伝統的な住宅形式にも興味が広がっていた様子が窺えよう。

西側の玄関から内部に入ると奥に階段を配した広い玄関ホールがあり、内部を大きく二つのゾーンに分けている。南側は家族生活の中心となる食堂と居間が並び、北側は台所や家事室など生活を支えるサービス部分だ。食堂と居間は折り畳み式のガラス戸で間仕切られているが、視覚的には一つながりの大きな空間となっている。

楽しき住家の核

興味深いのは、食堂の東端と居間の西端をそれぞれ外に突出させ、小さな居心地の良さそうな場が設けられていること。まるで食堂と居間の中に、もうひとつの団欒《だんらん》の核となるような場が設けられているのだ。

具体的には、食堂には外側に突出した多角形状の三連の上げ下げ窓の並ぶ出窓コーナーが設けられ、反対側の居間には間口も小さく天井も低い小部屋が付き、奥には暖炉代わりのストーブが置かれ、その両側には腰掛けが置かれている。ともに明るく楽し気で、思わず長居したくなる空間だ。

この居間の小部屋は、イングルヌック。夕食後、家族が寄り添いながら一つの暖炉（ストーブ）を囲んで、会話を楽しむ空間のことである。近代化されたイギリスで、集中暖房などの普及で失われた家族揃っての会話の場を取り戻そうと復活させた空間を、西村も取り入れたのだ。

居間は、インテリアも垢抜けている。

壁は装飾の一切ない大壁のエッジが明快な空間で、天井廻りには木製の線材による幾何学模様が見られるなど、水平線・垂直線による幾何学性を強調したモダンなもの。また、腰部分は紺碧の空を連想させる清々しい青色仕上げ。家具類も幾何学性を強調したデザインで、当時の日本で流行し始めていたウィーン・セセッションを取り入れたものだ。しかも、ソファも腰壁と同じ青色で統一されるなど、極めてモダンな空間となっている。まさにセセッションを基調とする代表的な大正モダンの住宅といえる。

わが国最初の国際女優の邸宅――川上邸（二葉御殿）――

女優・川上貞奴の誕生

東京・日本橋に生まれた貞は、七歳の時、芸妓置屋の養女となって技芸を磨き、その後、貞奴の名で座敷に出た。芸はもちろんのこと、その美貌もあって、伊藤博文や井上馨《かおる》、さらには西園寺公望《きんもち》などの寵愛を受け、また、野犬の群れから助けてもらった縁で、後に電力王と呼ばれた福沢桃介との付き合いも始まり、明治の元勲や経済界を握る人々との人脈が自然とできていた。

一八九四（明治二七）年、「オッペケペー節」で新劇界の寵児となった川上音二郎と結婚。芸妓の世界から身を引き、川上一座の海外興行で欧米巡業に出かけ、舞台に立つなり美貌と演技の評判で、一躍人気を博す。

一九〇〇（明治三三）年にはパリ万博に招かれた。オルセー美術館で知られる旧オルセー駅舎兼ホテルが完成し、また、曲線モチーフを特徴とするアール・ヌーヴォー様式の地下鉄駅も姿を現していたモダン都市パリでの公演だった。

終演後、フランス大統領が開いた園遊会に招かれ、貞奴はフランスの演劇雑誌『ル・テアトル』一〇月号の表紙を飾る。「マダム貞奴」という日本人初の国際女優誕生の瞬間だった。

公演を見たロダンは貞奴に魅了され、彫刻の製作を申し出たが断られたともいわれ、また、ジャポニズムの流行もあってか、あのピカソも貞奴の舞台姿を描いた。芸術界の話題もさらっていたのである。

福沢桃介との出会い

名声を得た貞奴そして川上一座は、一九〇八（明治四一）年には帝国女優養成所を創立するなど活動を広げたが、一九一一（明治四四）年に音二郎が死去したのち、若い頃付き合っていた福沢桃介と再会すると、貞奴は引退し、桃介の事業と生活を支えていくことになる。

桃介は、電化が進んでいたアメリカ留学の経験から電気の重要性に気づき、電力事業に力を注いでいた。当時は火力発電が中心だったが、大量にかつ安い電気を供給するためには水力発電に切り替える必要があったのである。そこで、桃介は、木曽川に水力発電用のダムや発電所の建設を展開した。一九二三（大正一二）年に建設され重要文化財に指定された読書《よみかき》発電所はその代表的遺構だ。

こうした壮大な事業を成功させるために、地元経済界の人々の理解と協力が必要であると、桃介は名古屋に迎賓館兼住まいを建設。これが川上貞奴邸建設の理由であった。

お屋敷「二葉御殿」

桃介は、一九一三（大正二）年、名古屋電灯株式会社に請われて常務取締役となる。事業を展開する地固めとしての迎賓館兼住まいの準備がはじまった。

江戸時代の武家屋敷であった敷地は、一九一七（大正六）年に一部が貞奴の名前で登記され、二年後の一九一九（大正八）年にも隣地を購入し、およそ二〇〇〇坪となっていた。一方、建築工事はすでに始まり、一九一八（大正七）年の名古屋新聞に「金の鯱と高さを競ふ桃さん好みの和洋折衷」と紹介されている。

竣工は一九二〇（大正九）年。設計施工はあめりか屋。桃介は箱根強羅《ごうら》に別荘を構えており、その下の敷地に星一《はじめ》の別荘と星製薬の社員用別荘を手掛けたあめりか屋を知り、依頼したという。

二葉御殿と呼ばれた建物の構成は、平面的にも立体的にも凹凸の変化に富んでおり、外観はまさに絵画のような印象深いもので、ピクチャレスク風ともいえる。

そうした印象を与えるのは、玄関側の半分は洋館で、背後の半分は和館という造り。外壁も全く異なる仕様による多様な素材と急勾配の複雑な屋根。一度見たら忘れられない独特の外観が魅力の建物だ。

ピクチャレスクな外観

洋館は迎賓館用の建物で、正面には賓客を迎えるための石張りの太い丸柱の車寄せがあり、横には大広間の半円状の一角が外側に突出している。屋根は正面に三角形状の妻面を見せる切妻の大屋根で、赤瓦葺きの屋根が反りながら下に伸びている。

一階外壁は凹凸のある砂岩系の石張り仕上げ、二階は荒塗り壁仕上げと、仕様の異なるデザインだ。側面を見ると、庭側に一、二階共に弓型状の出窓が突出し、切妻の大屋根に直交して伝統的な民家の兜《かぶと》造りを彷彿とさせる独特の腰

川上邸

折れ屋根が載っている。

大屋根の背後には、棟が一段低い腰折れ屋根の二階建ての建物が続く。上げ下げ窓から洋館のようにも見えるが、ここの内部は意外にも和室。洋室から和室への変化を表現するかのように、外壁は洋館部と異なり一階は魚のウロコのように板材を重ね張りにしたシングル張りで、土台位置の一番下だけがスカートの裾のように外側に跳ねている。壁に降り注いだ雨から土台を守るためのデザインだ。

和室からなる二階建ての後ろには、平屋の建物が続く。ここは外壁も伝統的な簓子《ささらこ》下見板張りで、屋根も黒瓦葺き。内玄関や台所など主人や家族の生活を支える使用人たちの場であった。

このように表側から客用、家族用、そして最奥が使用人用という順に建物が並び、そのデザインもそれぞれ異なっている。まさに、それぞれの役割の違いをデザインで表現しているといえる。仕上げや素材の違いを巧みに表現し、また、凹凸の変化や複雑な屋根は、まさしく一九世紀末に流行したアメリカのヴィクトリアン様式の流れを汲むものだ。

大階段を据えた大広間

洋館の中での最も魅力的な部屋といえば玄関から直結する大

広間だ。大きな正方形状の部屋の対角線上の位置に大階段と談話室が設けられている。談話室は、大広間の奥にあり、仕切り風の角柱で区切られた半円状のベンチが廻る突出したコーナー部となる。半円状の空間は、すぐ親しく会話ができそうだ。

また、優雅な造りの円形の大階段には、親柱の上にアール・ヌーヴォー風のステンドグラスを嵌《は》めた照明があり、優雅さを演出している。桃介を中心に行なわれていた饗宴の様子を見計らって、マダム貞奴が妖艶な姿で大階段を優雅に下りて来て踊りを披露し、賓客たちを魅了したという。

大広間がこうした舞踊の場を兼ねていたことは、ステンドグラスが見事に表現している。大広間の玄関側のステンドグラスのモチーフは、「踊り子」。二人の演奏者の間に踊り子が一人モダンなタッチで表現されている。原画は、アール・ヌーヴォーなどのモダンなグラフィックデザインの導入者として知られる杉浦非水。非水の妻は桃介の妹であり、義理の弟として建物のステンドグラスのデザインを手掛けたのである。

大広間の最奥の開口部の「初夏」と題する大きなステンドグラスも、また、大広間の隣の食堂の「槍ヶ岳」をモチーフとしたステンドグラスも素晴らしく、一見の価値がある。

川上邸：階段から1階大広間を見る

「電気」の家

この住宅は、夜になると煌々《こうこう》と電気の照明でライトアップされていた。「電気王」という異名の桃介らしい自己主張だ。洋館には小さな地下室があり、自家発電機が備えられていたというが、残念ながら現在は処分されてしまった。それでも、解体移築工事中に様々な電気関連の機器が見つかった。電灯を上げ下げする電灯昇降機や使用人の呼出表示板はじめ、天井裏にはたくさんの碍子《がいし》と電線が走り、巨大な配電盤は現在も見ることができる。わが国の電化の始まりを示す住宅としても興味深い事例でもあるのだ。

アメリカから持ち込まれた住宅——古田土邸——

明治の終わり頃、洋風生活の浸透もあって、洋館建設は上流層から中流層にも広がり始めていた。それに伴い洋館建設では、格式よりも機能性・合理性を追求するアメリカ住宅に注目が集まり、アメリカで販売されている住宅を輸入しようとする人々も現れた。

一九〇九（明治四二）年創設の「あめりか屋」はアメリカ住宅の輸入業をめざしたが、運搬費や輸入税などの経済的問題から事業化は頓挫した。それでも、個人で輸入し、建設する人がいた。そんなひとりが画家の古田土雅堂《こたとがどう》である。

画家・古田土雅堂

東京美術学校（現・東京藝術大学）の日本画科に入学し一九〇二（明治三五）年に卒業した栃木県中川村（現・茂木町《もてぎ》）生まれの古田土は、一九〇六（明治三九）年に渡米。シカゴで働きながら絵画の勉強を続け、翌年には、森村ブラザーズに入社し、以後ニューヨーク生活を続ける。

森村ブラザーズとは、後に「ノリタケ」の名で知られることになる陶磁器製造会社の前身で、アメリカでは日本独

古田土邸

自の絵柄を特徴とする花瓶や飾皿などの「ファンシーウェア」事業に重点をおいていた。古田土は、絵付などのデザイナーとして活躍したと思われる。

アメリカで安定した生活を続けてはいたが、子供には日本で教育を受けさせたいという思いや高齢の両親の心配もあって、一九二四（大正一三）年、帰国することを決意。だが、故郷の両親や親戚らにそれを伝えると、関東大震災の影響で帰国後の住宅のための資材も人材も確保が難しいという返信があり、古田土は、帰国後の住宅を自ら入手し持ち帰ることにしたのである。

移築された輸入住宅

栃木県茂木町の「道の駅もてぎ」内の十石《じゅっこく》河川公園に行くと、派手な黄色い匂配屋根の洋館が建っている。茂木町指定文化財として保存されている古田土邸だ。かつて建てられていた宇都宮市内から移築保存されたのである。

持ち帰った住宅は、アメリカで通信販売事業を展開していたシアーズ・ローバック社の商品だった。シアーズ・ローバック社は一八八六（明治一九）年に創設され、一八九五（明治二八）年には五〇〇ページを超えるカタログをもとに衣服や家具など多様な商品を通信販売し、一九〇八（明治四一）年からは新たに、カタログをもとに住宅の通信販売も行なっていたのである。

古田土邸は、一九二三（大正一二）年版カタログに掲載されており、建築本体と諸設備費用を入れて約二七五〇ドル、当時のレートでおよそ五五〇〇円という代物。この頃の大卒公務員の初任給が七五円だった。ボーナスを含め年収が一五か月分と仮定すれば、およそ年収の五年分ほどの金額となる住宅だ。

木造二階建て地下付き。間取りは、玄関ポーチから直接居間に入る一階の奥が食堂と台所、居間の階段から二階へ上がると小さなホールを囲んで三つの寝室とバス・トイレがある。地下には暖房用のボイラーがあり、スチーム暖房が設置されていた。

アメリカ式工法

軽快な玄関ポーチのデザインや白い壁と黄色い屋根の強烈なコントラストなど、いかにもアメリカ風の印象が強い住宅だが、もっともアメリカらしいのは工法だ。

建物を見ただけではわからないが、地下室に露出している一階床部分の造りは、床板を支える根太が角材ではなくアメリカ独特の板材による板根太で、その間には振れ止め材が見

古田土邸：居間から食堂を見る

られる。まさしくよく知られるツーバイフォー工法だ。

建物と一緒に保存されている図面を見ても、基本部材は二寸の厚さの板材で、長尺物を用いて一、二階の壁面を一体として組み立てるツーバイフォー工法の中でも、バルーンフレーム工法と呼ばれるものであることがわかる。

いずれにせよ、現代住宅のルーツのひとつとして一〇〇年前に海を渡ってきた住宅が保存され、こうして会えるのは素直にうれしい。

田園調布の家――大川邸――

古田土《こたと》邸は、関東大震災直後にアメリカから帰国した際に、メール・オーダーハウスと称されるカタログを用いた通信販売で購入できたアメリカ製の住宅を、日本での新たな住宅として持ち帰ったものだった。

一方、大川邸（田園調布の家）は、同じ震災直後の住宅建設にあたって、建築材料を確保するためにアメリカから木材を直輸入して建てたアメリカ色の色濃い住宅である。

大川邸の建設

鉄道省復興局で土木橋梁設計技師として震災復興に尽力していた大川栄は、一九二五（大正一四）年に住宅を建てた。建設地は田園調布。イギリスのエベネザー・ハワード提唱の田園都市論に影響を強く受けて開設された理想的郊外住宅地だ。

現在では、家族団欒《だんらん》の場である居間を中心に据えた最初期の貴重な住宅遺構として、この大川邸は東京小金井にある「江戸東京たてもの園」に移築・保存されている。

平屋の下見板に明るいクリーム色のペンキが塗られた外観は、木材の生地の魅力を活かそうとする日本人の好みとは異なり、まさにアメリカ的だ。ただ、屋根は寄棟の伝統的な桟瓦葺き。ペンキ塗りの外壁とは不釣り合いな印象を

大川邸

受けるが、実はこれ、関東大震災後の建築材料の高騰のなかで、思い通りに材料が入手できなかったことを示す証拠でもあるのだ。

間取りの特徴

玄関扉を開けると、扉は外側に引く外開き。本来の西洋館では、扉は客を招き入れるように内側に開く内開きだ。だが、日本では玄関土間で履物を脱ぐため、土間は靴置き場ともなる。そのため、内開きにすると狭い小さな土間では脱いだ履物に扉が当ってしまい、次第に扉は外開きへと変化し始める。ここにも日本化が見られるのである。

造り付けのベンチのある土間から玄関ホールに上がり、正面の扉を開けるとイス座の居間となる。そこは間取りの中心で、最も大きな部屋でもある。こうした洋風の家族団欒の居間を持つ住宅は、戦後に普及するのだが、この住宅はその走りともいえよう。しかも、居間の南の庭側端には造り付けのベンチがあり、窓越しにパーゴラが見える。隣室の食堂とは大きな引違いガラス戸で仕切られ、視覚的にはひとつの繋がった大きな空間ともいえる。

ここの食堂も興味深い。奥の北側には台所があり、境の壁部分には食器戸棚が置かれている。この食器戸棚をよく見ると、中央部はハッチとなっており、ハッチの引き戸を開けると、台所と食堂を行き来せずに料理や空の食器を手渡すことができるのだ。こうした工夫こそ、機能性・合理性を追求したアメリカ住宅ならではのものなのである。

建築家・三井道男

設計を依頼された早稲田大学出身の建築家・三井道男《みいみちお》は、材料の確保に頭を悩ませた。材料を用意するにも木材は震災直後で高騰し、予算額では難しかったからだ。

そこで思い付いたのが、独自に安い建築部材をアメリカから直接購入すること。運搬費用はコンテナを単位とするため、コンテナ一台を一杯にするために三軒分の部材を輸入した。一軒は大川邸に当て、残りの二軒分は三井の自邸と友人の住宅に用いたという。

こうした工夫もあって震災直後にもかかわらず、大川邸は計画通りに無事竣工できた。

しかし、建築材料といっても当時のアメリカでは新工法であるツーバイフォー工法の普及もあって、板材しか購入できなかった。柱は角材だが土台や梁は板材を重ねて利用するという、このツーバイフォー工法を参考にした独自の方法で、大川邸は建設されたのだ。

大川邸：食堂

このように大川邸は外観や家族本位の間取りの考え方はもちろんのこと、構造形式も影響を受けていたし、材料そのものも大半は米材を使用して建てられたものだった。まさに大正期後半の住宅建築がアメリカの影響を強く受けていたことをこの住宅は教えてくれる。

吹き抜けの居間のある洋館―山手111番館―

横浜で活躍した外国人建築家たち。そのなかでも、大正期に来日し、横浜に建築事務所を構えて活躍したＪ・Ｈ・モーガンは、〝ハマの建築家〟と称され、多くの作品を残している。

特に、山手地区に現存する住宅は、当時流行していたスパニッシュ様式で、室内空間も魅力的で充実している。

吹き抜けの魅力

今日の住宅ではそんなに珍しいものではなくなったが、吹き抜けは、天井が高く、しかも、明るい光が差し込んだり天窓から青空や星空が見えたりと、清々しい気持ちにさせてくれる、魅力的な空間だ。

ただ、こうした吹き抜けは大いに普及したように思われているが、現在の日本住宅を見てみると、玄関や階段部分に設けられることが多く、居間や食堂のような日常生活の場に設けられた事例は極めて少ない。その理由として思い当たるのは、冬場に暖房しても熱気が吹き抜けのため上に逃げてしまい、床部分がなかなか暖かくならないことだ。そんなところから、吹き抜け空間の魅力は、生活の場に取り込まれていないようである。

そのように感じていた時に出逢ったのが、山手１１１番館だ。

内部に入って驚いた。小さな玄関から居間に入ると、そこは二階まで開け放された吹き抜け。外観から感じたスケールとはまったく異なった大きな空間が広がっていた。しかも、冬の寒さの心配を消し去るように、中央には大きな暖炉が据えられている。吹き抜けを見上げると二階の四方をギャラリーが廻り、一、二階で会話もできる楽しげな空間

山手111番館

となっている。

居間中央に据えられた巨大な暖炉は間仕切りを兼ね、奥の海側には食堂を配する。一面がガラスの開口部で、横浜港が一望できる。天井も低く、垂直に広がる空間の居間とは違い、視界が水平に広がる空間で、その対比がまた魅力的だ。

スパニッシュ様式の館

この山手１１１番館には、みなとみらい線の最終駅・元町・中華街駅から徒歩一〇分ほどで行ける。港の見える丘公園の隣接地。高台にある港の見える丘公園は、その名のとおり、そこからの横浜港の眺めはなかなかのもの。

公園の一郭にはローズガーデンがあり、その中に一九三七（昭和一二）年竣工の、イギリス総領事公邸として建てられた現在の横浜市イギリス館が佇んでいる。そして、その隣に見える小ぶりの白壁の洋館が、アメリカ人の両替商で知られるラフィンの住まいで、番地から山手１１１番館と称され、親しまれている。

道路側から改めて眺めると、外観そのものは左右対称の厳格な構成だが、中央部から飛び出た赤瓦の屋根が威厳よりもむしろ親しみやすさや優しさを感じさせ、思わず近寄りたくなる。

山手111番館：吹き抜けの居間

正面の玄関ポーチ部分は、ちょっと変わった造りだ。ポーチが三連アーチのパーゴラ（藤棚）になっており、そこをくぐって玄関となる。一般にはパーゴラは、裏の庭側に作るが、裏側が急斜面なので表に庭を設けている。そのための設計なのだろう。この赤い色付きの瓦の使用やパーゴラのアーチ形開口部も、スパニッシュ様式の特徴のひとつでもある。

建築家モーガン

この住宅の設計者が、一九二〇（大正九）年にアメリカのフラー建築株式会社の設計技師長として来日したJ・H・モーガンだ。

一九二二（大正一一）年八月、独立して東京に建築事務所を構え、一九二六（大正一五）年には横浜に移転する。この山手111番館は、モーガンが横浜に移転した時と同じ一九二六年の作品で、関東大震災後に再び造られた山手の洋館の最初期の事例といえる。

復興事業の進展とともに、震災で横浜を去った外国人が少しずつ戻ってきた。海の見える緑の多い山手地区は、外国人にとっても魅力的で暮らしやすい場所だった。そんな中でモーガンの仕事も途切れることはなかったのである。

見事な喫煙室のある洋館――小笠原邸――

東京の地下を走る大江戸線の若松河田駅で下車し、地上に出ると、目前に洋館が見える。地価の高い都会のど真ん中に、平屋を基本とした贅沢な洋館があるのは、正直、驚きだ。

正面玄関に車寄せを兼ね天蓋のようなキャノピーを備えたモダンさも漂う建物は、現在、レストランとして保存活用されている小笠原伯爵の住まいだった小笠原邸だ。

小笠原邸といっても馴染みは薄いかもしれないが、〝小笠原流〟と聞くとピンと来る方もいるだろう。そう、わが国の伝統的な礼法と関係深い一族の住まいなのだ。

小笠原邸の建設経緯

ここは江戸期の小倉藩を治めた小笠原家の下屋敷跡で、明治以降も屋敷を構えていたが関東大震災で倒壊し、一九二七（昭和二）年に再び設けたのがこの洋館ということになる。再建時は、地震にも火事にも耐える建物をめざした。そのため、低い平屋建てを基本とし、耐震用に壁厚も十分な鉄筋コンクリート造とした。

設計は、曾禰中條建築事務所。工部大学校の第一期卒業生で、辰野金吾の同級生である曾禰達蔵と大学の後輩で作家宮本百合子の父親としても知られる中條精一郎の事務所で、定礎部分には「Sone & Chujo, ARCHITECTS. 1926. A.D.」と記された銘板があることから、名前を刻むほどの自信作だったに違いない。設計依頼の経緯は不明だが、曾禰が旧唐津藩の出身で、藩主が小笠原家と姻戚関係があったこと、中條が施主の小笠原長幹《ながよし》の留学先のケンブリッジ大学の先輩であったことなどが関係していたものと思われる。

小笠原邸の建築スタイル

キャノピーは、葡萄《ぶどう》と葉をモチーフとしたグラフィカルでモダンなデザインのものだ。葡萄の装飾は洋館によく見られるもので、葉は、枯れても再び命を吹き返す永遠性、多数の実は豊饒性を象徴している。

改めて、建物を見ると、外壁の荒壁、開口部の鳥籠のような鉄格子、さらには円筒を二つに割いたような緑色の瓦など、細部はまさしく大正末期以降流行したスパニッシュの特徴だ。壁泉《へきせん》のあるパティオと呼ばれる中庭を囲む口の字型の間取りも、まさにスパニッシュの命といえ、暑い地方の住まいゆえ、パティオに響く壁泉の水の音こそ涼しさをもたらすものだった。

屋根は、瓦もそうだが、わが国の伝統的なものと異なり、軒の出がない。そのためか、建物はまるで直方体を並べたような印象を与える。ただ、その後も流行し続けたわが国のスパニッシュの建築は、屋根の軒が段々と深くなり、開口部の上にも庇《ひさし》が付くものが増えている。こうした軒の出や庇は、雨の多いわが国の気候への対応から付加された日本独自のものといえ、このことから、小笠原邸の姿は日本化前の様子を表しているといえるだろう。

イスラム風装飾の喫煙室

総ガラスの玄関ドアを開け、内部へ。ドア上部の欄間

小笠原邸：イスラム風意匠のシガールーム

小笠原邸

部分には鳥籠の中の鳥とともにキャノピー同様の葡萄の装飾がみえる。一方、玄関ホールの天井に設けられたステンドグラスのモチーフは飛び立つ鳥の姿。それは、まるで欄間部分の鳥が籠から解き放たれたように、訪れた人々の緊張感を解きほぐしてくれる。

パティオを横目に、食堂、そして客間に進むと、客間のさらに奥の突きあたりには喫煙室が続く。禁煙の流れが当たり前の今日では想像できないかもしれないが、かつての上流層の邸宅には、タバコや葉巻を楽しむための専用空間があったのだ。ここは、窮屈な夫婦同席の会食を終えた後、男性だけが集まって楽しむ空間だ。

室内は、床も壁も天井もすべて、偶像崇拝が禁じられた中で生み出された幾何学的なイスラム風装飾で満ちた魅力あふれる空間だ。外観もここだけは鳥や植物などの色鮮やかなテラコッタ製のタイルで覆われ、まるで別世界のような扱いのデザインが見て取れる。

こうした楽しさをとことん追求した空間は、今でもわれわれをワクワクさせてくれる貴重なものといえる。

小ぶりなスパニッシュ様式の洋館──駒井邸──

大正期の建築界には、欧米から多様なデザインが導入されている。それは、まさしく近代という新時代に対応したモダニズム建築へと移行するための、過渡期的現象ともいえるものだった。

とりわけ住宅建築ではアメリカ系の影響が強く、大正初期から中期には家族の生活の場となるリビングを中心とした間取りのアメリカンバンガロー、後期には塗壁仕上げのスパニッシュ様式が流行。また、アメリカ人建築家のライトの来日もあってモダンなライト風も導入されていた。

スパニッシュ様式の流行

白い荒壁仕上げの外壁、開口部のアーチ、パティオと呼ばれる中庭、赤瓦葺きの屋根、あるいは、グリルと呼ばれ

駒井邸

る開口部の外側の装飾を兼ねた鉄格子――。こうした要素を特徴とした〝スパニッシュ〟と呼ばれる様式は、アメリカでは一般に〝スパニッシュ・コロニアル・リバイバル様式〟と称されるものを指している。

スペイン風を基本としたこの様式は、一九一五（大正四）年にカリフォルニア州サンフランシスコで開催されたパナマ運河の開通と太平洋発見四〇〇周年を記念し、また、東部から西部開発の宣言をも意味していたパナマ太平洋万国博覧会の主要建築に用いられ、大いに注目された。さらに、かつてスペインが支配していた南カリフォルニアやニューメキシコなどの地域でも人気を博し、一九二五（大正一四）年前後に大流行したといわれている。

そうした流行の背景には、一六世紀からカリフォルニア地方に住み始めたスペイン人によって、アンダルシア地方の住まいをルーツとするスパニッシュ・コロニアル様式がすでにアメリカに持ち込まれていたという歴史があった。

導入者のひとりヴォーリズ

スパニッシュ様式の研究者・丸山雅子《もとこ》氏によれば、流行の起点となるパナマ太平洋万国博覧会を建築家の武田五一が視察した一九一五年の報告が、スパニッシュ様式のわが国への紹介の始まりであるという。

また、建築史家の山形政昭氏によれば、導入者のひとりに、アメリカ人建築家のW・M・ヴォーリズがいるという。一九二一（大正一〇）年の八幡郵便局に取り入れ、その後、大小様々な規模の建築に積極的にスパニッシュ様式を採用した。

そうしたヴォーリズの作品の中に、一九二七（昭和二）年、京都市内に竣工した駒井邸がある。一般公開され、小ぶりながらもスパニッシュ様式の魅力を今も伝えている。京都市左京区の京都大学のキャンパスから、北上すると白河疎水に沿うように、かつての京都帝国大学に勤める教授たちの住んでいた「学者村」と呼ばれた住宅地があり、その一郭に、駒井邸は建っている。

施主の駒井卓《たく》は、当時、京都帝国大学理学部の教授。東京帝国大学を終え、一九二〇（大正九）年から京都帝国大学で教鞭を執っていた。一九二三（大正一二）年からアメリカのコロンビア大学に留学し、帰国後、理学博士となり、遺伝学分野の権威として〝日本のダーウィン〟とも称された。

駒井がヴォーリズに住宅を依頼したのは、留学生活を一緒に過ごした夫人の影響が強かったようだ。牧師の娘として育ち、結婚後もクリスチャンの活動を続けた夫人は、神戸女学院出の才女で、ヴォーリズ夫人の一柳満喜子と学友だった。おそらく、こうした縁によるものだったのだろう。

親しみを感じさせる〝日本のダーウィン〟の住まい

駒井邸は、塀で囲まれており、全貌を確認するには門を潜《くぐ》り抜け、西側の玄関を横目に、東側に広がる庭園まで行かねばならない。木造二階建てで、一階東側中央部には、煉瓦積のパーゴラ付きのテラスがある。外壁は白い荒壁で、切妻屋根には軒の出もあり、赤い桟瓦が葺《ふ》かれている。窓は上げ下げ窓だが、一階東南隅のサンルームの南側は三連のアーチ形の開口部が並ぶなど、シンプルで品がよく、親しみも感じさせてくれる洋館だ。

煉瓦積のポーチから室内に入ると、階段ホールを兼ねた幅の少し広い玄関ホールがある。扉を開けて入った居間の中からは、正面に出窓と造り付けのベンチが見える。ベンチは、座が低く、背の低い日本人向けにできており、居心地がよく長居ができそうな雰囲気を漂わせている。興味深いのは、そのベンチの下が収納用の引き出しとなっていることだ。こうした何気ない所に工夫が見られるのは、まさにヴォーリズ建築の特徴だ。

隣は食堂。居間と食堂はガラスの折れ戸で仕切られ、必要のない時は開け放して広く使える。また、よく見ると、洋館にお決まりの暖炉が居間にも食堂にもない。その代わり、居間の隅に冬場のストーブ用の煙突が用意されている。暖炉は、わが国の伝統的な座敷で例えれば、〝床の間〟のようなもの。そうした家の格を示す象徴を取り除き、あくまでも生活用の暖房装置として取り外しのできるストーブとしたのである。

居間の南側には三連アーチの開口部の明るく開放的なサンルームが続く。まさに食堂、居間そしてサンルームとそれぞれ異なった雰囲気の空間が緩やかに連結し、まるで大きな家族室を形成しているように感じられる。

洋館に取り込まれた和室

玄関ホールに戻り、左横の引き戸を開けると畳敷きの和室がある。外観からは、開口部は上げ下げ窓で、伝統的な引違

駒井邸：居間からサンルームを見る

いではなかったし、こんな和室の存在のそぶりは全く窺われなかったため、一瞬、驚いた。内部から見ると、開口部には障子が嵌《は》め込まれ、障子を開くと上げ下げ窓が見える。奥のサンルームに続く建具は引戸で、外観とは異なり伝統的な和室の雰囲気がよく表現されている。

大正末から昭和初期頃になると、駒井のような大学教授や銀行員といった高学歴のサラリーマン層を中心に、こうした小ぶりで実用的な洋館が普及している。だが、洋館とはいっても日常生活ではまだ衣服は和服が用いられ、また、冠婚葬祭用にも和室は必要だったのである。

駒井邸では洋館の外観を壊さずに和室を取り込んでいるが、縁側付きの和室を取り込んだ事例などでは、庭に続く開口部は伝統的な掃き出しとするなど和風の要素を見せる外観も徐々に増えていた。

隠された心遣い

玄関ホールを挟んで、和室の反対側には二階に続く階段がある。この階段は、勾配が緩やかで、実に、歩きやすい。子供はもちろんのこと、歩幅の小さい和服の女性への気遣いかと思われ、使い手への配慮が感じられるのだ。また、階段を上り切ると廊下で、寝室二部屋と突き当りには大きな文机《ふづくえ》の置かれた書斎がある。奥の寝室にはサンルームがあって、現在は建具で室内化されているが、当初は建具がなかった。

二階の廊下の天井をよく見ると、大きな長方形状のスリットが見える。実は、手前の寝室の入り口部分に装置があり、動かすと天井のスリット部分がゆっくりと落ちてくる。実はこれは隠し階段で、屋根裏が大きな納戸となっているのだ。建物の空いているところを無駄なく利用できるように工夫されているのである。居間のベンチの引き出ししかりだ。

そして、さらに驚かされるのは玄関ホール。玄関タタキの近くの床と壁際を廻る巾木《はばき》をよく見ると、実は一か所が引き出しになっている。小さな引き出しだが、そこには靴磨き用の布切れやブラシ、そしてクリームが収まる。

小さな工夫こそが使い勝手を良くする。そんな心遣いに素人建築家と呼ばれるヴォーリズの建築の魅力が隠されているのだ。

高台に建つ瀟洒な洋館――朝吹邸――

ヴォーリズは、大正末から昭和初期にかけて流行したスパニッシュ様式の導入者のひとりで、使い勝手がよく、また、見事な至宝のようなデザインの洋館を次々と生み出した。

そんなひとつが戦前期の実業界で名を成した朝吹常吉《つねきち》の本邸だ。意外にも小規模の洋館だが、今でもその魅力は失われていない。

景勝の地という立地

東京都港区の高輪から白金にかけての地域は、武蔵野台地が東京湾へと迫り出した地形で、江戸期から風光明媚の地と知られ、島津家などの大名屋敷が並んでいた。明治期になると大名に代わって政財界人たちが住み、また、御用地として買い上げられ、多くの宮家が屋敷を構えてもいる景勝の地だ。

幕末期にイギリス公使館が置かれた東禅寺の脇の坂道を高輪警察方面に向かって進むと、作家の柴田錬三郎のかつての住まいがあり、その隣にアーチ状の通用口がある門がある。そこからは坂道しか見えないが、さらに進むと突然、白亜の洋館が現れる。朝吹常吉邸である。

イギリス好みの朝吹常吉

朝吹常吉の父親の朝吹英二は、三井財閥の頂点にも立った明治期の大実業家のひとりで、一九〇三（明治三六）年、この地に伝統的な和館の邸宅を建てた。一九一八（大正七）年に跡を継いだ長男の常吉は、自らの生活スタイルに合う住まいを求め、和館とは別に純洋式の住宅をヴォーリズに依頼し、一九二六（大正一五／昭和元）年竣工している。

常吉は、一八九六（明治二九）年に父親と同じ慶應義塾を卒業し、その後、イギリスのロンドン大学に留学し、経済学を学んだ。帰国後は日本銀行に勤めた後、三井物産ニューヨーク支店に勤務し、一九〇七（明治四〇）年帰国している。その後、三越呉服店常務、帝国生命保険会社社長などを歴任するが、この邸宅を依頼した時期は三越呉服店常務の時だった。

海外生活も長く、また、夫婦揃ってテニスを趣味として外国人との交流も盛んであった常吉は、子供たちにも、英語はもちろんのこと、自ら留学先で学んだイギリス風の生活マナーも学ばせることをめざし、住まいもイギリス風の純洋風のものを求めたのである。

変化に富んだ外観

建物は、二階建てを基本に、地階と一部三階建て。構造は震災直後の経験から、耐震・耐火を意識した鉄筋コンクリート造だ。ただし、屋根は木造で、軒裏には木製垂木《たるき》が規則正しく並び、上に置かれた円筒を二つに割ったようなかたちのものを上下に重ねる赤いスパニッシュ瓦の大群を支えている。外壁も白い荒壁で、開口部にはグリルと呼ばれる鉄格子が付く典型的なスパニッシュ様式だ。

南庭側に廻ると、噴水の設けられた大きなテラスがある。外観も、玄関側と比べると一、二階連続した出窓、庭側に張り出した部屋とその上のバルコニー、三階部分の屋根窓、というように変化に富んでいる。窓の形状も一階はアーチ型だが、二階は縦長の矩形《くけい》と対比的に見せる明快な構成だ。

再び正面へ。車寄せがあり、内部へと誘う。扉から玄関ホールへ、三段ほど上がると緩やかな木製階段のホールへと続く。この階段ホールを囲んで一階には応接室、居間、食堂そして朝食室など、二階には書斎とともに五室の寝室が配されている。

一階の主要室は接客用を兼ね、それぞれ大きな暖炉が設けられている。興味深いのは、内壁が玄関ホールも含め、すべて木製の化粧腰パネル仕上げであること。部屋の用途に応じて壁の仕上げを変えるのが一般的だが、全体が古風な板壁で仕上げられているのは日本の洋館では珍しい。

おそらく、常吉は白らの好みを実現すべく、伝統的で古風なイギリス風のインテリアで統一したのである。なお、地階は、ワインセラーや遊戯室、さらにはテニス用具室などに利用された。当時は屋敷の横にテニスコートも設けられていたからである。

会話を促すベランダのある洋館――滋賀邸――

大正期は洋館が上流層だけではなく、より庶民的な中流層へと広まった時代でもあった。当然その洋館も、装飾に満ちた規模の大きなものから、小規模で簡素ながら実用性を重視したものへ変わった。

モデルとなった住宅も、伝統的な様式を生み出したイギリスやフランスなどの欧州ではなく、新興国アメリカの住宅だった。これをわが国に積極的に紹介したひとりがアメリカで教育を受けた滋賀重列《しがしげつら》で、彼のリタイア後に住んだ瀟洒な住まいが現存している。

建築家・滋賀重列

滋賀の存在は、今日の建築界ではあまり知られてはいない。しかし、わが国の住宅の近代化にとって極めて重要な役割を担った人物といえる。その経歴を簡単に紹介しよう。

一八六六（慶応二）年に生まれた滋賀は、現在の日比谷高校の前身となる府立一中を卒業後、日本の大学には進まず一八八七（明治二〇）年にアメリカに渡り、アメリカ北部のシカゴ近郊にあるイリノイ大学に入学し、一八九三（明治二六）年に卒業している。

この年はアメリカでも記念すべきシカゴ万国博覧会が開催された年で、鳳凰堂をモデルとした日本館が建設され、若きアメリカ人建築家のＦ・Ｌ・ライトが初めて日本建築と出会い、大きな影響を受けたことでも知られている。

滋賀邸

　このシカゴ博覧会には日本からも多くの人々が訪れた。後の東京工業大学となる東京工業学校校長の手島精一もそのひとりで、当時アメリカで建築家の仕事をしようと考えていた滋賀は通訳として手島と出会い、それが大きな転機となった。滋賀の人となりと才能を認めた手島は、帰国して自らの下で働くことを勧めたのだ。

　帰国した滋賀は、手島の下で工業教員養成所の教員、その後新設された建築科の主任として建築教育に係わる一方、蔵前にあった学校本館を設計するなど建築家としても活躍した。

滋賀の自邸

　建築教育者としての地位を確立していた滋賀であったが、軽い脳溢血を患ったこともあって一九三〇（昭和五）年には仕事を離れ、自身のみならず病弱の息子の健康のために、緑豊かで新鮮な水と空気に満ちた郊外に新たな住まいを設けた。

　東京の西武新宿線の井荻駅周辺は戦前期の土地区画整理事業で知られるエリアだ。その格子状に区画された一郭に赤瓦葺きの急勾配の切妻屋根の建物がある。これが一九三一（昭和六）年竣工の滋賀重列邸だ。創建時は敷地の中央部に建っていたが、保存のために建物の玄関と座敷部分と書斎部分を残して曳家したのだ。こうしたオリジナルの建物の一部を残し、かつ、改修して使うという方法は、都市的な土地の高度利用を求められるエリアでは今後も採用される有効な建築の保存方法といえるであろう。いずれにせよ、創建時の建物の魅力は十分生き、受け継がれている。

会話を促すベランダ

木造平屋の建物だが、急勾配屋根からわかるように小屋は屋根裏部屋となっている。基礎は大谷石で、外壁は洋風の下見板張り仕上げ。様式はバンガロー様式だ。この様式の最大の特徴は開放的なベランダ。ポーチの大谷石の階段を三段上がると、正面は玄関で、隣室の書斎の丸窓が立面のアクセントになっている。石段の両側には大谷石の基壇があり、その上に角柱が立ち、深い軒を支えている。この軒下が玄関ポーチを兼ねたベランダだ。ここは開放的で気持ちがいい。しかも床部分が高いため、通りの人々の行き来がよく見え、思わず声をかけたくなる。

一九〇〇年前後にアメリカで流行したバンガロー様式のベランダは、近隣の人々との会話を促す装置のように玄関ポーチを兼ね、道路に面して配されていたのである。滋賀は自ら

滋賀邸：居間

紹介した様式を晩年の住まいに採用したのである。
それは年代的には流行を過ぎたものだったが、その採用の意味は近隣との交流は大切という主張だったのではないかと思う。

里帰りしたお殿様の洋館――本多邸――

地方の片田舎で、思いがけずに見事な洋館に出会うことがあることはすでに述べた。そんな洋館の中には、遠くの地から移築された建物もある。東京などの大都会では地価も高く、相続などの関係で建物の保存が叶わず、出身地などの縁ある地に解体移築されることがあるからだ。

伝統的な木造建築は、仕口《しぐち》や継手《つぎて》という技法で部材を組むため、解体して移動することもできる。もっとも近年は、技術が向上し煉瓦造でも移築が可能となった。埼玉県深谷市の渋沢栄一を記念した国の重要文化財である「誠之堂《せいしどう》」は、煉瓦造の躯体《くたい》をパーツに切り分け、移築して再び組み上げたものである。

さて、前置きが長くなったが、愛知県岡崎市の本多忠次《ただつぐ》邸も、かつては東京にあったものを解体移築したものである。

本多邸

施主本多忠次と岡崎市

岡崎市の東公園内に移築され、市民に親しまれている住まいの主である本多忠次は、徳川家康の側近として活躍した武将である徳川四天王のひとり本多忠勝の末裔《まつえい》である。

一八九六（明治二九）年、岡崎藩最後の藩主本多忠直から家督を継いだ忠敬《ただあつ》の次男として生まれ、学習院中等科から東京帝国大学文科大学哲学科を経た文化人であった。

もうおわかりであろう。忠次は世が世であれば、岡崎に君臨していた人物でもあり、そうした縁から解体を免れて、本多忠次邸は東京から岡崎に移築・保存されたのである。

住まいづくりに没頭

本多家の家督は三歳年長の長男忠昭《ただあき》が継いだため、忠次は駒込の本邸を出て、自らの屋敷を構えた。新たな屋敷地は、当時、東京市郊外に開発されていた田園調布などの新興住宅地を巡りながら探し、一九三〇（昭和五）年に東急電鉄沿線で、交通の便もよい土地約二〇〇〇坪を購入している。

独身の忠次は、そこに理想的な家庭生活の場としての住まいの建設をめざした。建築や庭園とは無縁であったが、理想の住まいのモデル探しのために住宅・庭園関係の書物や和洋雑誌を買い集めている。さらに、自ら当時の著名な住宅地を探訪し、気に入った建物についてその特徴や設計者・施工者などの情報を集めたのである。その様子は、忠次の手帳に事細かく書き残されており、その没頭ぶりを窺い知ることができる。

有閑階級の多くは、住まいを構える際に一流の名の通った建築家を登用することが常だったが、忠次は極めて合理的で、徹底して自分自身の感性に従った。そのため、設計者や施工者を決定する際も、住宅地巡りで得た情報をもとに、設計も施工も共に任せられる人として大谷木宏《おおやぎ》が率いる白鳳社建築工務所に依頼したのである。

白鳳社建築工務所

白鳳社建築工務所は、一九一五（大正四）年に東京高等工業学校建築科（現・東京工業大学）を卒業し、大倉組土木部（現・大成建設株式会社）に勤めていた大谷木宏が退職後の一九二一（大正一〇）年に興した新進気鋭の建築専門会社。当時、まだ有名ではなく、ようやく、作品が建築雑誌などに紹介され始めた頃であった。それでも、同社には、一九二九（昭和四）年に独立して佐藤工務所（現・株式会社佐藤秀）を創設し、手作り風の魅力を生かした民家調住宅などを手掛けた建築家の佐藤秀三が在籍するなど、実力のある建築工務店であった。おそらく、そうしたポテンシャルに期待して依頼し、自ら描いた簡単な図面やスケッチなどをもとに邸宅のデザインを大谷木と一緒に決定していったのである。

忠次が、熱中しながら白鳳社建築工務所とともに造り上げた邸宅は、外観のデザインはスパニッシュ様式を基調に、一部チューダー様式を加味した比較的古典的な雰囲気を醸し出した洋館だった。基本となるスパニッシュ様式は、大正後期から邸宅建築を中心に流行していた様式で、それに伝統的なチューダー様式を加味することで落ち着いた気品のある洋館が誕生したのである。

見事な外観

本多邸との出会いは、移築前で、東京の世田谷区野沢の大きなヒマラヤスギの木立に囲まれた姿だった。赤い瓦、平坦な塗り壁、軒の出のない屋根、さらには、開口部のグリル。こうした要素はスパニッシュの基本形だ。一方、正面にドンと置かれたベンチ付きの車寄せは先の尖った扁平のチューダー・アーチ。チューダー様式が加味されているのがわかる。

南面（移築後は「正面」）の左右に出窓があり、その出窓を三連アーチのベランダで繋ぎ、左右の出窓の上部の妻面にはそれぞれ獅子面の妻飾りを配している。アーチの縁廻りには、当時流行のスクラッチタイルを意匠として採り

本多邸：2階茶室

入れるなど、変化に富んだ構成の質の高いデザインだ。そして、その先に広がる芝庭には、壁泉《へきせん》付きのプールが置かれていて、空間構成は庭を含めて展開されていたことがわかる。

武士の象徴とアール・デコ

玄関土間は、モザイクタイル張り。横壁にはスパニッシュの特徴である壁泉がある。玄関広間の正面には優雅な細い鉄製の手摺子《てすりこ》の連なる階段があり、二階へと誘う。間取りは、中廊下型と呼ばれるもので、建物中央を中廊下が横断し、その廊下に沿って諸室が並ぶ。一階の南側には玄関側から応接室、団欒《だんらん》室、食堂、配膳室、そしてその奥には和室の衣裳室、夫人室が並ぶ。奥に行くほどプライベートゾーンとなることがよくわかる。興味深いのは、玄関を挟んで応接室の反対側となる北側に配された使者の間だ。主人の付き添いや主人の代役としてきた客用の部屋で、江戸期の武家屋敷によくみられる呼称の部屋といえる。

武家らしいといえば、二階の和室の続き間だ。縁側に沿って床の間・違棚・付け書院の座敷飾りを備えた客間、次の間と控室の三部屋が並ぶ。客間・次の間は意匠的には書院造で、控室は少し崩れた数寄屋風である。外観は洋館でも、内部にはしっかりと武士の象徴としての座敷が用意されているのだ。

スパニッシュやチューダーという様式は、一九三二（昭和七）年の竣工年からみると少し古い様式といえるが、よく見ると最先端のデザインもしっかりと採り入れている。その典型が二階の茶室。室名からは、伝統的な数寄屋風の茶室を連想するが、ここはアール・デコの部屋だ。伝統色にも見える黒と朱の家具など、和室の隣にこんなモダンな部屋があるのには驚く。

茶室の奥は、書斎、そして夫婦の寝室だ。書斎には、重厚感漂う机と椅子や本棚が並び、寝室にはシックなアール・デコ風の家具が置かれている。こうした家具や照明器具もすべて、こだわりにこだわりを重ねたオリジナルデザインだ。

一階の浴室だけでなく、二階にもトイレ付きの浴室が寝室にある。どちらも、室内の床と浴槽はともにモザイクタイル仕上げで、衛生感が漂う。窓はステンドグラスで、明るく楽しげな造りだ。こうした豊かな遊び心は、日本人ならではのものかもしれない。

里帰りの顚末

本多邸は、戦後、ＧＨＱに接収された。その際、忠次はマッカーサーに手紙を書き、愛情を込めて造りあげた住宅ゆえにできるだけそのままで居住することを願い出たという。その甲斐あって、戦後もほどんど増改築もなく創建時の様子をよく残しながら維持されていたのである。だが、忠次が亡くなると、建物の維持が難しい状況に陥った。世田谷区でも保存は難しく、近隣住人や建築家たちが保存をめざし、本多家の郷里の愛知県岡崎市に相談したのである。当時の市長が、すぐさま建物を検分するために訪ねてくれた。そして、洋館の魅力に取りつかれ、岡崎の文化財として引き取ってくれたのである。

美人薄命というが、魅力的な建物に限っては長寿といえそうだ。

第6章

大正・昭和初期の和風御殿

別府湾を見下ろす和風別邸――成清家日出別邸（的山荘）――

別邸として設けられた洋館や和館などには、そのいわれや賓客《ひんきゃく》が命名したものなど、別称を持つものが多い。一種の遊び心の現れともいえるが、命名者が著名人や偉人、あるいは権力者であれば、それだけで建物の価値がグーンと上がることになる。その意味で、名前は侮れない。

ユーモラスな名称

的山荘《てきざんそう》という名称は、創建時のものではなく、戦後、料亭として再利用された時のものだ。富をもたらす鉱脈の山を当てたことを示しているが、その特殊な名称の理由は少し説明が必要だ。建物は一九一五（大正四）年大分県の日《ひ》出《じ》町の城跡に、金山王の異名を持つ成清博愛《なりきよひろえ》が建てた別邸だ。この成清は、福岡の名家の出身で、事業として炭鉱開発を手掛けたものの失敗の連続ばかりであったという。そのため一獲千金をめざして金山開発に方向転換し一九〇七（明治四〇）年に大分県杵築《きつき》市の馬上金山を譲り受け、五年後の一九一二（明治四五）年、ついに待望の金鉱脈を発見したのだ。

莫大な財を得た成清は、かつての日出城三の丸地区の敷地を入手し、別邸を構える。この屋敷地は、眼下に別府湾を見下ろす風光明媚な場所にあり、日出港の賑わいも感じられた。実は、この日出港こそ、成清が金山で採掘した金鉱石の積み出し港だった。そこに別邸を構えた理由があった。

見事な外観

腕木門《うでぎもん》をくぐって敷石に導かれるまま奥に進むと、主屋が見えてくる。基本となる主屋は、平屋の大きなコの字型に連結された二棟の建物だ。これに離れのように平屋や二階建ての小規模建物が付加されている。

主屋は、入母屋《いりもや》造の屋根で、平屋ながら二階建ての離れと違いがないほど高い棟高だ。玄関部は、二棟の妻面の中央に配されている。よく見ると、主屋の屋根は上部に膨らんだ〝むくり〟があるのに対し、同じ入母屋造の玄関部は欠き取ったような〝そり〟がある。こうしたむくりとそりを交えた建物の連結された姿は、まさに伝統的な和風御殿そのものだ。

明治期の上流層の住宅形式は、いち早く欧米の洋館を取り入れた和洋館並列型住宅で、伝統的な和館の横に洋館を建てていた。一方、洋館の代りに、武家の書院造を基本とした座敷棟とし、建物全体を伝統的な和風御殿とする形式も散見された。

こうした形式は、明治末から大正期頃はさらに増える傾向が見られる。旧大名家の武士の伝統を重視した人々とともに、鉱山王など新興産業を背景に出現した新富裕層たちが求めたのだ。江戸時代には身分制の制約もあって構えることができなかった座敷棟を、晴れて造ることができる時代となったことを喜んだのかもしれない。

巨大な座敷棟

主屋は同じ和風建築だが、基本となる二棟のうち西側の一棟は日常生活用の建物で、東側の一棟が接客用だ。この接客用の建物は、別府湾の見事な眺望の得られる南側に大床を備えた一八畳の大広間、一五畳の次の間、一五畳の三の間と三つの部屋が続く一列型と呼ばれる続き間で、その周りをグルッと広縁が廻っている。

この接客用の建物の中央から廊下が西に走り、横に並ぶ日常生活用の建物を南北に分断している。分断された南側部分には田の字型に四部屋が並ぶ。大広間と中庭を挟んだ東南隅の部屋は成清の書斎。この部屋からも日出港がよく見える。

建物の南側は、別府湾に向かって下る急な斜面地。その斜面地の始まる手前のわずかな平らな前庭には飛石が配され、その飛石の園路が樹木の植えられた斜面へと延びていく。また、建物は敷地の西端に配置されており、東側には流れと中島が設けられた池や広い芝生の緩斜面など南斜面の和風庭園とは異なるモダンな庭園が広がっている。

こうした高台に屋敷を構えるのは、見事な眺望はもとより、水を配した庭園づくりを可能とするためでもあり、そうした立地の魅力が建物に生かされている事例のひとつといえ、重要文化財に指定されている。

旧大名家の和風御殿—毛利家本邸—

洋風生活が日常化し、洋館が住まいの形式として普及し始めた明治末期頃から、大邸宅では、洋館の普及に逆行するかのように伝統を重視した和風御殿が流行する。

それは規模が大きいだけではなく、使われる材料も吟味に吟味を重ねて銘木を集めたものや部分的に洋室を取り込んだものなどで、江戸期には見られない新しい近代和風建築といえる。

長い年月をかけた本邸

宮内省通達として華族令が公布されたのは一八八四(明治一七)年のこと。公爵・侯爵・伯爵・子爵・男爵の五爵のうち最高位の公爵はわずか二〇名で、長州藩主の毛利元徳《もうりもとのり》もそのひとりだった。毛利元徳は、一八七三(明治六)年に東京で最も早く和洋館並列型住宅を建てるなど時代を先取りした人物であったが、現・山口県防府《ほうふ》市の本邸では伝統を重んじた和風御殿の計画を進めていた。

本邸の建設計画は元徳の時代に始まり一八九二(明治二五)年には敷地が定められたが、一八九六(明治二九)年に元徳が亡くなり、その後は長子・元昭《もとあきら》の住まいとして進められることになる。ただ、日清・日露戦争もあって着工は遅れ、四年にわたる工事を経て一九一六(大正五)年に竣工した。

巨大な和風御殿

多々良山南麓台地に位置する敷地は、瀬戸内海を見下ろせる景勝の地で、南側には庭園、北側には三つの中庭を囲うように複数の棟を廊下で連結した木造一部二階建ての住宅が配された。巨大で複雑な建物だが、間取りは機能的に三つのゾーンに分けられる。

西側にある唐破風《からはふ》造りの車寄せに続く玄関広間、その横に配されたイス座の応接室二部屋、南庭に面した二階建ての書院棟の建物には最も格調の高い造りの大広間がある。これらが接客用のハレの空間だ。

これに対し、東側に連なる和室群は主人の間や食事の間など家族の生活空間が、そして、北側には女中詰所など使用人用の居室や台所などの空間が配されている。

接客ゾーンを見ると、応接室は唯一のイス座の洋間だが、イス座に合わせた高さの床の間と床棚を設けるなど和風意匠が採り入れられている。また、二階建ての書院棟を見ると、一階には奥から一八畳の大広間、一五畳の次の間、九畳の三の間が一列に並び、南側には一間幅の畳敷きの入側《いりかわ》が付き、ガラス戸の外には高欄付きの広縁が配されている。

大広間は、正面には二間幅の床の間と一間幅の床脇棚、庭側には付け書院があり、壁面には内法長押《うちのりなげし》と天井長押が廻り、天井も折上小組格天井《ごうてんじょう》と伝統的な書院造の手法を用いた最も格式の高い格調のある造りとなっている。伝統的な和室と異なるのは、それぞれの部屋にシャンデリアがあることだ。ちなみに、電灯数は大広間のものが最も多く、より豪華なシャンデリアとなっている。

檜の角材を重ねた階段を上がると、一階と同様に一三畳半の広間とそれに続く次の間一〇畳、三の間一〇畳、四間七畳半の部屋が一列に並び、南側には一間半の入側が付いている。しかも、広間の座敷飾りの構成は独特で、床の間は二畳の広さの上段の間となり、その横に付け書院としてさらに一段高い畳敷のコーナー部が置かれている。定形とは異なる軽快さを感じる意匠で、この二階からはより一層の絶景が望めるのだ。

銘木・良材の使用

豪華な造りの室内を次々と眺めていると、やはり、用いられている材料に目が引き寄せられる。

部屋は広く、天井も高いこともあって、部材は太い。しかも、柱は檜の柾目《まさめ》という高級な良材で、床《とこ》や廊下などの床板《ゆかいた》には欅《けやき》の一枚板が使用され、部屋を仕切る板戸は屋久杉の一枚板だ。また、釘隠しや熨斗《のし》金物《かなもの》などの錺金物《かざりかなもの》は豪華で、壁紙や襖紙には惜しげもなく金粉を撒き散らしてある。これでもかという贅を凝らした材料と意匠がここそこにちりばめられているのだ。

　こうした現在では入手が困難なえりすぐりの貴重な材料の使用も近代和風建築の特徴なのであり、重要文化財に指定されている。

風景を部屋名とした和風御殿―松平家高松別邸（披雲閣）―

　伝統を重んじた和風御殿である毛利家本邸が一九一六（大正五）年にようやく完成した頃、海を挟んだ四国の高松城址にも壮大な和風御殿が完成間近にあった。

　外観からはわからないが、重い瓦屋根を支える小屋組はキングポストトラスという西洋の構法が用いられた、近代ならではの和風御殿であった。

別邸の建設

　旧高松藩主で伯爵だった松平頼寿《まつだいらよりなが》も、旧武家らしく、かつての高松城三之丸跡地に別邸を構えた。同じ場所にあった藩主の建物は明治維新後に老朽化を理由に解体されていた。頼寿は、復興にあたってその名を引き継ぎ、披雲閣《ひうんかく》と称したのである。

　三年の工事期間を経て、一九一七（大正六）年に竣工。木造平屋一部二階建てで、入母屋《いりもや》屋根の複数の建物が中庭を囲みながら廊下で連結されている。

　間取りも毛利家本邸と同様に、三つのゾーンに分けられる。すなわち、南側に配された玄関の車寄せ、玄関の真西側の蘇鉄《そてつ》の間、その奥の大書院は接客ゾーンでハレの場である。一方、こうしたハレの場の東側には台所を中心とした使用人たちの仕事場であるサービスゾーン、そして、北側には二階建ての建物が家族の生活ゾーンとして配されている。こうした三つのゾーンで構成されていることも江戸以来の大名屋敷の流れを受け継いだものだった。

西洋技術を生かす

接客ゾーンの一つである蘇鉄の間は、外観は和風だが唯一板敷で絨毯仕上げのイス座用の部屋である。周囲に一間《けん》の入側《いりかわ》が廻る二間《ふたま》からなる八〇畳を超える規模の建物で、板敷の床であることや天井が高いことなどを除くと他の和室とほぼ共通した造りだ。

庭を挟んで蘇鉄の間の後方に並ぶ大書院は、二間半の幅の巨大な大床と一間半の床脇それに一間を超える付け書院を構えた二八畳の座敷に、二八畳の次の間と三の間の三室が一列に並び、座敷飾側を除く三面には入側と縁が廻っている。

この棟の広さは一四二畳敷といわれ、座敷を成す三部屋だけでも四間に一間半という規模。この四間幅の室内を柱のない状態にするには、天井の裏側に巨大な梁と呼ばれる部材で小屋組を作ることが必要だった。

この時に新しい構造として採用されたのがトラス。細い部材をボルトや金物で連結しながら三角形状に組み立てたもので、巨大な太い梁材の代りとなることができる。これにより柱のない大きな室内空間を簡単に作ることが可能となったのである。

明治以降の和風御殿の特徴となる巨大な座敷空間は、こうした西洋技術を取り入れたことによって誕生した。外観からは江戸期の建物との違いがなかなか見分けられないが、構造を見ると、実は近世の建物とはまったく異なる建物であり、近代和風建築と称される所以《ゆえん》である。

なお、こうして出現した巨大な座敷空間は、やがて戦前期の各地の著名な和風旅館などの宴会場として一般の人々の間にも普及していくことにもなる。

部屋名と庭との深い関係

ところで、披雲閣で興味深いのは室名だ。蘇鉄の間のように植物の名が室名に使われている。奥の家族生活ゾーンの二階建ての建物の各部屋を見ても、一階は槇の間、松の間、藤の間があるし、二階の部屋は、植物ではないものの波の間と称されている。実はこの名称は、庭と深い関係があり、各部屋から見える植物がそのまま部屋名称となっているのだ。

蘇鉄の間からは蘇鉄が見えるし、藤の間の外には藤棚がある。二階の波の間は、まさに高い眺望の得られる部屋であり、海と波が見えるのである。

このように、庭に植えられた樹木や花の名、あるいは風景にちなんで部屋名がつけられていることは、まさしく、日本の伝統建築と庭園との切っても切れない強い結びつきを改めて教えてくれる。二〇一二（平成二四）年、重要文化財となる。

両親に捧げた大豪邸――中島邸――

地方に行くと、その地の出身者で、政治家や学者あるいは実業界などで名を成した人物に係る建築に出会うことがある。

生家の場合は江戸末期頃の小規模な下級武士の住宅だったりするが、成功の証として建てられた住宅などは、豪華で大規模な建築の場合が多い。群馬県に現存する戦前期の名機「隼《はやぶさ》」を生み出した飛行機王の中島邸もそんなひとつで、重要文化財に指定されている。

中島知久平という人物

昭和初期に国産の飛行機を担っていたのが中島飛行機製作所。この製作所はもとより、日本の飛行機産業そのものの発展を牽引したひとりが中島知久平《ちくへい》だ。

中島は、一八八四（明治一七）年に現在の群馬県太田市に生まれ、一九〇七（明治四〇）年に海軍機関学校を卒業した。飛行機時代の到来を予見した中島は、海軍大学校選科生となって飛行機の研究を進め、卒業した一九一二（明治四五）年にはアメリカで飛行機の操縦免許も取得している。そして、一九一三（大正二）年から横須賀鎮守府で海軍式の水上機の製造という念願の飛行機作りに従事した。

第一次世界大戦が勃発すると、日本でも飛行機への関心も高まり、国産の飛行機製造をめざしていた中島は退役し、一九一七（大正六）年に日本で初めての民間飛行機製造会社を興し、生家の近くに社屋を設けた。

二年後の一九一九（大正八）年に開発した中島式の飛行機は、陸軍から二〇機の受注があり、事業も軌道に乗って東京周辺にも工場を設けた。ちなみに、東京・三鷹の旧中島飛行機三鷹研究所の敷地は、戦後、国際基督教大学（ICU）の敷地となった。

なお、一九三〇（昭和五）年には群馬から立候補して衆議院議員となると政界活動にも熱心に取り組み、一九三七（昭和一二）年には鉄道大臣として初入閣。晩年は政治家として活躍した。

故郷の両親の住宅建設

中島の父粂吉は、農事改良に積極的に取り組み、やがて指導者として町議を経て町長を務めていたが、大正末期頃には中風《ちゅうふう》を発し、一九二七（昭和二）年には町長を退いて静養にあたっていた。中島は父の発病を知り、長男ながら家業を無視してきた親不孝を詫び、生家の近くに両親の新居の建設を思いたったという。

実家から二〇〇メートルほど離れたところに約一万平米の敷地を購入。設計は、宮内庁内匠寮《たくみりょう》出身の建築家の中里清五郎と伊藤藤一に依頼し、一九二六（大正一五）年から開始し、一九三〇年に住宅は竣工している。設計から竣工まで長い時間を要したのは、規模の大きさだけではなく、材料やデザインの質なども十分吟味したからである。

中島邸の平面計画の特徴

中島邸は、瓦葺きの木造平屋一部二階建ての伝統色豊かな近代和風建築だ。その面積は巨大で、約九〇〇平米。六尺×三尺の江戸畳でいえば約五六〇枚を数えるし、八畳間の和室ならば七〇室のボリュームとなる。

間取りをみると四つのゾーンからなり、それらが中庭を囲んでロの字型に連結されている。各ゾーンは、その役割から車寄せ部、客室部、居間部、食堂部となる。

車寄せ部は、中央に唐破風《からはふ》造りの車が突出した部分で、背後に玄関と広間、北側の事務室、南側の洋間の応接室二部屋からなる接客のための場。客室部も接客用の場で、広縁で囲まれた伝統的な座敷・次の間がある。居間部は、家族生活の場で、ここだけが二階建て。そして、食堂部は家族の食事の場とともに台所や使用人の部屋があり、まさに住宅全体のサービス機能を集約した場といえる。

中島邸は昭和期の建物ながら、洋間は車寄せ部に設けられた応接室二間だけで、他の大半の部屋はすべて伝統的な畳敷きだ。中島が海外にも通じ、また、飛行機製造という当時の最先端産業に従事していたことを思えば、伝統的で古風な造りの建物は不釣合いのように感じられるが、この古風さこそが高齢の両親の住まいとして計画された証でもあったのである。

見事な車寄せ

建物の顔としての見所のひとつは、西面に突出した車寄せ。見事な曲線による唐破風を据え、銅板葺きの屋根には家紋のある獅子口が置かれている。

構造は、神社仏閣をはじめ江戸期の上層武家屋敷などに見られる二重《にじゅう》虹梁《こうりょう》蟇股《かえるまた》。二本の梁の間に蟇股と呼ばれる部材がある。しかも蟇股には家紋、上の梁には若葉の彫物があり、梁上中央部には太い大瓶束《たいへいづか》が置かれ、棟木《むなぎ》から屋根の荷重を梁に伝える。この梁の両端には舟肘木《ふなひじき》という舟のかたちの部材が置かれ、その下に太い角柱がある。

床は、一辺一尺ほどの正方形状の白御影石《みかげいし》を敷き詰めた四半敷《しはんじき》。まるで江戸時代の上層の武家屋敷のような重厚感が漂っている。異なるのは中央部に一基の電気照明の器具が吊られていることだけだ。

洋間の応接間と豪華な客間

車寄せの階段を上り、正面の桟唐戸《さんからと》を開けると玄関、広間と続き、応接間が二部屋並んでいる。建物が竣工した一九三〇（昭和五）年はアール・デコなどのモダンデザインが大流行だったが、ここの二室は共にクラシカル。モダンさよりも威厳性や伝統性を重んじていたようだ。すなわち、床は寄木張りで、壁面にはフルーティングという細い溝のある角柱を見せ、腰壁は板張で上部は布張、天井際にはモールディングと呼ばれる装飾がある。天井は、周囲は梁型を見せ、中央部は漆喰装飾、その真中にシャンデリアが吊り下がっている。そして、美しい大理石の暖炉の上部は鏡、という定石の構成だ。

戦後の接収時に増築されたバーを挟んで、南側は客室部。二八畳の客間と二一畳の次の間の続き間という伝統的構成で、客間の北側には庭に面して大床と床脇、そして付け書院がある。柱は檜の角柱で太く、長押《なげし》は内法《うちのり》部と天井下に二重に廻り、天井も最も格式の高い折上格天井《ごうてんじょう》だ。また、室内の小壁や襖などの壁面には上部には雲と千鳥、下方には波、その間には金粉と銀粉で遠山が描かれている。

注目されるのは、床柱や床脇の柱の中央部にきちんと格天井の格縁《ごうぶち》が置かれていること。これは天井の部材の割付けに合わせて柱位置を決めたことを意味するのだ。部材同士の位置関係を整えながら、破綻のない姿を求めるのは日本の伝統的手法。日本的美意識をもとにデザインされていることがこれからわかる。

異なった基準寸法

車寄せ部や座敷部は接客を主眼とした部屋だったが、居間部はまさに生活の場。ここは唯一の二階建てで、一階には南面して仏間と両親用の居間が並び、二階は知久平の座敷と次の間が並ぶ。両親用の居間は、北側に西から棚・大床・付け書院が並ぶ。仏間は西側面に仏間用の押入れと櫛形窓を備えた付け書院が並んでいる。

二階の知久平の座敷は数寄屋風で、北面に三畳の上段形式の床の間があり付け書院もある。床脇の違棚は、背後の壁に大きな丸窓があるなど、形式にとらわれない砕けたデザインだ。

こうして見てくると、中島邸のデザインは、接客部では伝統性や格式性をもつ意匠であるのに対し、生活部では実用的で砕けたもの。用途に応じてその表現が異なっているのだ。

しかも、極めて興味深いのは、各部の設計の際に用いる基準寸法。接客用に設けられた玄関部と客間部は一間の寸法が六尺五寸の京間であるのに対し、居間部・食堂部は一間六尺の江戸間と異なった基準寸法が用いられているのだ。意匠だけではなく設計寸法、すなわち、空間の大きさまでも区別して表現していたのである。

こうした一つの建物の中で異なる寸法を用いる設計手法は、江戸期にはほとんど見られない。おそらく、伝統性を追求した近代以降に創られた表現のひとつではないかと考えている。

お助け普請による洋館——大谷邸——

埼玉県深谷市の生んだ偉人といえば、渋沢栄一の名がすぐ浮かぶ。駅前にも渋沢の銅像があり、訪れる人々を迎えてくれる。

しかし、渋沢とほぼ同時期に地元で活躍した偉人達が他にもいた。そのひとりが大谷藤豊《ふじとよ》。地元の繁栄に努め、町長も務めた人物の屋敷が当時の偉業を今に伝えている。

大谷藤豊という人物

大谷藤豊は、地元の名家である大谷家の長男として一八八七（明治二〇）年に生まれている。県立熊谷中学から慶應義塾の法律科に進み、卒業後は深谷に戻って金融業を継いだ。

郷土愛が強く、地元経済界の発展のためには将来を担う子供たちの教育が必要だと、商業学校建設に乗り出した。そして、一九二一（大正一〇）年、念願の町立深谷商業学校を創設。翌一九二二（大正一一）年に新校舎を完成させた。開校にあたって学校敷地として自宅の敷地を一部提供し、巨額の建築資金も寄付した。同郷の渋沢も寄付を行なっているが、その額は藤豊のほうがはるかに大きかった。

学校設立に尽力した藤豊は、地元でも認められ、一九二六（大正一五）年には家督相続し、公私ともに責任ある立場を担う存在となり、一九二九（昭和四）年からは深谷町長となった。だが、この就任時は昭和恐慌が始まり、多くの人々が不況で仕事もなく喘《あえ》ぎ苦しんでいた時期だった。

町長として手腕を振るう一方、不況の中で藤豊は自邸建設を思い立ち、一九三〇（昭和五）年一月に工事を開始。翌年竣工させた。興味深いのは、大工をはじめ雇い入れたすべての職人が地元の人々だったこと。それは藤豊が企てた地元職人たちへの仕事の提供で、私財によるお助け普請だったのである。

聳えるドイツ風の洋館

煉瓦の町を象徴するようにデザインされた深谷駅。そこから少し離れ、旧深谷宿だった通り沿いに大谷邸がある。敷地の一部を寄付したこともあって、屋敷からは深谷商業学校が見える。

塀に囲まれた大谷邸のシンボルは、緑色瓦の複雑なかたちの屋根の洋館だ。

奥には黒瓦の和館の大屋根が並ぶ。それにしても、面白い屋根だ。切妻屋根の両端を斜めに切り落とした半切妻屋根を基本とし、その上にさらに寄棟屋根が載っているようにみえる。瓦の形状も異なるため、なおさら二重屋根に見える。一部にはまるで屋根窓のような曲線部分もあり、同じような曲線が下の半切妻屋根の破風面《はふ》にも見られる。また、妻面はハーフティンバー風に木組みが見えるなど、凝りに凝った屋根だ。

こうした屋根にこだわりを見せるのは、ドイツ風建築の特徴だ。また、二階の上げ下げ窓の欄間の上には半円形の植物をモチーフとした独特な装飾が並ぶ。複雑な屋根や装飾の特徴は、二〇世紀初頭に流行したドイツのユーゲント・シュティール（若い様式）と呼ばれるモダンデザインのひとつだ。

見事な技の結晶

屋敷の棟門を見ると、柱も冠木《かぶき》も梁も屋根を支える垂木《たるき》もすべて丸太。何気ない門だが、丸太の細部の納め方は難しく、ただ者ではないことがよくわかる。門を潜《くぐ》ると正面には入母屋《いりもや》屋根の玄関があり、横には洋館が聳《そび》えている。細かな格子のガラス戸を開けて玄関に入ると驚いた。玄関上がりの正面は床の間だ。しかも、その背後は窓で、鶴と松のモチーフの鮮やかなステンドグラスが見える。

玄関脇の洋館は、応接室。ステンドグラスの嵌《は》め込まれたドアを開けて内部へ。外部と同じくやや古風ながらも装飾性に満ちた豊かなインテリアだ。大壁の空間だが、室内意匠の要素として床の寄木張から腰壁部分の木格子、一部網代《あじろ》天井の格天井《ごうてんじょう》と多彩な木材が見られる。壁面は手の込んだ布団張仕上げ。上げ下げ窓のステンドグラスも魅力的だ。こうしたデザインを支える技は、まさに藤豊の思いに対する職人たちの心意気の表れといえる。そして、これらの技は、奥の和館にも遺憾なく発揮されている。

中庭で結ばれたアトリエと住まい——朝倉彫塑館——

居心地のよい住宅、飽きのこない住宅を見たい、と乞われることがある。そんな時に紹介するのが、著名な芸術家や作家の住まいだ。

彼らの住まいは、庭も含めて生活の場であると同時に創作の場でもある。そのため、創作意欲を高める、個性的かつ魅力的で、機能性とは真逆な余力の場を、そこに備えていることが多いのだ。

そんな住宅のひとつが、一九三五（昭和一〇）年竣工の彫刻家・朝倉文夫の朝倉彫塑館だ。

彫刻家の朝倉文夫

日暮里駅から歩き、谷中銀座前の道を左折すると朝倉彫塑館がある。この一帯は戦火を免れ、道路の反対側には出桁《だしげた》造の町屋も数棟現存し、「鉱力店《ブリキ》　吉川」と書かれたガラス戸は古い板ガラスのようで、ゆがんで見える。

朝倉彫塑館は、アトリエと住宅だった建物で、二〇〇八（平成二〇）年に「旧朝倉文夫氏庭園」として国の名勝に指定され、一般公開されている。

朝倉文夫は、戦前期の彫刻界を牽引していたわが国を代表する彫刻家。一九〇七（明治四〇）年、二四歳で東京美術学校を卒業し、同時に自らのアトリエ建築に着手している。仕事にも就かずに専用アトリエを持つのかといぶかる方もいるかもしれないが、実は、朝倉は在学中に海軍が募集していた海軍大将西郷従道《つぐみち》・川村純義《すみよし》と海軍中将の仁礼《にれ》景範《かげのり》の三海将銅像制作に仁礼景範中将像で応募し、一等当選を果たしていた。その作品制作の期限が迫っていたのである。

朝倉彫塑館の完成

建設地は学生時代から住んでいた谷中。植木畑だった地所を借りて、天王寺通りに正門を構え、アトリエと応接室・座敷・茶の間に玄関と台所と便所からなる建物を建てた。設計は自ら行ない、施工は谷中にある観音寺の出入り大工に依頼した。完成すると、朝倉は大分から母を呼び寄せ、二人で生活を始めている。

最初の住宅も出来は良かったようだが、朝倉は建築に強い関心があり、アトリエの改築や拡張工事を繰り返した。特に、一九一二（大正元）年には、大きな作品の依頼もあって、敷地を現状に拡大し、アトリエも大きなものに建て替えている。ただ、朝倉の普請道楽（ふしん）は止まず、再び改造や新築が繰り返された。そして、一九三五年、アトリエと住宅の改築を自らの設計で実行し、現在のユニークな姿の建築が完成したのである。

自然と一体となった空間

改めて、朝倉彫塑館を見てみよう。建物正面は、黒い塊がドンと置かれているような雰囲気だが、硬くて冷たい感じはしない。建物全体に見られるコーナー部分の丸みや、玄関上部には円弧状の部屋と一回り大きな円弧状の庇《ひさし》があるからだ。屋根部分には、自身の手になる彫刻が置かれ、彫刻家の住まいを見守っている。

この黒い塊部分は、鉄筋コンクリート造によるアトリエだ。巨大な空間で、広く、天井までの高さもおよそ九メートルと高い。朝倉は一九二一（大正一〇）年、母校の東京美術学校教授に就任するが、その傍ら「朝倉彫塑塾」を開いて後進の育成活動も展開していた。この巨大なアトリエは、その学び舎《や》でもあった。また、アトリエの屋上には最先端の屋上庭園が設けられ、塾生は園芸を通して自然から学ぶことを求められたという。

アトリエの背後には、中庭を囲む木造の住居部分がある。和室を中心とした建物で、中庭と常に一体感が感じられる開放的な配置となっている。建物は竹や丸太などを用いた数寄屋造だが、部材は太く、大胆で力強さを感じさせるデザインが見て取れる。

アトリエと住居を結ぶ中庭は、大きな鯉の泳ぐ池と日本各地から取り寄せた巨大な石と樹木でにぎやかだ。その巨石の居並ぶ姿は極めて刺激的で、自然の豊かさとともにこちらもまた力強さを感じさせてくれる。

おそらく、この自然の持つ生命力こそ、朝倉が制作の過程で常に追い求めていたものだったのではないかと、中庭を眺めていて思う。なお、庭園は、二〇〇八（平成二〇）年、国の名勝に指定されている。

近代和風建築としての邸宅──遠山邸──

近年、明治以降に建てられた伝統的な和風建築を、それ以前の建築と区別するために〃近代和風建築〃と称することが増えてきた。明治以降の建築は、大工の技術や建築材料とともに建築に対する考え方も欧米文化の影響を受けており、似ていても本質的には異なる建築だという解釈が浸透してきたからである。

そんな近代和風建築にふさわしい事例に、国の重要文化財に指定されている一九三六（昭和一一）年竣工の遠山元《げん》一《いち》邸がある。

遠山元一という人物

遠山元一は、戦時中の企業整備で一九四四（昭和一九）年に生まれた日興証券株式会社の社長として、戦後も活躍。美術品収集家の顔も合わせ持つ人物だった。

一八九〇（明治二三）年、現在の埼玉県比企《ひき》郡川島町の豪農の長男として生まれたが、父親の放蕩から一家は没落し、家も土地も失うなど、幼少年期は貧しい生活を送った。それでも、高等小学校を終えて丁稚《でっち》奉公した東京・日本橋兜《かぶと》町の株屋で才覚を現わし、一九一八（大正七）年には独立して事業を軌道に乗せている。特に一九三一（昭和六）年に勃発した満洲事変以降の好況の中で事業は大いに発展し、株の世界で知られる存在となった。

再興の経緯

事業の傍ら、元一は長男として生家の再興と母親の安住の地としての屋敷の建設をめざした。この再興の思いは極めて強かったようで、独立して店を構えた同じ頃には手放した生家の跡地を買い戻す。そして、一九三一年の秋から屋敷の建設準備に掛かり、一九三三（昭和八）年には敷地調査とともに設計を開始した。

元一には経済的基盤となる事業があるため、屋敷建設の総監督は弟にゆだねた。弟は建築の専門家ではないものの、愛情を込めてその任にあたったという。設計監督は建築家の室岡惣七、大工棟梁は中村清次郎に依頼した。室岡は一九一三（大正二）年に東京帝国大学を卒業し、一九二七（昭和二）年には室岡工務所を開設していた建築家で、代表作の一つに埼玉県入間市に現存する一九二一（大正一〇）年頃竣工の石川組製糸西洋館がある。同じ埼玉県出身でもあり、地元への熱い思いもあって、同郷の室岡に再興を託したのであろう。

三種の外観からなる遠山邸

敷地はおよそ三〇〇〇坪。最初は四〇～五〇坪ほどの住宅を予定していたというが、実際に設計を始めると最終的にはおよそ一〇倍の四〇〇坪を超える大きな建物となったというから面白い。普請《ふしん》道楽者のなせる業だ。

〝昭和十一年四月〟とある「遠山邸建築設計図　建物配置図」からその様子を見ると、ほぼ正方形状の敷地の南に長屋門が置かれている。庭を挟んで敷地の北側に寄せて建物は東西に一列に並んで配され、東棟、中棟、西棟の三つのブロックからなる。

興味深いのは、それらの建物がそれぞれ異なるデザインであることだ。すなわち、東棟は生家復興の表現として伝統的な関東地方の茅葺き屋根の豪農スタイルを採用したという。また、中棟は、東京から来往する来客用として二階建ての入母屋《いりもや》瓦葺き屋根の書院造風の東京スタイル。そして、最後の西棟は、母親の終《つい》の棲家として平屋で、屋根は入母屋瓦葺きの京風の数寄屋造としたというのである。こうした用途に応じてデザインを選択するのは、歴史主義建築の設計方法ともいえ、興味深い。

三つのブロックの建物の外観は、農家風、書院造風、数寄屋造風と伝統的な様式を基調とするものであったが、内部は電気・ガス・水道といった近代的な文化設備を施したものであった。

また、基礎部分は鉄筋コンクリート造、デザインも、接客用の中棟二階には当時流行していたアール・デコ調の新しいインテリアが見られ、材料も全国から良材を収集し、様々な銘木が積極的に取り入れられている。まさに伝統的な和風建築とは似て非なる近代ならではの建築なのである。

民家風と書院造風

生家復興の象徴として建てられた茅葺き屋根の民家風を特徴とする東棟。式台を備えた表玄関から玄関の間に上がり、畳廊下を挟んで一八畳間とその北側には磨き抜かれたみごとで大きな亀甲文様の人造石研ぎ出しの土間床からなる内玄関がある。

生活の中心の場となる一八畳間には囲炉裏があり、縁のない琉球畳が敷かれている。部屋の四周には太い欅《けやき》の柱が建ち、障子をはめ込む鴨居は差鴨居《さしがもい》と呼ばれる太い部材。構造材を兼ねて柱を連結している。これは民家風の造りで、天井も高い。天井には網代《あじろ》が見られるが、創建当時はなく、屋根を支える小屋組が露出し、民家風の雰囲気がより強かった。奥の北側には台所と使用人用の部屋などが配されている。畳廊下に戻って、さらに船底天井の渡り廊下を進むと中棟だ。

廊下を挟んで一階の南側には一八畳間と一〇畳間の続き間がある。接客用の座敷と次の間だ。座敷と次の間の三方はコの字型に畳敷きの入側縁《いりかわ》が配され、アメリカ製といわれる大きな一枚のガラスの入った戸が並ぶ。化粧屋根裏を支える丸桁は、継ぎのない迫力のある長尺物。柱などの主要材は高級な尾州産檜（木曾檜）の柾目《まさめ》材で、座敷には一間半幅の大きな床の間、床脇と付け書院の座敷飾りがある。床柱は北山杉の天然絞り丸太、床框《とこかまち》は艶消しの漆塗り仕上げと凝っている。しかも床脇の地板と地袋天板は玉杢《たまもく》板。渦巻きを連ねたような模様の見られる欅《けやき》の銘木で、なかなか手に入らない高級材だ。天井も幅広の春日杉糸柾目板で、廻り縁は三重の洋風のモールディング風のようだ。壁は柘榴《ざくろ》石（ガーネット）を砕いてちりばめた砂壁仕上げと、贅を尽くしている。

アール・デコ調インテリア

客用の二階には、一四畳の北山杉磨き丸太を柱とする数寄屋風の和室と、洋室の寝室と応接室があり、便所は和洋の両用がある。客の好みや生活スタイルで使い分けられるよう配慮したのだろう。

応接室は、柱や長押《なげし》の見える和風の真壁風の造りだが、床は幾何学的装飾の寄木張りで、中央に置かれた洋家具はアール・デコ調だ。

南側と東側の窓上部には唐草の透かし彫りと乳白色に黄色の掛かったオパールガラスを組み合わせた欄間があり、独特の雰囲気が感じられる。天井から吊るされたアール・デコ調の照明器具は、まるでモダンさを強調するアクセサリーのようだ。

高度な技法と銘木を駆使

中棟からさらに渡り廊下を進むと母親の隠居所用の西棟だ。

中庭を囲んで玄関や台所とともに仏間や茶の間などがある。京風ということで数寄屋風だが、興味深いのは、意匠だけではなく建物の基準寸法も他とは異なること。他の建物は一間が真々六尺の江戸間の寸法で建てられているが、ここだけは京間風に一間を江戸間より大きな真々六尺三寸としているのだ。

西棟のもうひとつの特徴は、多様な銘木の使用だ。例えば茶の間。L字形の軒内に三〇センチほど下がった土間風の瓦縁が廻る七帖間だ。野趣に富んだ部屋で、壁は黒色系の渋い土壁。天井は奈良の春日大社境内と春日山にだけ植栽された貴重な春日杉杢を錆《さび》のような斑点のある錆竹で押さえている。床柱は赤松の皮付き丸太。床の間の床面は、中央部が板目で両端が柾目の黒松中杢《なかもく》と凝りに凝った材料。丁重な大工技術で仕上げている。

こうした豊かな資材と高度な技術を駆使した遠山邸は、まさしく近代ゆえの新しい建築といえるのだ。そのため、二〇一八（平成三〇）年国の重要文化財に指定された。

当時の住宅モデルをめざした住まい――同潤会の分譲住宅――

ここで、少し〝御殿〟から離れ、昭和初期の和風を基調としたモダン住宅を紹介してみたい。住宅や都市の歴史に興味がある方は、〝同潤会〟という名を聞いたことがあるだろう。アパートを日本に普及させた組織として知られていたが、都心部に建てられたアパートはすべて建て替えられ、その名も忘れ去られつつあるようだ。

ところで、この同潤会はアパートだけではなく木造住宅事業も行なっており、そちらは少ないながらもいまだ現存し、その担った役割とともに中流層を対象とした地に着いた住宅づくりの様子を教えてくれる。

同潤会という組織

同潤会は、関東大震災翌年の一九二四（大正一三）年、被害地の東京と横浜を活動範囲として、罹災者用の住宅供給事業と怪我人の救護事業を目的に創設された。救護事業はその後独立して進められたため、昭和期になると同潤会は住宅供給専門の組織として活動を広げ、戦時下に至る一九四一（昭和一六）年まで活動している。

同潤会が手掛けた住宅事業は、二つに大別される。ひとつは、よく知られる都心での耐震・耐火性の高い鉄筋コンクリート造による、高密度の新しい都市型住宅としてのアパート建設事業。もうひとつが郊外の庭付き木造戸建て住宅の建設事業である。われわれが住まいを構える際に、マンションか戸建か、と悩むが、こうした二者択一のシステムはここから生まれたといっていいのだ。

木造戸建て住宅事業とは、住宅を建てて分譲するというもの。戦前期まで都心では住まいは借りるのが一般的で、多くの借家は誰もが住めるように、ユカ座による伝統的な形式のものが多かった。そのため、時代に沿った新しい生活を実現するためには、自ら理想とする住まいを独自に建てるべきという、持家を奨励する動きが生じていたのである。同潤会の木造戸建て住宅事業は、そうした動きに積極的に対応しようとしたものだった。

また、木造戸建て住宅事業は勤人向けと職工向けの二種類で進められた。勤人向けとは、いわゆる中流層を対象としたもので、職工向けは中流層の下の層向けといえる。まじめに働き続ければ、誰もが持家という自分に合った家を持てる可能性を示したものでもあったのである。

勤人向け木造分譲住宅事業

同潤会では、アパート事業が人気を博していた最中、新たな事業として木造戸建ての分譲住宅事業に着手した。その始まりは現在の横浜市神奈川区の斎藤分町に建てた二〇戸からなる分譲住宅地で、一九二八（昭和三）年に分譲を開始している。以後、同潤会では東京・横浜の郊外地に分譲住宅事業を展開し、総計二〇か所で五〇〇棟余りの住宅を建設し、分譲を行なった。

分譲の際は、住宅展と称して建設した住宅を実際に見学させ、購入希望者たちが自由に選択できる方法を積極的に採り入れた。こうした購入者側の立場からの分譲方法も話題となり、同潤会の住宅は信用のある組織の手掛けたものであること、建設地も、郊外でも交通の便の良い鉄道駅に近い場所であることなどから人気を博し、高い倍率で購入された。

なお、事業当初は、土地は借地で建物だけを分譲していた。しかし、地代の値上げの動きが出るなど購入者からは批判され、その後は、土地も建物と一緒に分譲されている。

江古田分譲住宅地

東京の池袋から西武池袋線で一〇分ほどの江古田駅で下車し、日大芸術学部の建物を右に見ながら少し進むと、道路を挟んだ左側に懐かしい木造の塀で囲まれた住宅が目に入る。ここは一九三四（昭和九）年竣工の勤人向けの江古田分譲住宅地だったところ。

塀のために屋根しか見えないが、塀の中には庭と平屋建ての住宅がある。分譲時からその姿をそのまま維持し続けている佐々木邸である。現在は、ここしか残っていないが、その後方には佐々木邸を含め三〇戸の木造住宅が並び、小規模ながらも魅力的な郊外住宅地として光り輝いていたのである。

江古田住宅地の敷地は、現在、日大通りと称される道路に接した長方形状の敷地で、広さはおよそ三五〇〇坪。敷地には日大通りに直交するように南北に二本の道路を設け、一〇〇坪を少し超えた敷地を一区画として三〇戸の住宅が建てられた。敷地内の新設道路に面して出入り口があり、敷地は木製の化粧塀や竹垣などで仕切られていた。

興味深いのは住宅の種類の多様さだ。戦後の住宅地の多くは、ローコストに抑えるために同じ間取りの住宅や、部分的に変化を付けただけの住宅を建設していた。しかし、同潤会では住宅のバリエーションを特徴としていたのである。江古田住宅地では、居室が三室のものが四種、四室のものが五種、五室のものが五種の合計一四種が見られる。また、五室のうち二種は二階建てだが、全体的には平屋が多く、平屋の庭との繋がりを重視していたことが窺える。規模もおよそ一七坪から三六坪と幅があり、好みはもちろんのこと収入や家族数に応じて希望者が選択できた。なお、各住宅の設計は同潤会設計部が担当し、施工は間組《はざま》が担当している。

佐々木邸について

唯一現存する佐々木邸を取り囲む木製の化粧塀が真新しいのは最近、創建時の姿に復元したから。玄関に向かうと、門柱があり、その奥に玄関の格子戸が見える。外壁は、伝統的な簓子《ささらこ》下見板張りで、屋根は寄棟瓦葺きの伝統的な姿だ。敷地は一五〇坪ほどで、住宅地内では最も大きく、住戸の規模も五室のものでは最も大きい。

建物も創建時の姿をよく残している。後方には三室の増築が確認できるが、ここも完成は購入の直後。玄関に入ると、三帖のタタキの土間と三帖の広間。現代住宅では土間や広間は無駄な部分としてギリギリに切り詰められたものが多いが、ここは広くゆったりとした気分にさせてくれる。玄関だけでも伝統的な住まいの余裕を感じることができるのだ。

間取りは、中廊下型住宅と呼ばれるもの。住宅内に東西に長い廊下を設け、廊下の南側に玄関側から洋間、客間、居間を設け、北側には玄関側から女中室、便所、風呂、台所を設け、廊下の突き当りには茶の間を置いている。現在では古い間取りとされるが、伝統的な開放性の強い間取りを改良し、住宅内の動線を確保し、また、重要な部屋の南面化をめざして、明治後期に新しく生まれたものだった。

玄関脇の洋間の天井もモダンで、新建材のテックス張りだ。ただ、その張り方は平らではなく凹凸を強調したアール・デコ風のデザインを採り入れている。窓の外の花台の手摺にも幾何学的装飾があるなど、細部にモダンさが見られる。

また、洋間の隣の客間は、居間と続き間。ただ、伝統的な続き間と異なり客間と居間は雁行《がんこう》して一間幅だけ繋がる造りだ。居間も北側やの茶の間と続き間だが、やはり半間幅の部分が雁行している。これは伝統的な続き間の特徴を維持しながらも、それぞれの部屋を独立した個室として使えるようにするための工夫といえる。

モダンな台所

台所は北側に配されているが、天井の直ぐ下にも採光と通風のための細長い開口部が設けられている。流しは立ち流しで、流し横にはガス台が置かれ、造り付けの蠅帳《はいちょう》を含む戸棚も設けられるなど、家事労働の場にふさわしい合理的デザイン。こうした諸設備もすべて同潤会のオリジナルデザインで、その質の高さは当時の理想の住宅モデルとして注目されていた。

外観も含め、一見すると伝統的な住まいに見えるが、伝統的な要素を持ちつつも、住みやすさや新しい生活の可能性が秘められた魅力的な住宅なのだ。

民芸運動を象徴する館――河井邸――

一九二五（大正一四）年に思想家で美学者である柳宗悦《やなぎむねよし》、陶芸家の浜田庄司と河井寛次郎によって、「民藝」という言葉が創出された。身の回りにある日常的な生活用具の価値を見直そうとする民芸運動が興り、建築界でも伝統的民家の評価が始まることになる。

そして、一九二八（昭和三）年に上野で開かれた御大礼記念国産振興東京博覧会では、曲り梁を用いた民家調の「民藝館」を出品し、注目された。河井も、一九三七（昭和一二）年、京都に民家調の自邸を建て、民芸の魅力を今に伝えている。

民芸運動と民家活用の動き

名もなき人々の手になる民主的工芸、略して「民芸」に美を見ようとする柳宗悦を中心に開始された民芸運動は、近年、イギリスのアーツ・アンド・クラフツ運動との類似性もあって見直されているという。この運動の「父」とみなされているのが、近代デザインに影響を与えたことで知られるウィリアム・モリスだ。一八八〇年代のロンドンを皮切りに、北ヨーロッパからアメリカへと運動が広がり、やがて一九二〇年代には日本にも波及した。

一九一七（大正六）年、日本では柳田國男と建築家で早稲田大学教授の佐藤功一が風化で白くなった茅葺き屋根をイメージさせる「白茅会《はくぼう》」を組織し、各地の古い民家の研究が開始された。早くも一九二二（大正一一）年には早稲田大学教授の今和次郎《こんわじろう》を中心に、研究成果として『日本の民家』が刊行されている。こうした動きに民芸運動も刺激を受け、やがて昭和期に入ると民芸運動の人々を中心に古民家を住まいやアトリエとして再利用する動きが活発化することになる。

陶芸家・河井寛次郎

河井寛次郎は、島根県の大工の次男として生まれた。中学生のころから陶芸に興味を持ち、長男が家業を継いだこともあって、自らの希望通り東京高等工業学校（現・東京工業大学）窯業科に進む。一九一四（大正三）年に卒業し、京都市立陶磁器試験所に勤め、各種釉薬《ゆうやく》の研究に係わっていたが、一九二〇（大正九）年に京都市五条坂の清水六衛門の住まいと窯を譲り受け、自らも陶芸の制作を始める。

翌年の一九二一（大正一〇）年には早くも、東京と大阪の高島屋で個展を開催する幸運に恵まれた。中国や朝鮮の伝統的な陶磁器を範とし、釉薬研究の成果を反映させた作品には見事な技巧が見られ、高い評価を得た。朝鮮半島の伝統的な仏像や陶磁器などの工芸品に魅了されていた柳宗悦との出会いが、作風を大きく変えたという。柳の紹介していた無名の陶工の手になる簡素で飾り気のない作品の美しさに感銘し、自らも日用品として生活に深く係わる器の「用の美」をめざし、民芸運動にも積極的に参加していったのだ。

新しい住まいの建設へ

譲り受けた家屋が一九三四（昭和九）年の室戸台風で被害を受けたため、寛次郎は自ら設計し、大工の兄の協力で新しい住まいを建設した。

主屋は妻入りの寄棟造りで、京都の町屋には見られない二階部分を一階より迫り出した出桁造《だしげた》を取り入れた。ただ、開口部の目の細い千本格子や竹の矢来《やらい》は京風の造りだ。

平面は、北側に通り土間、それに沿って中央に大広間を置き、表側と奥にはそれぞれ和室を二室設けている。大広間は朝鮮風板張りでイス座だが、奥の和室前には囲炉裏が置かれ、その周囲だけは一段高い畳敷きだ。いわば、イス座とユカ座の融合した部屋なのだ。

大黒柱があり、天井も根太天井で、吹き抜けもあり曲り梁が見られる。建築部材は、墨を混ぜたベンガラ塗による古色仕上げ。表面には手斧《ちょうな》ハツリのギザギザ模様も見られる。これらは一見すると伝統的な民家にも思えるが、民家を基調に洋風要素に朝鮮風も加えてアレンジした寛次郎風の空間ともいえるモダンさが感じられる。

なお、屋敷の奥には登り窯も現存しており、陶芸家の制作風景が感じられるのも魅力だ。

第7章

モダニズム系の住まい

1　プレモダニズム系の住まい
2　プレモダニズムの始まりを伝える住まい

1 プレモダニズム系の住まい

故郷に里帰りした洋館――土岐邸――

明治になると、各藩主のお殿様たちは江戸の屋敷地を返却し、家来やお抱え商人ともども帰郷した。そのために、一時期東京の人口は激減し、空き家も出現。あまりにも東京が閑散となってしまったため、再び、旧藩主たちは明治政府から呼び戻され、東京に住むことになった。そんなことから、旧藩主の中には、かつての国許《くにもと》に別宅や隠居後の住まいを構える者も多かった。

また、近年の建築保存の動きの中で、本多忠次《ただつぐ》邸のように保存のために旧藩主の建物が国許に里帰りする事例もある。旧沼田藩主の洋館もそのひとつだ。

二度移築された土岐邸

沼田市内の一隅には、洋風の歴史的建造物を四棟移築保存しているエリアがある。この一棟が土岐《とき》邸だ。土岐章《あきら》子爵は、かつては沼田地域を治めていた旧沼田藩主の家柄で、東京帝国大学理科大学選科で発酵学を学び、また、研究を深めるためにドイツに留学し、一九二八（昭和三）年には貴族院議員となった人物だ。

土岐家は、明治以降東京・赤坂の旧江戸屋敷に住み、その後幾度か転居し、関東大震災直後には東京・渋谷に新居を構えた。この一九二四（大正一三）年末に竣工した住宅が沼田公園内に移築され、その後さらに市内の繁華街の一隅に移築され、現在に至っているのだ。ただ、この建物は、創建当時の姿をそのまま伝えるものではない。竣工当時は、明治以降の上流住宅の流れを汲むように、移築された洋館とともに平屋の木造和館があったが、移築されたのは洋館部分だけだった。それでも、こうした年代物で個性の強い洋館が保存され一般に公開されているのはうれしい限りだ。

ドイツ風のデザイン

ドイツ留学の経験から、デザインは〝丘の上に建つドイツ風の家〟というイメージを求めたという。そう聞くと確かにドイツ風の香りがデザインに感じられる。

木造二階建ての住宅だが、屋根はドイツ風民家によく見られる天然スレート葺きの急勾配の寄棟屋根だ。しかも西側の屋根の中央には伝統的な唐破風《からはふ》のような緩やかな曲線の切れ目風の屋根窓がある。牛の目窓とも称されるもので、やはりドイツでしばしば見るものだ。

コンクリート造に自然石を乱積みに張り付けた基礎の上の一階外壁は、黄土色のモルタルの荒塗り仕上げのドイツ壁で、ここもドイツ風だ。また、一階玄関廻りは、玄関扉上部と横に位置する応接間の三連窓上部には、半円型の肉厚の彫塑的なレリーノ装飾が見られる。ちょっと古風ながらも品の良い新しさを感じさせるデザインだ。

一方、二階の外壁は一転して、茶色の下見板張り仕上げで、大正期に流行していたアメリカ風といえる。また、一階テラスを支える切石乱積み仕上げの石柱や石造手摺、二階の開口部下にある水平線状の幾何学模様を配した白色塗り仕上げの花台は、帝国ホテルの建設前後に流行したライト風の雰囲気もあり、当時の流行を積極的に取り入れている様子が窺える。

ユーゲント・シュティール

玄関に入ると、白四角タイルと茶褐色八角タイルの幾何学模様のタイル張床があり、三連の縦長開口部には菱形の中に楕円状の渦巻き曲線と直線による装飾を入れ込んだステンドグラスが見える。アール・ヌーヴォーと同様の曲線だが、その雰囲気には重厚感が漂い、その違いは明らかだ。

階段親柱も、ステンドグラスと同様にシンプルな直線と渦巻き曲線を組み合わせたデザインで、古風な葡萄《ぶどう》のレリーフ装飾が付く。葡萄は豊饒を意味するもので、西洋では古くから使われるモチーフだ。

一方、応接間の暖炉は、四角と三角を重ねた大胆なデザインだ。こうした新しさは、アール・ヌーヴォーのドイツ版でユーゲント・シュティールと呼ばれるもの。〝青春様式〟という意味だ。そんなドイツの新しさが取り入れられた住宅である。

敷地の高低差を楽しむ空間――山邑別邸（淀川製鋼迎賓館）――

明治初期に活躍していた外国人建築家たちは、日本人建築家の出現により西洋建築の導入という役割を終えた。しかし、大正期になると再び外国人建築家が新時代の建築の導入者として、日本で活躍し始める。アメリカ人建築家のF・L・ライトもそのひとりだった。

日本と縁深いライト

ライトは、一八九三（明治二六）年に開かれたシカゴの万国博覧会で、初めて日本建築を見たという。日本庭園とともに日本館として、平等院鳳凰堂の形状を模した建具で仕切られた開放的な建築が建てられていたからである。また、当時のアメリカでもジャポニズムが流行していた。特にライトが最初に師事した建築家J・L・シルスビーは、日本美術の真価を見出し、その価値を広めた東洋美術史の専門家E・F・フェノロサの従兄で、フェノロサを介して浮世絵を収集していた日本通のひとりでもあった。

そんな環境もあって、ライトはことさら日本建築に興味をもち、作風も日本の影響を強く受けたことでも知られる、何かと日本との縁が深い建築家なのである。シルスビーの影響もあって浮世絵に興味をもっていたライトは、一九〇五（明治三八）年初来日。そして、一九一六（大正五）年には、帝国ホテル設計者として来日した。

外国からの賓客を迎える新帝国ホテルの建築家の選定には、アメリカ生活の長かった支配人・林愛作が当たり、懇

山邑別邸

意にしていたライトに辿り着いたのだった。

ライトは、シカゴを拠点に故郷のウィスコンシン州の草原風景からヒントを得たという水平線をモチーフとしたプレーリースタイル（草原様式）を生み出し、若手建築家のリーダーとして一世を風靡するほどの活躍をみせていた。伝統的なスタイルから抜け出したその新しい独特の作風は、ヨーロッパでも注目され、オランダのデ・スティール派やドイツの建築家に影響を与えていたのである。

日本での仕事

だが、当時は離婚問題などから仕事が激減。苦境の最中に、日本から名誉ある仕事が舞い降りてきたのだ。

来日したライトは注目され、期待もされた。当のライト自身も、帝国ホテルを優れた作品にすべく設計変更を重ねる。その結果、竣工は延び経費も予算をはるかに超えるという事態を招いてしまったため、完成を前にした一九二二（大正一一）年に契約解除となり、ライトは帰国してしまった。それでも、滞在中のライトのもとには多くの若き建築家たちが集まり、帝国ホテルの仕事を支えていた。

アメリカからは戦前・戦後と日本で活躍したA・レーモンドが助手として来日し、また、日本人では遠藤新《あらた》が右腕として活躍していた。このようにライトのよき理解者である弟子たちがいたからこそ、ライトが帰国しても帝国ホテルは一九二三（大正一二）年に竣工できたのである。

ライトの手になる山邑太左衛門別邸

滞在中のライトには、帝国ホテル以外にもいくつかの仕事が舞い込んだ。

博物館 明治村の帝国ホテルの一部を含めて四例が現存し、そのうちの一九二一（大正一〇）年竣工の東京・池袋の自由学園・明日館と、ライトの帰国後の一九二四（大正一三）年に竣工した兵庫・芦屋に建つ山邑太左衛門《やまむらたざえもん》別邸は、創建時の姿を保ちながら、ライト建築の魅力を伝えている。

JR芦屋駅から海を背にして芦屋川沿いに山側に向かって坂道を上ると、山の中腹に緑に囲まれた山邑別邸が見えてくる。近づいて側面から眺めると、まるで急な斜面地に沿うように四層からなる階段状の複雑な構成の建築だ。その作風は、シカゴで手掛けていた水平線を強調したプレーリースタイルとはやや異なった新しい造形でもある。それでも、自然の地形を壊さずに、建物に自然を取り込むのは、プレーリースタイル同様にライトの建築の表現だ。日本的な自然観を取り入れた新時代の住宅の出現であった。

山邑太左衛門という人物

ライトは日本で仕事を得るために、積極的に架空の建築図面や模型を製作し、機会があれば人々にそのデザイン力を示した。そんな働き掛けもあって、いくつかの仕事を得た。山邑太左衛門も仕事を依頼したひとりだ。

山邑家は、代々兵庫県伊丹市で山邑酒造（現・櫻正宗株式会社）を営んでいた醸造家で、ライトに別邸の設計を依頼したのは八代目当主。山邑の娘婿の政治家・星島二郎は、帝国ホテルの仕事でライトの右腕として活躍していた遠藤新に自邸の設計を依頼するほどの仲で、遠藤を介して義父にライトを紹介したのである。

傾斜地に沿って建てられた山邑別邸

基本的なスケッチを残したものの、着工時にはライトは帰国して日本におらず、残されたスケッチをもとに紹介者の遠藤と同じく帝国ホテルの工事現場で働いていた南信《みなみまこと》が工事を担当した。遠藤も南もともに東京帝国大学工科大学建築学科を卒業した建築家で、ライトの建築に魅かれて彼のもとで働いていたのである。

鬱蒼とした斜面地に建ったため、全体の姿は残念ながら一望できない。門から平らな道を進むと、一番低い一階の玄関部に辿り着く。

建物は鉄筋コンクリート構造の四階建てで、直方体状の建物を敷地に合わせて段々状に組んだ建築だ。柱や庇《ひさし》など建物の端部や一部壁面には大谷石に刻んだ幾何学装飾が見られ、独特の雰囲気を醸し出している。大谷石は幾何学装飾の加工をしやすい材料として選ばれたもので、その後の建築界でも頻繁に使われ始める材料のひとつである。

天井の高さをギュッと抑える玄関前の車寄せをくぐると、右には玄関。左に進むとテラスから眼下に景色が広がる。この玄関部が坂道の途中から見えた建物の先端にあたる。

山邑別邸：応接室

敷地の高低差を生かした変化に富んだ空間

小ぶりの玄関から階段を上ってさっそく二階の応接室へ。狭くて暗い玄関から突然明るく大きな空間となる。こうした明るい・暗い、高い・低い、あるいは、狭い・広いといった空間の変化はライト建築の特徴で、移動しながら変化に富んだ空間の魅力を味わうことができる。造り付けの飾り棚のある奥から入口側を振り返ると、正面には立方体と直方体の大谷石を組み合わせた暖炉があり、両側には大きな開口部がある。中央は大きな一枚ガラスの嵌《は》め殺しで、開閉できない。

窓を通してみる風景は、まるで一枚の絵画のようで、まさにピクチャー・ウィンドウだ。天井廻りには、換気と採光を兼ねた小さな開口が連なり、壁と天井の境の廻り縁の内側に木製の押縁飾りが一周している。

再び階段を上ると、三階を繋ぐ長い廊下だ。中央部には階段があり、数段ほど上がると続き間の和室が現れる。ただ、和室といっても畳や襖とともに床の間もあるが、天井廻りには応接室同様に採光兼換気用の小窓が並び、続き間の欄間は幾何学模様の銅板装飾が嵌め込まれている。ライト的な装飾要素が加味されているのだ。

和室を抜けると奥は、寝室などのプライベートゾーンとなる。奥の階段から四階へと向かう。狭い階段を上ると、そのまま食堂に出る。

部屋は広く天井も高く、開放感が感じられる。天井は四角錘状で、周囲には三角形状の換気兼採光小窓があり、また、四隅から傾斜天井に沿って木製の押縁飾りが伸びている。四周の壁面上部には木製の立体的な幾何学装飾も付くなど、独特の雰囲気が漂っている。

テラスに出ると、絶景はもちろんのこと、階段状のテラスの構成も迷路のようで楽しい。室内と屋外の空間が繋がり、ひとつの住宅とは思えないほどの変化が至る所で楽しめる。これこそライト建築の魅力といえ、重要文化財に指定されている。

移築されたライト風住宅――近藤別邸――

ライトの右腕として支えた建築家の遠藤新《あらた》は、独立後もしばらくはライトから学んだ新しい建築様式を自らの作風として仕事を展開していた。

そうした作品は、〝ライト風〟とか〝ライト式〟と称され、大正後期から昭和初期のスタイルのひとつとして一世を風靡した。

利活用されている近藤別邸

神奈川県藤沢市の大規模建築である藤沢市民会館の前庭に小さな木造建築がある。これも遠藤の初期の作品だ。外観のデザインは、極めて個性的で、庭との関係性も重視した造りといえ、当初から現在地にあったとは思えないように見える。

実は、この建物は、別荘地として知られる神奈川県の辻堂東海岸に一九二五（大正一四）年に建てられた別荘建築だった。この魅力的な建物は、解体の動きが起こった際、周辺に住む主婦たちが中心となって保存運動が起こり、市の英断からこの地に移築され、保存されてきたのである。

施主の近藤賢二は、一八九四（明治二七）年の同志社大学卒業後、ライジングサン石油会社や横浜電気鉄道を経て、石綿紡績株式会社、朝日石綿工業株式会社、さらには朝日スレート株式会社

近藤別邸

近藤別邸：居間

などの社長を歴任した実業家で、東京・高輪の本宅とは別に、別荘を遠藤新に依頼した。

当時の遠藤は事務所を構え、また、一九二四（大正一三）年には『婦人之友』誌上に「住宅小品十五種」を発表するなど、自らの住まいづくりの考え方を作品とともに発表していた。おそらく、そうした活動を通じて近藤のような施主と出会ったのである。

近藤別邸のデザイン

その個性的な考えは、木造二階建ての姿から伝わってくる。一見して飛び込んでくるデザイン要素は水平線で、至るところに確認できる。まず、建物のプロポーションそのものが二階建てながらも、高さがギュッと抑えられて横に長く、平たい姿だ。

建物をグルッと一周する屋根の軒先は、屋根葺き材の荷重を支える垂木《たるき》材の断面形状の小口を見せるのではなく、鼻隠し板と呼ばれる幅の広い板材で塞がれている。そのため、その鼻隠し板は、まるで水平にまかれた鉢巻のようだ。

外壁も板を水平に張り重ねた下見板張。しかも板材の重なる部分には細い角材の目板《めいた》を廻し、幾重もの水平線が強調されている。こうした表現は、まさしくライトの主張していたプレーリースタイルそのもの。

また、開口部の建具は窓枠内に矩形《くけい》のガラスと板を幾何学状に組み合わせたもので、これもライト好みだ。

開放的な内部空間

ポーチの床は大谷石。それがそのまま玄関土間へと続く。これは建物の内外の区別を消そうとする考えの表現だ。

玄関に入り、右手の居間兼食堂に通じるドアを見ると、上には壁がない。衝立《ついたて》のような壁とドアだ。空間としては壁で区切られた空間から内外一体の空間をめざそうという表現である。

玄関部と隣室の居間兼食堂は連続した一体のものなのだ。こうした、部屋を区切らず一つながりとするのも、プレーリースタイルの特徴といえる。

ドアを開けると居間兼食堂。大谷石を組み合わせた背の低い幾何学的な構成の暖炉があり、その反対側にはパーゴラが見える大きな開口部と造り付けの長いベンチが。白く塗られた壁と天井には押縁装飾があり、ライト好みの意匠の空間だ。居間兼食堂は、イス座の洋風生活の場だが、他は伝統的な畳敷きの部屋。

居間兼食堂の奥の部屋は床が一段高く、畳が敷かれている。床の間と押入れもある。だが、よく見ると床の間の脇には菱形のガラス窓が付き、付け書院の代りに造り付けの細長い机が床の間まで伸びるなど、伝統的な和室とは明らかに異なる。二階の和室も造り付けのベンチがあり、新しい。

こうした洋風要素を加えた和室のデザインに、ライトとは異なる日本の新住宅を模索していた遠藤の姿が見えるような気がする。

ライト式住宅の完成品──加地別邸──

大正末から昭和初期に流行したライト式建築の特徴として、幾何学的デザインとともに建築と一体で考えられたイスや照明器具などのインテリアが挙げられる。
F・L・ライトの高弟の遠藤新《あらた》も初期の住宅作品では、家具や照明器具など統一したデザインをめざした。そんな住宅の中の完成品ともいえるのが加地《かち》別邸だ。

内外一体のデザインによる加地別邸

一橋大学の前身・東京高等商業学校を経て、三井物産に入社してロンドン支店長や監査役を務めた加地利夫は、一九二八（昭和三）年、定年後の余暇生活のための別荘を御用邸で知られる神奈川県葉山町に構えた。

建築家・遠藤新の現存する代表作品であり、師であるライトの教えをもとに創り上げたライト式住宅の代表例ともいえるものである。

この住宅の魅力は何といっても内外一体のデザインで、今でも建物はもちろんのこと、家具から照明器具まで当時の姿をよく留めている。施主の加地夫人は、芸術や建築に興味があり、熱心に遠藤と打ち合わせ、設計変更を重ねるあまり建築費は二倍になってしまったという。こうした芸術に関心のある人物ゆえ、当時話題となっていた帝国ホテルに魅了され、ライトと関係の深い遠藤の建築観に共鳴し、住宅設計を委ねたのであろう。

加地別邸

ともあれ、この遠藤の手になる作品は施主の心を確実に捉えたようだ。なぜなら、利夫は一九三一（昭和六）年には東京・白金の自邸も遠藤に依頼したからだ。

魅力的な吹き抜けの居間

逗子駅から御用邸に向かう道路をしばらく進むと、山裾に緑青《ろくしょう》を吹いた銅板葺きの宝形屋根と垂直に立つ煙突がみえてくる。

道路から分岐する小道を上っていくと、突然大谷石の階段が現れ、奥にはさらに数段上がった玄関ポーチがみえる。見上げると、正面には独特な外観の二階建ての住宅がみえ、まるで帽子のつばのように迫り出した長い庇《ひさし》状のパーゴラを備えているのがわかる。

石段を上がってポーチからさっそく玄関内部へ。ここにも階段がある。斜面地のため、内部の床の段差で、敷地の高低差を処理しているのだ。ホールの右扉を開けると大きな二階まで吹き抜けの居間。切妻屋根の形がそのまま天井となる船底天井だ。居間の両側には中二階の小さなギャラリーがあり、ひとつながりの空間として居間に向かって開放されている。

建物中央の壁面には低く抑えられた大谷石の暖炉。大谷石には矩形《くけい》を基本とした小さな幾何学的装飾が施されている。

加地別邸：吹き抜けの居間

広い室内の中央には四角いテーブルと四脚のイス、南側両端部には固定化されたテーブルとイスが置かれている。全体にテーブル面もイスの座面も低く、幾何学性を強調した家具だ。その家具のデザインは建築とまるでお互いが共鳴するかのような一体感を感じさせる。

ハーモニーに満ちた空間

居間の奥の南側には床を一段下げたサンルームがある。部屋の形状が五角形で、南庭に突き出るように配されている。内部に置かれた家具の背も平面のかたちを表すかのように先の尖った将棋の駒のような形状だ。

居間の暖炉の後ろはビリヤード室。床は居間より三段高い。煙突を共有するために、暖炉は居間の暖炉の背面にある。この部屋の暖炉上面の棚板は水平に伸び、その棚板を円形の持ち送りが支えるようなデザイン。照明器具も花台も円がモチーフで、一味異なる雰囲気を醸し出している。玄関ホールを挟んで居間の反対側に配された食堂は、居間と同じく船底天井。できるだけ建物を低く抑えようとしていることがわかる。家具は、テーブルと六角形の背のイスが配されている。

水平線を強調するためにできるだけ建物を低く抑え、また、それに合わせるように高さの抑えられた家具だが、部屋毎にデザインモチーフを変えるなど見ていて飽きのこない丁寧なデザインだ。ここに遠藤のデザイン力が見て取れる。

北海道のライト式—坂牛邸—

ライト式スタイルの建築は、ライトの下で働いた弟子たちに受け継がれ、日本各地に広がった。本土を離れた北海道でもこのライト式は花咲き、戦後までその広がりは続いた。建築家・田上《たのうえ》義也がその種を蒔いたからである。

田上義也とライトの出会い

田上は、一九一三（大正二）年にミッション・スクールの青山学院中等科に進学したが、大学で建築を学ぶ従兄の影響から、翌年、夜間の早稲田工手学校に入学した。

坂牛邸

父親との折り合いが悪く、在学中に家を出て下宿した先は、明治期にロマン主義運動を主導した評論家・北村透谷《とうこく》の未亡人美那子の家だった。美那子は、自宅で英語塾を開く傍ら、東京・麻布教会で奉仕活動を行なっていた。

そうした環境の影響もあって、田上は在学中に洗礼を受けたのだった。

一九一六（大正五）年七月に卒業し、逓信省営繕課に勤務。戦前期の官庁営繕課の中で最も斬新で自由な建築を追求していた組織で、現在の東京国立博物館や銀座和光の設計で知られる東京帝国大学出身の渡辺仁《じん》をはじめ、モダニズム建築を手掛けた岩元禄《ろく》や吉田鉄郎といった錚々《そうそう》たる人材が続々と入省していた。

まだ見習いだった田上は、帝国ホテル建設事務所の求人広告を見て、一九一九（大正八）年、帝国ホテル建設事務所に移る。田上の上司の渡辺仁は、〝ライトに学べ〟と背中を押してくれたという。

北海道で独立

入所時は、田上が最年少の日本人スタッフであった。ライトの高弟の遠藤新《あらた》も洗礼を受けた人物で、田上を弟分として可愛がった。

だが、一九二二（大正一一）年、帝国ホテルの完成前に予算を大きく超えたこともあってライトの契約は解除されてしまう。設計者不在となるも、遠藤を中心に帝国ホテルの工事は進められ、ようやく迎えた完成お披露目日の一九二三（大正一二）年九月一日、関東大震災が発生した。建物は傷を負ったが地震に耐え、その日は、ライトの建築が人々に記憶された記念日ともなった。

震災後の一一月、田上は北海道へ向かう。その理由は明らかにされていないが、おそらく、ライトの下で得た豊かな知識や感性を自らのものにするために、縁もゆかりもない場所での再出発が必要だったのだろう。それほどまでにライトは個性的で、影響は大きかった。

水平線をデザイン化した坂牛直太郎邸

北海道で建築事務所を開いた田上は、次々とライト風の個性的な作品を残し、その数は戦前だけでも一七〇件を数えるという。小樽に建つ一九二七（昭和二）年竣工の坂牛《さかうし》直太郎邸もそのひとつ。

三井物産小樽支店での勤務後、地元の小樽新聞社の役員を務め、その後は弁護士として活躍した坂牛は、小樽聖公会の教会委員だったこともあってクリスチャンの田上と知り合っ

坂牛邸：玄関ホール

たのだ。

坂牛邸の外観は、ライトから学んだプレーリースタイル。一部二階建てだが、全体は平屋を基本とし、高さも低く抑えられている。緩やかな勾配の、大きな寄棟屋根の軒先の、鼻隠しと呼ばれる細い板材の生み出すラインが、水平線状の形態を強調している。

外壁も下見板張りで、開口部の窓台にも軒同様に細い板があるなど、水平ラインが繰り返されている。ただ、こうした水平線の強調の中で、垂直に立つ太い柱型でアクセントを付ける幾何学的な構成は田上のデザインの特徴といえる。

内部のデザインにも幾何学的構成が見られる。特に、玄関ホールの階段廻りは独特の雰囲気が漂っている。建具の組子も幾何学的なデザイン。外に迫り出した多角形状の応接室やその形状にマッチした家具など、ライトから学んだデザインが至る所に展開されている。

敷地は小樽花園公園に隣接し、周囲には建物を遮るものがないため、ライト直伝の姿がどこからも見える。建築スタイルにふさわしい立地を求めて北の地に来たというのが真意なのではとの思いが、ふとよぎった。

オランダ新様式のモダン住宅——小出邸——

大正期は、ヨーロッパやアメリカから新しい建築様式が次々と紹介され、その導入が試みられた。いわば、日本でもモダニズム建築への移行過程として次々と新しい建築が試みられたのだ。

とりわけ、外遊し、直に新しい建築に触れた人々は、帰国後の作品に見てきたばかりの新様式を取り入れた。そんな作品のひとつが一九二五（大正一四）年竣工の小出邸である。

小出邸の建設経緯

東京・小金井の都立小金井公園の中には江戸東京博物館の分館である江戸東京たてもの園がある。

その園の山手ゾーンに入ると、旧田園調布の家、前川國男邸と並んでピラミッドのような四角錐の屋根と水平の屋根の二階建ての住宅に出会う。この独特な姿の住宅が小出邸だ。

施主の小出収《おさむ》は、一八八九（明治二二）年に慶應義塾を卒業し、新聞記者などを経て実業界に転向。玉川製氷株式会社を興すなどの活躍をした。還暦を前に新たに住まいを構えたのは、実業界からの引退を見越してのこと。設計は建築家の堀口捨己《すてみ》。小出の妻の弟が美術史家の丸尾彰三郎で、友人の堀口を紹介したのだという。

創建当時は、東京帝国大学のキャンパス近くの文京区西片二丁目に建てられていたが、わが国の昭和期を代表する建築家の貴重な初期作品として江戸東京たてもの園に移築され、一九九八（平成一〇）年から一般公開されている。

小出邸

建築家・堀口捨己

建築家・堀口捨己は、一九二〇（大正九）年の東京帝国大学建築学科の卒業を前にして、同級生たち六名と「分離派建築会」を結成し、わが国ではじめてモダニズム建築の導入をめざした。その活動は、まさに〝分離〟の言葉が象徴するように、過去の様式建築から離れ、近代にふさわしい新建築をめざそうとするものだった。

小出邸：応接室

実際、堀口はじめ仲間たちが新しい建築表現のモデルとしたのは、欧米で様々な運動とともに新しい表現が提案される中で、建物全体が丸みを帯びてアーチや放物曲線などを多用した独創的な造形を特徴とするドイツ表現派の建築だった。そのデザインは、コンクリートや鉄といった新しい建築材料による時代性とともに自由でロマンを表現するものでもあったのである。

雑誌などからの情報だけでは飽き足らず、堀口は実際の新しい建築の視察のため、一九二三（大正一二）年七月にヨーロッパに向かった。関東大震災が起こったため、翌年一月には帰国し、最初に手掛けた作品がこの住宅だった。

僅か半年ほどの視察だったが、それでもドイツやオランダを中心に新しい建築を視察し、堀口はその成果として『現代オランダ建築』（岩波書店、一九二四年）を上梓し、翌年、小出邸を完成させたのである。

小出邸の新デザイン

小出邸の玄関ポーチの基礎部分は煉瓦。その上に建つ柱などの木部にはギザギザした手斧《ちょうな》ハツリが施されている。ともに手作り感の漂う材料と仕上げだが、壁に設けた丸窓は円と正方形を組み合わせた幾何学的構成が見て取れる。

手斧ハツリの仕上げは玄関内部の壁にも見られるが、玄関ホールから客間に入るとそこはシャープなデザインによる別世界。格天井《ごうてんじょう》の竿縁がそのまま壁面を伝わって床部分まで伸びる幾何学的構成の部屋で、まるで立体格子の中に居るようだ。

玄関ホールを挟んで反対側には洋間の食堂があり、六畳間と八畳間の和室が続く。八畳間には二つの一間幅の中敷居で上下に分かれた押入れが並んでいるが、中敷居の位置は左右で異なる。八畳間の押入れの面は、土壁にも色が付くなどまるでモンドリアンの平面分割した絵画のようにも見える。

こうした幾何学的デザインはオランダのデ・スティールの影響と思えるし、また、手斧ハツリの仕上げや煉瓦の使用に見られる手作り感は、同じオランダのアムステルダム派の影響といえる。いずれにせよ、未消化にも見えるその表現は、新様式への憧れが生み出した作品だったのだ。

元町公園を望む洋館――エリスマン邸――

横浜は、長崎、神戸と並んで幕末期には外国人専用の居留地が開かれた土地だ。

そんな歴史のある山手地区を歩いていると、いろいろな洋館に出会う。ただし、長崎や神戸と異なるのは、関東大震災と戦災で幕末から明治期にかけての洋館はほとんどが焼失してしまい、現存する歴史的建造物は震災後のものだということ。

移築されたエリスマン邸

横浜で貿易商を営むスイス人のフリッツ・エリスマンは、一九二六（大正一五）年に山手に自邸を建てた。

一九八二（昭和五七）年、そのエリスマン邸を壊してマンションを建設する計画が起こった際、横浜市は歴史を伝える貴重な木造の住宅遺構として建築部材を譲り受け、再建後の一九九〇（平成二）年から一般公開している。

新たな建設地は、外国人墓地の西側の関東大震災後に整備された元町公園。旧山手外国人居留地の一郭で、戦前期に〝ハマの建築家〟として活躍したJ・H・モーガンの代表作、ベリック邸などが隣接している。そんな魅力的な横浜山手には、みなとみらい線の最終駅元町・中華街駅から歩いて一〇分とかからずに辿り着く。

設計は、A・レーモンド。帝国ホテルの設計者であるF・L・ライトの助手として一九一九（大正八）年に来日し、戦前にアメリカに帰国するものの、戦後いち早く再来

エリスマン邸：階段を見る

エリスマン邸

日し、わが国で活躍したチェコ出身の建築家だ。わが国を代表するモダニストとして著名な建築家の前川國男や吉村順三などを育て、〝近代建築の父〟ともいわれる。

ライトのもとを離れた一九二二（大正一一）年に事務所を構え、初期にはライトの影響を受けた作品も残したが、その後は欧米で得た知識をもとに、鉄筋コンクリート造による装飾を抑えたモダニズム風の建築を手掛けた。そうした先駆性をいち早く示した作品としてよく知られているのが自身の赤坂の邸宅だ。その表現は新しく、わが国はじめての打ち放しの鉄筋コンクリート造の住宅だった。

水平線を強調する外観

元町公園内の横浜港に面した急斜面地に再建されたエリスマン邸は、地下付きの木造二階建て。和館はすでに解体されており、洋館だけが復原された。

この洋館の最大の特徴は外観だ。すなわち、明治以降のアメリカ系の洋館の外壁は板材を横に用いる下見板張りだが、ここでは一階外壁は板材を縦に張る押縁竪羽目張りとし、二階部分だけを下見板張りとしているのだ。開口部の上げ下げ窓の横幅の寸法が大きく、解放感が感じられる。

また、二階の屋根の軒の出は大きく、一階開口部の上部の建物全体を一周する胴蛇腹は、まるで庇《ひさし》のように水平に伸びている。その水平線を強調したデザインはライトの建築作品の特徴と類似するなど、モダンさを感じさせる。

チェコ・キュビズムの香り

玄関を開けて、玄関脇の応接室へ。正面には暖炉があり、煙道がそのまま上に伸びている。室内のインテリアは、極めて簡素で、天井縁もほとんど目立たず、天井も壁面も白い漆喰仕上げで全く装飾が見られない。そこが新しいのだ。

一方、暖炉の煙道の両端には鋭利で触れると傷つきそうなエッジを強調した幾何学的な窪みのような装飾があり、その上部にはステンドグラスのカバーの照明具が収められている。この唯一の装飾は、レーモンドが直後に手掛けた東京女子大学の校舎群で用いたチェコ・キュビズムと共通する。

再び応接室から廊下状の細長い階段ホールに出て、奥の階段を眺めると、廊下壁面は鴨居下の板張仕上げの壁と上部の白漆喰仕上げの壁の組み合わせで、見事な幾何学的なリズムの感じられる構成が表現されている。

装飾を用いない代りに、こうした壁の異なる仕上げ材の組み合わせにより、独自の魅力的な造形を生み出しているのだ。そんな新感覚の造形と出会える洋館といえる。

外国人用の集合住宅—山手234番館—

レーモンド設計のエリスマン邸と山手本通りを挟んだ斜向かいに、オヤッと感じさせる不思議な洋館がある。関東大震災後の一九二七（昭和二）年に竣工した、山手234番館だ。

中央の入口と建物の両端には、二本の柱を並べる吹寄せと称される手法が見られる。建物両隅の一本は角柱で寄り添うもう一本は太い丸柱。ともに上部が少し細く処理されている。入口の両側の吹寄せの柱は太い丸柱で、やはり上部が細い。

これらの吹寄せの柱の間に細い丸柱がまばらに立ち、二階のテラスを支えているのだが、柱のプロポーションや配置の間隔になんとなく緊張感のない素人っぽさがあり、他の高級住宅とは異なる親近感を感じさせる。

外国人向けの市営住宅事業

関東大震災で体験した地震の恐怖から横浜在住の外国人の多くは、神戸や海外の都市に移り住んだ。震災後には八〇〇〇名近かった外国人が、二〇〇〇名ほどに激減したといわれる。

横浜市は、横浜らしさを取り戻すため、復興事業の中に外国人を呼び戻すための事業を加えた。老舗のホテルニュー

山手234番館

グランドも、いち早く外国人を呼び戻すために計画されたもので、当時の市長が横浜の有力者たちに建設資金の協力を求め、官民一体で行なわれた事業だ。そしてさらには、住まいを失った外国人のために外国人用の市営住宅も建設していたのである。

外国人向け住宅

外国人を呼び戻そうという事業は、民間でも行なわれた。そのひとつが、この総二階建ての建物で、一階・二階ともに二戸からなる四戸建ての、外国人向けにつくられた集合住宅だ。

住戸は、暖炉付きの食堂兼居間と三つの寝室からなり、今日的表現をすれば3LDKとなる。外国人用であることがよくわかるのは、浴室とトイレ部分。浴室とトイレが一室に設けられており、まさに外国人の生活スタイルに合わせた造りだ。ちなみに、こうした浴室とトイレを一室にまとめる形式は、明治期の洋館などにも見られるが、大正期以降の日本の洋館ではほとんど定着しなかった。

この建物は、戦火を免れ、戦後も一九八〇年頃まで外国人の住まいとして利用されていた。建て替えのマンション計画が起こった際、横浜市が山手地区の景観保全を目的に

山手234番館：居間

取得し、現在は一般公開され、市民向けの貸しギャラリーなどに利用されている。

設計は、山形出身の朝香吉蔵。一九〇七（明治四〇）年に地元の山形県立米沢工業学校建築科を卒業し、岐阜県・富山県営繕課に勤め、その後は神奈川に移り、横須賀海軍経理部建築課、浅野造船所、横浜船渠《せんきょ》株式会社建築部を経て、一九二三（大正一二）年に横浜で建築事務所を開設している。

この山手２３４番館の隣に建つ山手89-6番館も同じ年に朝香の設計で完成したもので、これら二つの建物が一体となって山手の景観を維持している。

伝統建築の姿を変えた塗壁

モルタル掻落《かきおと》しの外観は、一見すると鉄筋コンクリート造のようだ。だが、実際は木造二階建てで、セメント瓦葺きの寄棟屋根の建物。木造にもかかわらず、木部を露出せずに塗壁で建物全体を覆ってしまうこうした建築は、関東大震災を機に流行することになる。

震災後、木造家屋の延焼を抑えるために、燃えやすい木部を不燃材である塗壁で覆うことが、防火建築への移行措置として奨励された。火災被害を最小限に抑えるためには必要なことだった一方で、こうした塗壁の奨励や規制は、日本の伝統建築の姿を大きく変える契機ともなったのである。

伝統建築の特徴のひとつは、建築を支える柱や梁という構造材が、視覚的な意匠材も兼ねていることである。こうして生まれた木部と壁の対比的な構成表現をとる伝統建築は、防火という措置のなかで次第に失われていくことになる。その意味で、全体が塗壁仕上げの山手234番館の外観は、その後の日本住宅の姿を予見していたのである。

鉄筋コンクリート造の職員住宅──東京女子大学職員住宅群──

モダニズム建築のひとつの特徴は、構造が鉄筋コンクリート構造であることだ。この構造は、伝統的な洋風建築の主要材料であった石と煉瓦に代わるものとして取り入れられ、わが国では、関東大震災後に急速に普及。新しい造形も含めてそうした動きを先導したひとりが、A・レーモンドだった。震災直前、大きな仕事として東京・西荻窪駅近くの善福寺公園に隣接する敷地に日本を代表する女子大学のひとつである東京女子大学の校舎群の計画を手掛け、その校舎とともに三棟の職員住宅も建てた。ひとりの建築家によるキャンパスが実現し、いまも多くの建築が現存するのは極めて稀なことである。

東京女子大学の創設

帝国ホテルの仕事でライトとともに来日したレーモンドは、一九二一（大正一〇）年には米国建築合資会社を設立し、ライトのもとを離れた。

日米貿易会社のある丸の内の建物の一部に事務所を構えたレーモンドは、懇意となった日米貿易会社社長の推薦で、一八八四（明治一七）年に国際親善の増進を目的に外務大臣・井上馨《かおる》の発案で創設された東京倶楽部の会員となる。この人脈から、日本の実業家や上流層の人々との知遇を得て、多くの仕事を得ることができたのである。

東京女子大学の仕事に関しては、一九二一年に元駐日大使のエドウィン・ライシャワーの父親である「カール・ライシャワー博士が、キリスト教女子大学の総合計画と、建築のデザインを委託してきた」(『自伝アントニン・レーモンド(新装版)』アントニン・レーモンド、鹿島出版会、二〇〇七年)という。

東京女子大学は、一九一八(大正七)年創設だが、その経緯が興味深い。一九一〇(明治四三)年にイギリスで開かれた万国宣教師大会で、アジア地区のキリスト教主義の高等教育機関設置の必要性が議題となり、日本への女子大学の開設が提案されたという。これを受け、アメリカとカナダを本部として日本で女学校を経営していたプロテスタント系の六派が資金提供し、当時アメリカ長老派教会から派遣されていたライシャワーを常務理事として大学設置が進められたのである。

東京女子大学全体計画

東京女子大学は、創設当時は東京・新宿駅西口近くの旧サナトリウムを仮校舎として開校した。翌年に現在の用地を購入し、新キャンパス計画が進められた。

レーモンドが最初からキャンパス計画に携わったかどうかは不明だが、一九二一年にレーモンドが提示した全体計画の模型は、現在でも大学に保管されている。

それによれば、キャンパスは、図書館を中心に中庭を囲むように配され、教室棟、その背後に職員住宅群、そしてさらにその背後に体育館とともに厨房を中心とする食堂と学生寮という構成。しかも建物はすべて鉄筋コンクリート造として計画が進められた。そのため、完成直前で起こった関東大震災でも、建築の被害は軽微ですんだのである。

ライト色を残すデザインの職員住宅群

旧図書館の背後には、震災直後に竣工した三棟の住宅が現存している。外国人教師館(現・女性学研究所)、学長住宅(現・安井記念館)、理事住宅(現・ライシャワー館)である。共に軒の出の深い屋根の建物で、ライトの影響を強く残している。

それでも、最初に竣工した旧外国人教師館は、正面に大きな庇《ひさし》が伸び、支える柱には小さな立方体状の幾何学的装飾が見られるなど最もライト色の強い住宅だが、内部の暖炉のデザインにはチェコ・キュビズムの特徴である端部の鋭角的な処理が見られるなど、ライト風からの脱却の試みも読み取れる。

また、理事住宅は、二階建てながらも二階部分の高さを低く抑えたライト色のデザインが見られるが、無駄な装飾は一切なく、全体的に装飾を抑えようとする意図が感じられる。

まさに、偉大で個性的な師のデザインをどう超えるかという苦悩と挑戦の様子が垣間見えるモダン住宅群なのだ。

和洋の融合化を表現した洋館──新田邸──

東京で、内藤多仲《たちゅう》と一緒に壁式鉄筋コンクリート造の住宅を完成させた木子《きご》七郎は、本拠地の関西でも積極的に鉄筋コンクリート造の建築を手掛けた。そのひとつはモダンな邸宅で、スパニッシュの外観に和風を加え、内部ではアール・デコ様式を取り入れている。

新田利國邸について

JR甲子園口駅。遠藤新《あらた》が手掛けた旧甲子園ホテルで知られる駅だ。この建築へ向かう道の途中に、木子の手になる新田利國邸がある。

義父の新田長次郎から、孫である新田利國の結婚にあたって設計を依頼され、一九二八（昭和三）年に竣工させた。戦後はGHQに接収され、現在は松山大学が所有し、温山《おんざん》記念会館として再利用されている。

門に立つと、赤いスパニッシュ瓦葺きの寄棟屋根にクリーム色の外壁からなる二階建ての建物が見える。車寄せの横にはアーチ窓が三つ並び、また、車寄せの上の二階にもアーチ状に彫り込まれた窓が三つ並ぶなど、アーチ形を特徴とするスパニッシュ様式を基調としている様子が見て取れる。

一階の古風なデザイン

玄関正面には、大きな車寄せがあり、その車寄せを支える二本の円柱が壁際に置かれ、その間に玄関扉と窓がある。上部が円弧状の縦長窓は、クラウンガラスという手吹法による瓶の底のような円盤状のガラスを並べたもの。玄関扉は木製で、二つの正方形をずらして重ねた八つの角を持つ星型状の彫の浅い装飾がある。しかも、玄関扉の廻りは、扉と同じ星型状と中に植物状の装飾が描かれた色タイル張り。こうした幾何学的で平面的な装飾のあるタイル張仕上げは、イスラム風デザインの特徴でもある。

扉を開けると土間。ここもタイル敷きで、巾木《はばき》部分にも茎と花状の装飾が描かれたタイルが見られる。正面には、円弧状の梁とその先には踏板を支える裏側を円弧状に切り取った階段が見える。ホールの床も手の込んだ菱形の板材を組み合わせた寄木張り。

奥に進むと、客間と食堂が続き間のように並び、引戸で仕切られている。食堂は部材を格子状に組んで格間《ごうま》に多角形状の彫の浅い装飾のある板張とした天井仕上げ。客間は太い部材が並ぶ大引天井で、庭側には台形状の出窓が付いている。床は共に寄木張りだ。

なお、客間の玄関側には三連のアーチ窓の並ぶサンルーム的な部屋があり、いずれも古風な雰囲気が漂う。

二階の見事なアール・デコ

階段に魅せられて二階へ。ビリヤードルームと書斎、さらには寝室などがあるが、各部屋の雰囲気は一転し、明るく、モダンなデザインが目に飛び込んでくる。

ビリヤードルームと書斎は、ともに充実したアール・デコの部屋だ。二階にビリヤードルームがあること自体驚くが、天井は格天井《ごうてんじょう》で、一部が天窓となり、アール・デコ特有のギザギザ模様の装飾のすりガラスが用いられている。床は二種類の材質による直角二等辺三角形を組み合わせた寄木張り。ビリヤード台も見事な幾何学的デザインでまとめられている。壁は木パネル仕上げで、おそらく、新田長次郎の興した新田ベニヤを使用しているのだろう。

書斎も、扉はアール・デコ風の市松模様、また、壁の照明器具は半円のすりガラス、暖房用ラジエーターカバーは金属と、多様な材料の使用もアール・デコの特徴だ。床の寄木張りも黒檀《こくたん》で床一面にギザギザ模様が描かれている。隣室との間の明り窓のステンドグラスも、幾何学的な分割を強調したアール・デコ風。

実はこうした魅力的な洋室に続いて一、二階の奥には、和室が設けられている。

庭から眺めると外観も、玄関側は洋館だが、奥側には、一階は掃き出しの開口部、二階には下屋庇《げやびさし》など、伝統的な要素が見て取れる。内部だけではなく、洋館の外観に和室が表出しているのだ。それは、これまで多くが洋館の中に隠していた和室を、堂々と表に出した和洋の融合化の表現といえる。

五度目の実験住宅―藤井邸・聴竹居―

明治初期に上流層の住宅形式として誕生した伝統的な和館と洋館を並べる和洋館並列型住宅は、明治三〇年代には中流層の住宅にも影響し、和館に応接室となる小さな洋館を構える住宅形式を生み出した。

大正期になると、和風生活と洋風生活を和洋館で使い分ける余裕のない中流層では、生活全般を合理的な洋風生活に切り替えようとする動きが活発化する。

台所も、立式の作業が能率性や衛生面からも科学的で合理的と考えられ、また、ガスや電気の普及からアメリカの家電化の影響を受け、様々な設備の近代化も始まった。

実験住宅による住宅づくり

モダン生活を求め、高学歴の公官吏や会社員などの人々は積極的に、欧米住宅をモデルとした中小規模の洋風住宅を建設した。

だが、洋風生活の有益性を理解していても、慣れ親しんできた伝統的なユカ座の生活を捨て去るのは難しく、実際の生活の場ではイス座への転換はスムーズには進まなかった。また、建築家側からは、伝統や気候風土の異なるところで生まれた住宅や生活をそのまま日本に持ち込むことへの疑問や批判も起こった。

そうした中で、建築家たちの中にも中小住宅の問題に関心を抱き、新しい住宅づくりに積極的に関わろうとする人々も現れた。

そんなひとりが一九二〇（大正九）年から京都帝国大学で教鞭を執りながら建築活動を行なっていた藤井厚二《こうじ》である。藤井は、和洋の住宅の利点を科学的観点から分析し、それら利点を融合させた住宅づくりをめざしていた。

藤井が用いた方法は極めて特異で、自邸として住宅を建て、四季の内外温湿度などの具体的なデータを集め、それをもとに新たな自邸の建設を繰り返すというものだった。いわば、自邸を実験住宅として造り続けたのである。

気候風土に適した住宅を目指した実験住宅

そして、一九二八（昭和三）年に竣工した五度目の実験住宅で、ついに理想とする住宅に辿り着いた。和洋館並列型住宅では、和館は真壁《しんかべ》の柱の見える構造形式、洋館は大壁《おおかべ》という柱の見えない構造形式と、それぞれ異なる形式で建設されるのが一般的だった。

藤井は同じ住まいでありながら異なった構造形式を用いることを疑問視し、日本の住まいであれば、日本の気候風土に適合した構造形式を用いるべきと考えたのである。特に、兼好法師の『徒然草』に見る〝夏を旨とすべし〟に同調するように、夏の快適性が最も大切であるとし、通風・採光を基本とした環境調整の設備と構法の住宅を追求したのである。

完成した住宅――自邸・聴竹居

京都駅からＪＲ京都線で一五分ほど乗ると山崎駅だ。千利休の著名な茶室待庵《たいあん》が駅前にあることで知られる。京都側に少し戻って踏切を渡り直進すると、アサヒビール大山崎山荘美術館。その道から分岐して線路沿いに上る細い道に沿って数分坂道を進むと、小高い敷地に建つ住宅が見える。五度の建て直しのすえ到達した住まい〝聴竹居《ちょうちくきょ》〟である。藤井は、周囲に約一万二〇〇〇坪の土地を持ち、広大な敷地に実験住宅を次々と建てていたのである。

建物の外観を見てみよう。大壁の土壁で、土蔵のようにも見える。深い軒が建物をグルッと廻っている。屋根は、中央の軒部分は少急勾配で、軒廻りは緩やかな勾配だ。材料も中央部は瓦葺き、軒廻りは銅板葺きと異なる。深い軒のため軽い材料としたのだ。これでデザインも軽快となる。

建物には凹凸があり、南側には伝統的な引違いの大きいガラス窓の縁側がある。そのコーナー部は柱がなく、まるで屋根が浮いたようなモダンなデザイン。また、大きなガラス窓の上下はすりガラスで、室内からはピクチャー・ウィンドウのように上下で切り取られた中央部の景色だけを見ることになる。

こうした外観を見ただけでも、和風とも洋風とも感じられる新しいデザインの魅力が十分に伝わってくるモダンな住宅といえる。

幾何学的デザイン

玄関部は扉も含め、周辺部に三角形や四角形の幾何学的モチーフが見える。扉を開けると、正面の玄関ホールの木製スクリーン上部には円を四分割した円弧状の欠き込みがある。そのまま進むと居間だ。

ここは住まいの中心部で、様々な部屋と繋がっている。特に、食堂とは密接な関係が見て取れる。大きな直方体状の居間の一隅に小さな直方体状の食堂を重ねて繋げたような形状の空間で、食堂が居間に突き出ている。突き出た壁には四分の一の円形状の開口部があり、居間と繋がっていて、幾何学的モチーフが平面的にも立体的にも展開されたデザインとなっているのだ。

イス座とユカ座の融合

居間に隣接する仏壇のある三畳間も、まるで居間の一部のような造りだ。ただし、ここは小上がりとなり、三〇センチほど床面が高い部屋。居間は板敷でイス座だが、小上がりの畳に座っていても居間のイス座の人とは視線の高さがほぼ揃い、見下ろされるといった不自然さはない。床を高くすることによって、ユカ座とイス座という異なった起居スタイルの融合を狙ったものである。

昭和初期、婦人たちはまだ和服を常用していたし、男性も自宅では和服を好んでいた。そんな時代の住まいでは、こうした和洋の混在化が始まり、その様相を合理的でかつ美しく見せるための処置や工夫が求められていたのである。そのひとつの解決法が、ここに示されている。

室温調整と合理的な台所

居間は各部屋に繫がっていると述べたが、改めて見てみると、玄関から客間、縁側、読書室、三畳間、台所、そして食堂にグルッと取り囲まれている。ドアで繫がっているのは玄関と台所、他の部屋は襖や板戸などの引戸で仕切られているし、開口部の上部には欄間も見られる。また、食堂とは開放的なスクリーン状の開口部で仕切られるだけで、空間としては一体的だ。

日本の伝統的な建物の場合、部屋境は固定された壁ではなく、いつでも開放できる引違いの建具だ。藤井は、こうした伝統的なシステムを積極的に継承・発展させようとした。まさに建具を開け放すと、一体的なひと繫がりの空間となり、建物全体に風の通る造りをめざしたのである。

そして、もっと驚くのは、小上がりの三畳間の床下を通風にも利用していることだ。小上がりの居間側の床下部分は、引戸となっている。収納のように思われるが、実は、開けると、木造のダクトのような筒状の造りだ。ここはクールチューブと呼ばれる導気口となる。敷地が高いところにあるため、敷地の崖側に外気の取入口を設け、そこから地下に管を通して冷たい自然風を室内に採り入れるという壮大な装置だ。こうした風の道は、実は、建物全体に組み込まれている。基礎部分には床下に冷たい風を通す複数の換気口、縁側や台所の天井には熱を帯びた空気を換気する排気口があるし、また、台所には床下と小屋の空気の動きを促す煙突状の通気筒も見られる。まさに、夏の暑さへの対処が施されているのだ。もちろん、建物周囲の木々が直射日光を遮るようにも考えられていたのは、言うまでもない。

家庭生活の近代化をめざした姿勢は、台所によく示されている。衛生面の重視から、天井や壁、流しのタイルなど、すべて白色で統一された。また、食堂との間に設けられた食器戸棚は、一部をハッチとして食器の運搬のスムーズな処理をめざしたし、流しにはゴミ処理用のダストシュートも設けられた。そして、電化にも積極的で、高価な電気コンロや電気冷蔵庫も設置されるなど、最先端の設備も備えられていたモダン住宅なのである。小さい住宅ながらも、その魅力から二〇一七（平成二九）年、国の重要文化財に指定されている。

杉皮尽くしのモダン住宅——イタリア大使館夏季別荘——

ライト風、チェコ・キュビズム、モダニズム、さらには木造モダニズムというように次々と新しいデザインを展開していった建築家A・レーモンド。

戦時期に日本を離れるものの、彼の活動は日本にしっかりと根付き、師であるライトとは異なり、戦後も来日し、日本の建築界をリードしていた。こうしたポジションを維持できたのは、おそらく日本建築の魅力を自らの作品に採り入れ、日本人好みの建築へと昇華させていったからだろう。

そんな日本的な作品づくりの走りが、一九二八（昭和三）年竣工といわれるイタリア大使館夏季別荘だ。

中禅寺湖畔の外国人別荘地

幕末の来日以降、一八九五（明治二八）年から一九〇〇（明治三三）年の第六代駐日イギリス公使としての滞在期まで、日本に深く関わったアーネスト・サトウは、一八七二（明治五）年に初めて訪れた日光を気に入り、一八八一（明治一四）年に出版した外国人向けの日本旅行案内で、避暑地に相応しい場所のひとつだと紹介している。その影

イタリア大使館夏季別荘

響か、外交官たちはこぞって避暑で日光を訪れた。そして、一八九〇（明治二三）年の宇都宮―日光間の鉄道開通を機に、より静謐《せいひつ》で見事な自然風景を楽しめる避暑地として中禅寺湖畔に外国人たちが集まり、英国大使館別荘が建てられた一八九六（明治二九）年頃になると、外国人別荘地帯と呼ばれたという。

こうした中でイタリア大使館夏季別荘は少し遅れて建設され、英国大使館別荘のお隣さんとなった。

日本趣味を感じさせるイタリア大使館夏季別荘

日光の中禅寺湖畔の旧外国人別荘地に向かうと、サトウの別荘だった英国大使館別荘がある。そのまま二〇〇メートルほどさらに奥に向かって進むと、建物が見える。歩道から一段下がった湖畔に建つ木造二階建ての建物で、建物のどこからでも湖の景色ができるだけ見えるように、長手方向を湖に面して建てられている。屋根は鉄板瓦棒葺きだが、かつてはこけら板葺きだった。

目を見張るのは、その杉皮張りの外観だ。

日光杉並木でも知られるように、日光と杉は深い関係がある。家康に仕えた家臣の松平正綱《まさつな》が、日光街道の整備のために紀州から苗を取り寄せ、植樹し、日光に杉を根付かせたの

イタリア大使館夏季別荘：居間

だ。その伝統素材の杉皮を、押さえには割竹を用いて、それこそ軒裏に至るまで外部に徹底して用いたのである。

また、開口部と壁面が交互に配され、湖に面した外壁の二階部分の壁面は、正方形状の杉皮と板材を交互に配した市松模様のモダンな処理が見られ、今見ても新鮮な魅力を感じさせる。

杉皮尽くしのインテリア

道路から下って一階の玄関へ進むと、階段ホールを兼ねたエントランスホール。そのまま奥に進むと大きな居間だ。正面にはガラス越しに中禅寺湖の水面が広がっている。

居間と左右の部屋はひとつながりの大きな部屋だが、左右奥には天井から小壁が垂れ、左が食堂、右が書斎であることがわかる。

食堂には、暖炉前に食器の置かれた食堂テーブルがあり、また、書斎には暖炉前にひとり掛けのソファと文机《ふづくえ》が置かれている。床はフローリングだが、壁や天井は外壁と同じ杉皮張りだ。それぞれの室の天井は同じ杉皮張りでも、全体を幾何学模様に割り、それらを平行に並べたり、渦巻き状に並べたり、あるいは、矢筈《やはず》状に並べたり、網代《あじろ》状に編んだりという意匠を凝らしたものだ。

壁面は杉皮の縦張りで、鴨居上の小壁はいろいろ手の込んだ杉皮張り。自然石を積み上げた暖炉の上部は板材と杉皮による市松模様が見られる。

二階は寝室で、室内は意匠的には抑えられてはいるものの、一階の諸室と同じく天井も壁も杉皮張り。その徹底的に統一されたデザインは、モダンで、美しい。

日本人建築家の多くが欧米建築を参考に、新しい材料の導入に向かっていた中で、レーモンドは日本人が忘れていた伝統的な自然素材の持つ魅力に気づかせてくれたのである。

パリから届いた邸宅――朝香宮邸――

李王家東京邸（一九三〇年）が格式性を重視し、明治以降の歴史主義の考え方から古典様式を基調としたデザインを取り入れたのに対し、朝香宮邸（一九三三年）は当時の最先端となるアール・デコ様式を本格的に採用した邸宅であった。そこには施主の朝香宮の強いこだわりがあった。

現在でもその魅力は失われることはなく、東京都庭園美術館として燦然《さんぜん》と輝いており、二〇一五（平成二七）年には国の重要文化財に指定されている。

朝香宮とパリ留学

朝香宮邸は、一八八七（明治二〇）年に久邇宮《くにのみや》家の創始者である朝彦《あさひこ》親王の第八皇子として生まれた鳩彦《やすひこ》王が創設した宮家。一九〇六（明治三九）年の創設時は、東京・高輪の日本建築の御殿を本邸とし、一九一〇（明治四三）年には明治天皇の第八皇女の允子《のぶこ》内親王と結婚している。この屋敷には隣接して、朝香宮家と同じ一九〇六年に創設された竹田宮邸と、紀尾井町から移転してきた北白川宮邸が一九一一（明治四四）年から屋敷を構えていた。

朝香宮も竹田宮も北白川宮も、ともに結婚相手は明治天皇の皇女の姉妹でもあり、近くに屋敷を構えたのである。

陸軍士官学校、陸軍大学校を終えた朝香宮は、一九二二（大正一一）年には陸軍中佐となり、軍事研究のためにフランスへ留学。意気高揚としたパリ滞在だったが、一九二三（大正一二）年、自動車事故で大けがを負ってしまった。心配した允子妃はパリへ看病に向かった。回復後はすぐには帰国せず、一九二五（大正一四）年まで夫妻でパリに滞在。そこでの生活が、やがて新様式の邸宅に大きな影響を与えることになる。

アール・デコとの出会い

夫妻は一九二五年一二月に帰国。この年の四月から一一月にかけてパリで話題となっていたのが、現代装飾美術・産業美術国際博覧会で、アール・デコ博覧会と称されるものだった。

世紀末芸術で知られる植物の持つ曲線をモチーフとしたアール・ヌーヴォー様式を超えた新しい芸術表現をめざして行なわれた展覧会で、アール・デコ様式とか一九二五年様式と呼ばれている。パリ滞在中だった夫妻は、博覧会を見学し、強い刺激を受けたのだった。なお、日本からも入母屋《いりもや》瓦葺きの木造二階建ての住宅をモデルとした日本館とともに、装飾

朝香宮邸

品・工芸品などが出品された。
この博覧会を機に、幾何学的な構成とともに直線やジグザグ模様、あるいはガラスや金属などの多様な素材を使用した新感覚表現などを特徴とする様式が、日本にも急速に取り入れられていくことになる。

朝香宮邸の建設とフランス人デザイナー・ラパン

帰国後の邸宅は、留守中に起こった関東大震災で大きな被害を受けていた。修理しながら住んでいたものの、パリで本格的な洋式生活を体験した夫妻は、新しい住まいの建設を求めた。

一九二九（昭和四）年、一九二一（大正一〇）年に譲り受けていた現在の白金台の御料地を敷地として、新しい邸宅の計画に着手。そして、四年を経た一九三三（昭和八）年に竣工し、高輪から移住した。新しい生活の始まりである。

邸宅は、鉄筋コンクリート造二階建てを基本とし、様式はアール・デコを採用。これは夫妻が強く望んだもので、具体的な設計は宮内省内匠寮《たくみりょう》の技師の権藤要吉《ごんどうようきち》が中心となって進めた。権藤は、一九三〇（昭和五）年竣工の李王家邸宅の設計も担当し、また、海外出張の際にアール・デコ博覧会も視察しており、そうした豊かな経験から設計担当となったものと思われる。

建物は、中庭を囲んだロ字型の平面形式を採り、南半分を家族生活の場としての邸宅用、北半分は宮内省職員らの事務室などを配した。そしてこれに、渡り廊下でつながる女官用の和館が併設されていた。

基本設計は権藤が担当したが、夫妻は内装に関してはパリで出会った新しい様式を求めたため、インテリアは装飾美術家協会の副会長としてアール・デコ博覧会で活躍したフランス人デザイナーのアンリ・ラパンに依頼。フランス製のインテリアの直輸入が行なわれることになったのである。ラパンは、ガラス工芸家として活躍していたルネ・ラリックや彫刻家のレオン・ブランショたちの作品を採り入れた、モダンなインテリアを提案した。

ラパンの手掛けたもの

目黒駅を降りて目黒通りを白金台に向かって一〇分ほど歩くと、朝香宮邸の正門につく。門から覗《のぞ》いても建物は見えない。敷地は広く、緩やかに湾曲したアプローチに沿って歩くと、正面に白いキュービックでモダンな外観が見えてくる。

〃ラパンの作品〃ということが独り歩きしているが、実は、邸宅全体の計画や外観意匠は権藤を中心に日本人が手掛けたものだ。見せ場となる階段や二階ホール、多くの個室のインテリアも担当していて、その出来栄えはラパンのものにも劣らない。当時の日本人建築家たちの実力も極めて高かったことがそこから窺える。

では、ラパンは何を行なったのか。ラパンが手掛けたのは主要部のインテリアで、一階の大広間、大客室、小客室、次室《つぎのま》、大食堂と二階の殿下の居間と書斎の主要七室のものだった。言い換えれば、権藤らの手掛けた鉄筋コンクリート造の建物の中に、ラパンのデザインしたインテリアの部品を嵌《は》め込んだということ。主要七室を構成する壁面や天井、あるいは照明器具などをフランスで製作・購入し、送り届けたのである。いわば、インテリアの直輸入というわけだ。

見事なアール・デコ様式

端正な外観に誘われて、車寄せのアーチを潜ると玄関だ。そこに足を踏み入れた途端、圧倒的なモダンデザインを目にすることになる。現在は閉ざされているが、正面の扉には鉄製の枠で五分割されたガラスレリーフが収まっている。そのレリーフはラリックの作品で、中央部には女性が立体的に描かれ、いっぱいに羽を広げたその姿は、まぶしくて神々しい。

これだけでもその魅惑的な表現の虜になってしまうが、そのデザインの魅力を改めて大客室で見てみよう。大客室は単純な長方形状の部屋だ。

壁面周囲にはイオニア式の柱頭を持つ柱を規則正しく配し、一見すると古風な印象を受ける。ただ、柱と腰壁はシコモールという木材で、腰壁の上の小壁には庭園を描いたラパンの壁画がある。柱は、小壁の上を一周する歯形装飾と桁材を支えている。歯形装飾の部材は小さく、全体に軽快感を生み出している。漆喰天井からはラリックのガラスのシャンデリアが下がる。ギザギザに切り取られた形ガラスを組み合わせたもので、天井にも同じギザギザ模様の彫の浅い帯装飾がある。また、扉には幾何学的な抽象的装飾を描いたエッチング・ガラスのパネルが嵌め込まれ、そのデザインは今でもモダンだ。

ラパンのデザインの魅力は、こうした木材、ガラス、金属、漆喰といった様々な材料の組み合わせ、エッチングやガラス細工あるいは壁画という多様な表現方法にある。そして、幾何学的構成や組み合わせの繰り返しといった特徴がみられる。こうしたデザインこそ、まさにアール・デコ様式の神髄といえるだろう。

朝香宮邸：第一階段細部

二階の書斎

格子枠内に半球状の照明を配した大広間。そのアルコーブのような次室は朱色と黒色のタイル張りの床で、黒色の柱と朱色の壁は日本の伝統的な彩色だ。天井は半球状のドームで、その下には渦巻装飾の照明を載せた巨大な白磁の壺状のオブジェが置かれている。香水塔と呼ばれるもので、ラパンのデザインだ。渦巻部分に振りかけた香水が電球の熱で気化し、室内に香りが漂う装置でもある。

大理石とブロンズを組み合わせた階段を上ると、殿下の書斎と居間だ。書斎は、四隅に飾り棚で八角形状に見える部屋で、ラパンの手掛けたカーペットとともにガラスの天板を置いた机と椅子がドンと置かれている。それは、まさしくアール・デコ様式の象徴だ。

スパニッシュを纏ったモダンな洋館——ベリック邸——

昭和初期の横浜は、関東大震災に恐れをなして引っ越した人々も戻り、再び外国人でにぎわった。ジェイ・ハーバード・モーガンは震災後の横浜でもっとも活動した米国人建築家で、住宅を中心に質の高い建築を遺した。一九三〇（昭和五）年竣工の「ベーリック・ホール」の名で知られるベリック邸もそのひとつだ。

貿易商人B・R・ベリック

ロンドン生まれのバートラム・ロバート・ベリックは、一八九八（明治三一）年、二五歳で来日した。その目的は、親戚の興した会社を継ぐためである。文房具や和紙・漆器などを輸出入していた商会の歴史は古く、創建は一八七〇（明治三）年。一八七五（明治八）年に独立し、ベリックブラザー商会と名乗った。

一九一九（大正八）年、ベリックは商会を株式会社に改組し、社名もベリック商会へ変更、住所も横浜市山下町199番に移した。震災時に被害を受け、一時神戸に避難するが、一九二六（大正一五）年、再び元の場所で開業。再開後の事業も順調に進み、ベリックは山手町72番地に新しい住まいの建設をめざした。この場所は、震災後に計画された元町公園に隣接し、近くには横浜山手聖公会はじめ、すでに紹介したエリスマン邸、山手234番館など歴史的建造物が集中する。

設計者J・H・モーガン

設計者は、当時横浜で事務所を構えていた前述のモーガン。近くの外国人墓地正門や、道路を挟んで斜め前に建つ横浜山手聖公会の建物もともに彼の代表作品で、そんな前例もあって彼に依頼したのかもしれない。

モーガンは、一九二〇（大正九）年設立のアメリカのフラー社と三菱地所および日本郵船株式会社の共同出資による日本フラー建築株式会社のアメリカフラー社側の設計技師長として来日。独立後の一九二六年から横浜に事務所を移して震災復興に貢献し、〝ハマの建築家〟と称されていた。事務所には日本人も名を連ね、一九一九年に東京高等工業学校を卒業した大須賀矢薙《やなぎ》とアメリカで建築教育を受けた川崎忍が在籍していた。こうした日本人建築家たちがモーガンを支えていた。

ベリック邸の魅力

みなとみらい線元町・中華街駅から外国人墓地の横を通って山手本通りに進み、元町公園に向かうと、エリスマン邸と下り坂を挟んだ隣がベリック邸だ。

門を入ると、総二階建てのキュービックな外観が一望で

ベリック邸

ベリック邸：居間

きる。建築様式は、モーガンが得意としたスパニッシュだ。その特徴はまず、荒い仕上げの塗り壁の外壁。多用されているアーチ型、色瓦葺きの勾配屋根、軒下の化粧垂木《たるき》、また、壁泉《へきせん》も特徴のひとつだが、軒下部分の色タイルによる帯状装飾やその下のクワットレ・フォイル（四葉飾り）と称される個性的なかたちの窓は、ともにイスラム風のデザインで、ベリック邸独特のもの。気品さを生み出している要素のひとつだ。

構造は、鉄筋コンクリート造に見えるが、地下だけで地上部分は木造だ。

玄関ポーチとして設けられたパーゴラのアーチ型の開口部を潜ると、玄関の渦巻をモチーフとした鉄製装飾のあるスチール扉。ガラス越しに白と黒の市松模様のモダンなタイル張りの床が見える。南側には住宅の居間とは思えない巨大な部屋がある。大きいため、床を三段ほど下げてゆったりとした天井の高さを確保している。心憎い空間演出だ。天井には太い梁型。アーチ型の開口部は細いスチールサッシュ。その細さと梁型の太さの対比がモダンだ。北側には、港が見下ろせるように配置したパームルーム。ここにも水を吹き出す獅子頭の壁泉がある。

玄関ホールの反対側には客間と食堂、食堂だけは、室内に柱型や長押《なげし》風の部材がみられ、また、床の間風のニッチもあるなど日本的なデザインだ。

細い鉄製の手摺子《てすりこ》からなる軽快な階段を上がると二階。夫婦のそれぞれの寝室と子供室および客寝室がある。各部屋には専用のトイレと浴室が設けられており、当時の質の高い洋館の生活スタイルが窺える。

2 モダニズムの始まりを伝える住まい

コンクリート・ブロックの住まい――本野邸――

関東大震災などの自然災害は、建築の有り様に大きな影響を及ぼすことがある。実際、伝統的な木造や土蔵造、さらには明治以降導入された煉瓦造は、鉄筋コンクリート造の建築へと大きく舵を切ることになったからである。先に見た鳩山邸もまた、そうした遺構だった。ただ、鉄筋コンクリート造の可能性は、震災前から模索され、鉄筋コンクリート・ブロックの住宅も出現していた。

新工法としての鎮式コンクリート・ブロック

鉄筋コンクリート構造は、基本的には型枠の中にコンクリートを流し込むという方法を取る。しかし、欧米では石の文化で生まれた組積造として、コンクリートをブロックとして形成し、それを石や煉瓦のように積み上げるブロック造の開発も行なわれていた。

こうしたブロックは、日本でも注目され、次々と独自の構法が提案された。建築家・酒井祐之助もいち早くそれを取り入れたひとりで、「酒井式ブロック構造」を開発し、一九一五（大正四）年に特許を取得した。この酒井のもとで働き、新たな構法で特許を得たのが一九一四（大正三）年、早稲田大学を卒業した中村鎮《まもる》。一九二一（大正一〇）年に独自の鉄筋コンクリート・ブロック造の特許を得、中村鎮建築事務所を開いた。

この構法は中村の名前から〝鎮《ちん》ブロック〟と愛称で呼ばれ、型枠を兼ねるL型ブロックを組み合わせて中空の壁体や床を造り、その中空部分に鉄筋を配しコンクリートを流し込んで一体化させるものであった。型枠を用いる鉄筋コンクリート構造と比べて施工も簡単で、コストも抑えられた。中村自身、「用途・構造・経済・美」を一体化させた優れた構法と説いた。

モダニスト建築家・本野精吾

早稲田大学の建築科創設の中心人物で、教育に係わった佐藤功一は、教え子の中村を弟子として可愛がり、中村の考案した鎮ブロックを自邸にも採用した。そして、京都高等工芸学校教授の建築家本野《もとの》精吾も、関東大震災でも被害のなかったことを高く評価し、自邸の建設に鎮ブロックを用いたひとりだった。

本野は、一九〇六（明治三九）年、東京帝国大学工科大学建築科を卒業し、曾禰《そね》達蔵から技師長を受け継いだ保岡勝也の率いる三菱合資会社に入社。三菱合資会社一二号館の設計に関わるなど丸の内開発に従事した。

そして、一九〇八（明治四一）年には京都高等工芸学校図案科教授となり、翌年から二年間、図案学研究のためベルリンを中心にヨーロッパ留学している。留学先では様々な建築を視察し、ウィーンのセセッション、ホフマンらのウィーン工房、さらにはドイツの工作連盟や工業製品のデザインを手掛けていたP・ベーレンスなどに大きな影響を受けたという。ヨーロッパでモダニズムの洗礼を受けて帰国したというわけである。

新感覚の美学にもとづく本野邸

本野は、帰国後、一九一五（大正四）年に西陣織物館を手掛けた。装飾が抑えられた外観は、極めて質素に見えたこともあって「マッチ箱のようだ」とも揶揄《やゆ》されたという。こうしたデザインは、まさにヨーロッパで学んできた新感覚のものだった。ただ、当時の日本では、まだ新しすぎて理解されなかったのである。

それでも本野は、一九二四（大正一三）年の自邸の設計を、再び装飾を排除した二階建てのコンクリート・ブロック造で計画した。玄関廻りの煉瓦タイルが唯一の装飾といえるもので、他はブロックの地肌が露出する無機質的なデザインだ。

内部を見ても、煉瓦による暖炉も本野の手になる食器戸棚などの家具も、装飾のない矩形《くけい》の幾何学的デザイン。その無装飾性はもとより、そのコンクリートの地肌をそのまま見せるという表現こそ、本野にとって、真実性という新しい美を表したものだったのである。

そこに見られる単純化された非対称の幾何学的デザインは、現在から見れば抵抗はないが、当時は極めて冒険的な試みだったのである。

壁式鉄筋コンクリート造の住宅―内藤邸―

関東大震災を契機に、鉄筋コンクリート造は様々な建築で一気呵成に採用されていく。ただし、鉄筋コンクリート造といっても、構造的なシステムからふたつに大別できる。ひとつが伝統建築のように柱と梁で支えるラーメン構造。もうひとつは壁だけで支える壁構造だ。

東京タワーの設計で知られる構造学者の内藤多仲《たちゅう》は、いち早くこの壁構造の優位性に注目し、自邸に採用している。

構造学者内藤多仲

内藤は、旧制甲府中学、そして、第一高等学校を経て東京帝国大学工科大学に進んだ。一高時代に『坊っちゃん』を執筆中だった夏目漱石の英語の授業を受けた内藤は、一九一〇（明治四三）年、耐震学の権威だった佐野利器《としかた》のもとで「耐火建築」をテーマに卒論を完成させ、無事、卒業した。大学院に進むと、鉄骨建築を研究テーマとする傍ら、創設早々の早稲田大学理工科の講師を兼ね、大学院修了後の一九一三（大正二）年には教授として迎えられている。研究を続けていた内藤は念願かなって一九一七（大正六）年から一年間、アメリカに留学する機会を得た。当時、アメリカは建築構造分野でも最先端を走っていたのである。

そもそも日本で鉄筋コンクリート造の建築が注目されたのは、内藤の恩師である佐野がきっかけとなった。一九〇六（明治三九）年のサンフランシスコ大震災の被害調査に出かけた佐野は、鉄筋コンクリート造の建物が壊れていないことを知り、その普及に努めたのである。

トランクが教えてくれた耐震構造理論

アメリカ留学の際、サンフランシスコに上陸し、カリフォルニア大学の見学後にワシントンに移動した。その時、列車に積んだ内藤のトランクはボロボロに壊れてしまったという。この些細な経験が、実は、その後の新しい耐震構造理論を生み出すヒントとなる。

帰国後、新理論を考えていた時にふたつのヒラメキがあったという。ひとつは、荷物をたくさん詰め込むあまり、内部の間仕切りを取り去ったことで壊れたトランク。ふたつめは、渡米の際に乗った水平デッキと垂直の隔壁で仕切られた頑丈な船体構造のことである。共通するのは、間仕切りを入れることで強度を高め、全体の変形を防ぐという原理の存在であった。これに着目した内藤は、〝耐震壁〟を取り入れた新しい耐震構造理論を提案することになる。

一九二一（大正一〇）年に構造設計の依頼を受けた日本興業銀行と歌舞伎座のふたつの建物で自らの新理論を実践。その結果、偶然起きた竣工直後の関東大震災で、ふたつの建物はほとんど被害を受けなかった。震災によって新理論の有効性が証明されたのである。

耐震住宅のモデルとして

大江戸線若松河田駅から早稲田大学側に向かって歩いていった閑静な住宅地の一角に、現在、早稲田大学に寄贈され、内藤多仲博士記念館として維持管理されている内藤邸がある。

提案した新理論の有用性が震災で実証された内藤は、一九二六（大正一五）年、自邸を建てた。当時を振り返り、「耐震建築のモデルを作りたい意欲」（『建築と人生』内藤多仲、鹿島研究所出版会、一九六六年）から、壁だけでつくった壁式構造の建築であると述べている。それはまさに、〝箱〟のような壁だけで造り上げた住宅だった。

アプローチが南側からで、木立に隠れて、奥に建物正面の玄関から庭側に迫り出た三連アーチの開口部が見える。ここは居間。迫り出た部分は図面では縁側とあり、サンルームのような開放感ある部屋を想定していたようだが、建設時には大きな居間の一部屋として実施されている。住宅の要の部屋である。

形状は、箱型を基本として凹凸を付けた構成で、外観は一、二階の開口部の眉庇《まびさし》が連続して建物全体をグルッと廻る不思議なデザインだ。装飾は一切なく、品の感じられる外観を見せている。

こうしたデザインは友人の建築家、木子《きご》七郎に依頼したものだった。

もうひとつの壁式構造の洋館――山口邸――

内藤邸は、鉄筋コンクリート造の壁式という壁だけで支える日本最初の住宅だった。構造は内藤自らが、デザインは友人の建築家・木子《きと》七郎が担当した。

この内藤邸の竣工から一年後、このふたりは再び組んで、もうひとつの魅力的な壁式工法の住宅を残した。この住宅は、現在、会員制のオフィスとして整備され、再利用されている。

見事な屋敷構えの山口邸

東京メトロの九段下駅から地上に出て、目の前に見える靖国神社の鳥居を横目に手前の道に沿って進むと、右手に背の高い塀に囲まれた屋敷に出会う。山口萬吉邸だ。都心のど真ん中にまだ、こうした塀で囲まれたお屋敷があるのは、正直、驚く。

こうしたお屋敷は、防御のためにどうしても閉鎖的な造りになってしまう。閉ざされた塀に沿って入口を探しながら進むと、立派な表門が見える。塀と同じスパニッシュの赤瓦を葺《ふ》いた切妻屋根の門は、塀とともに鉄筋コンクリート造だ。

脇のくぐり戸を開けて、敷地に入ると車寄せを構えた建物が聳《そび》えている。パラペットには表門や塀と同じスパニッシュ瓦がみえる。調和した一体感を求め、主屋も附属屋も同じ素材を用いているのだ。

主屋の様式は、もちろんスパニッシュ様式を基調としている。竣工した一九二七（昭和二）年は、スパニッシュが真っ盛り。しかもデザインした木子七郎は、スパニッシュを好んで用いていた建築家のひとりだ。

建物は、鉄筋コンクリート造三階建地下一階で、構造を担当した内藤多仲の自邸同様に壁式である。内藤の気質をよく知っていた木子は、内藤邸では内藤好みの極めてシンプルなデザインを展開したが、ここでは好みを十分発揮している。

施主の山口萬吉

施主の山口萬吉は、一八九七（明治三〇）年新潟生まれ。その人柄を知るために、一九四〇（昭和一五）年の『人事興信録』を見たが「資産家」とあるだけで、関わった事業の詳細はまるで不明。ここでは、会員制オフィス運営組織が紹介している解説をもとに触れておこう。

山口家は豪農で、明治になると金融業から石油や鉄道まで様々な事業を起業した一族。初代山口萬吉は分家し、三代目が戊辰戦争を機に財を成した。

萬吉は五代目で、一九〇九（明治四二）年に家督を継ぎ、名前も襲名し、二〇歳を前にアメリカに渡って八年過ごした。帰国後、関東大震災に遭遇したようで、萬吉は内藤多仲が発表していた耐震構造理論に魅せられ、自邸を依頼することにしたのだという。

単純な箱の中の豊かな空間

構造は壁式工法なので、柱に代わって建物を支える壁が部屋の四方に必要となる。そのため間取りは単純な箱のような型となる。上下階の部屋の配置も廊下の位置もほぼ同じようなもので、やや退屈な建物となってしまう。ただ、そこは建築家の腕の見せ所。魅力的な内部空間が用意されている。

例えば階段ホール。邸宅の多くは、玄関ホールに大階段と吹き抜けをドンと置き、入る早々驚かすというのが造り方の定石。しかし、ここにはホールはなく廊下で、廊下から正面の居間、右の応接間と、すぐそれぞれの部屋に入れる造りで、階段は見えない。

部屋に入らず廊下を左側に進むと、魅力的なコの字型の折れ階段と、上部には円弧状に切り取られた吹き抜けのある魅力的なホール。階段の手摺は大理石製で、手摺子《てすりこ》の間の渦巻き装飾がモダンで美しい。しかも、ホール正面の足元には壁泉があり、床も廊下とホールは同色のタイル敷が続く。靴を脱いで、タイル敷の廊下とホールに入るというのは、いささか不思議な造りだ。

だが、スパニッシュの特徴は中庭を設けること。このホールが中庭と考えれば、合点がいく。外部としての中庭を室内化するという方法が採られているのだ。

木子の腕の冴えが感じられる空間といえるだろう。

木造のモダニズム住宅の始まり――レーモンド「夏の家」――

昭和初期になると、欧米ではモダニズム建築が出現し始め、新時代の建築として注目された。その誕生に大きな影響を与えていたのが、スイスに生まれ、パリを拠点に活動していた建築家のル・コルビュジエだ。

コルの名前は有名で、よく知られているようだ。わが家ではかつて愛犬の黒ラブの名に拝借していたが、散歩中に

〝コル！〟と名を呼ぶと、近くに居た外国人から〝あなたは建築家ですね！〟と声をかけられて、おどろいた。そんなコルと縁のある住まいが避暑地・軽井沢に現存している。

レーモンドの夏の家

軽井沢の名所のひとつに、旧軽井沢とは駅を挟んで反対側の南側にある塩沢湖を中心に遊戯施設等を備えた軽井沢タリアセンという文化エリアがある。そこで特に注目したいのは、明治以降の避暑地軽井沢の歴史を伝える著名な建築物が移築保存されていることだ。

文学者の有島武郎《たけお》や堀辰雄の別荘、また、湖畔にはフランス文学者朝吹登水子《とみこ》の別荘と建築家A・レーモンドの別荘が移築・保存されている。

レーモンドは、ライトとともに帝国ホテルの仕事で来日し、一九三三（昭和八）年に軽井沢南ヶ丘にアトリエ兼用の別荘としてこの「夏の家」を建て、夏の間、所員たちと仕事をしながら利用した。

芯外《しんはず》しの試み

この建物の特徴のひとつは、屋根の形式で、蝶のパタパタと上下に繰り返す羽の形から名づけられたバタフライ屋根と呼ばれるもの。もうひとつは、一階の居間の大きな開口部の処理の方法だ。わが国の伝統的な開口部の場合、建具は柱と柱の間に入れる。そのため、大きな開口部の場合は柱を省略する必要がある。しかし、レーモンドは、柱の建つ位置と建具の位置をずらし、柱の内側の後方に建具を置いた。そして、すべての建具を戸袋に納め、開口部全体を開け放すという斬新な方法を採ったのである。それは、伝統的な住まいの外側に設けられていた雨戸の形式をガラス入りの建具の処理のために採り入れたといえる。こうして内と外との境としての建具が消え、内と外の一体化した開放的な空間が生まれたのである。

さらにもうひとつの特徴は、居間に設けられた折り返しの斜路の存在だ。二階へと続く斜路は、そのスロープのように水平に広がる空間を緩やかに二階にも導き、流動感のある生き生きとした空間を生み出した。

こうした空間の広がりや内外の一体化といった空間性は、モダニズム建築の重要なテーマであり、伝統的な閉鎖的で暗い空間を解き放す手法を、レーモンドは実現してみせたのである。

コルからの連絡

この夏の家はレーモンドにとって会心の作品だったようで、アメリカの建築雑誌に発表したのだが、それを見たコルは驚き、さっそくレーモンドに批判の手紙を出した。

実は、この家のデザインは、コルが一九三〇（昭和五）年にチリのエラズリス邸として発表したものと瓜二つで、バタフライ屋根はもちろんのこと居間の折り返しの斜路も、すでに発表したものだったからである。

レーモンドは発表時、デザインのアイデアのヒントをコルから得たと書いていたが、コルはそうしたコメントは読んでいなかった。そのため、レーモンドはそのことを指摘し、あわせて、未着工のコルの素晴らしい作品をぜひ実現したいという賞賛の思いが強くあったと説明した手紙を書いたのだった。

その後、コルから再び手紙が届き、コルは模倣を許可するとともに、レーモンドの模倣が自分自身の計画の本質をよく理解していると褒め讃えたという。

いずれにせよ、夏の家はコルのものとは異なる木造で、しかも柱や梁は丸太の自然の形状のまま用いた素材感を重視したデザインが見て取れる。それはまさしく、日本の伝統建築から学んだ感性を生かしたモダン住宅ともいえ、レーモンドならではの作品だったのである（二〇二三年、国の重要文化財に指定された）。

新建材に包まれた住宅——足立邸——

一九二〇年代の欧米では、建築家たちが新時代にふさわしい建築思想を追求する中で、装飾性を排除したキュービッ

ク な形の機能的な建築へと辿り着いた。
こうした新建築は〝モダニズム建築〟と呼ばれるが、新しい建築に到達するまでには、様式の追求とともに構法やさらには新素材などの様々な分野の開発も進められ、その動きは、やがて日本にも伝播した。

グロピウスの乾式構法

一九二九（昭和四）年、建築家の川喜田煉七郎は雑誌『建築新潮』で、ドイツの新しい芸術教育を展開していたバウハウスの校長で建築家のグロピウスの住宅を紹介している。

グロピウスは、当時、建築デザインの革新化のひとつとして、乾式構法（トロッケン・モンタージュ・バウ）という新構法を熱心に実験していた。誰もが新時代にふさわしい住宅を得るためのローコスト化や大量生産化には、建築現場での複雑な手間や乾燥の時間を取り除く必要があるとし、水を使用しない工業生産された材料だけの建築をめざしていたのだった。

この提案は日本にも影響を与え、一九三一（昭和六）年には早くも市浦健や土浦亀城《かめき》らが乾式構法の住宅を手掛け、翌一九三二（昭和七）年には「日本トロッケンバウ研究会」が組織された。日本の伝統的な住宅の多くは土壁など職人の手になる部分が多く、グロピウスの提案は住宅の近代化に必要だと考えられたのだ。だが、当時は土壁に代わる壁面用の新素材である繊維板は、高価な輸入品に頼らざるを得ない状況にあり、国産化が求められていた。

王子製紙の建材分野参入

当時、壁面用の新素材として木質系の繊維板であるアメリカ製のセロテックスが主流を占めていたが、それに代わる材料の国産化が昭和初期に開始された。

そのひとつは王子製紙苫小牧工場が一九二八（昭和三）年頃に開発した繊維板のトマテックスである。砕木パルプの粗粕の利用法を研究する中で、開発されたものである。

開発の中心人物のひとりが、苫小牧工場の工場長で王子製紙の取締役でもあった足立正である。

足立はトマテックスの性能分析を早稲田大学建築学科教授の佐藤功一に依頼した。弟子で助教授だった佐藤武夫が性能分析を担当し、防音性能、保温性さらには防湿性など、内装はもとより外壁や屋根下地としても使用が可能な高性能の新素材であることを実験で明らかにした。

足立邸の建設へ

足立は、一九三三（昭和八）年、現在の神奈川県三浦郡葉山町に自邸を設けた。おそらく、トマテックスの性能の高さを自ら証明しようとしたのであろう。住宅の内外の壁面には、このトマテックスが使用されていたからである。また、設計もトマテックスの性能実験を手掛けた佐藤功一にそのまま依頼した。

葉山に建つ足立邸は、木造二階建ての瓦葺き切妻屋根の建物で、様式は雑誌では「英国カッテージ風」と称された一、二階の壁面全面に木部を表し、その木部の交差部には木栓が見られる本格的なハーフティンバーである。その姿は様式的には古風だが、外装はトマテックスのペンキ塗仕上げという極めて新しい材料と構法によるものなのだ。

玄関から内部に入ると、玄関ホールを兼ねた階段室。階段室を見上げると正方形パネルが凹凸に貼られたアール・デコ風の天井が見える。玄関ホールの壁面も目地があり、パネルを貼りつめたもの。この目地から、天井や壁面のパネルはトマテックスを使用したものであることがよくわかる。奥には、床の間付きの和室もある。この和室も、壁の下地はトマテックス。ただ、仕上げは砂漆喰とするなど水を用いる材料の完全な排除とはいかなかったものの、トマテックスの使用は徹底していたのである。

いずれにせよ、王子製紙はこの住宅を「トマテックスの住宅 TROCKEN BAU」として広告に使用した。

乾式工法のモダン住宅——土浦邸——

先の足立別邸は新建材のトマテックスを内外の壁に用いていた。ただ、構法や材料は当時の最先端を採り入れていたものの、住宅そのものの姿はハーフティンバーという古風なデザイン。新しい試みを採り入れた斬新な住宅ではあったものの、その新しさは外観からはちっとも感じられなかったのである。

だが、今回取り上げる住宅は、その姿からして、まさに〝モダン〟だ。

目黒に建つモダン住宅

東京の山手線・目黒駅で降り、線路沿いに恵比寿に向かって数分進むと、かつては上大崎長者丸と呼ばれた地域になる。その一画に、道路から少し下がった窪地のような場所がある。緩やかな短い坂道がそこへ向かって伸びた先は行き止まり。

これはクルドサックと呼ばれる手法で、道路を取り囲むように住宅が並んでいる。坂道が平らになった正面には、盛り土の庭を支えるコンクリートの擁壁《ようへき》と住宅に続く階段が見え、視線を上げると白い住宅が忽然《こつぜん》と姿を現す。庭と建物を結ぶ大きな開口部の上にはスーッと伸びた大きな庇《ひさし》。玄関の上にもバルコニーがあり、玄関庇を兼ねている。足元の階段は一センチ角ほどの小さなタイル張りで、エッジ部分は丸いタイル仕上げだ。この小さなタイルは、戦前期に流行したもの。階段脇の折れ戸で閉じられた平屋の小ぶりの建物は、ガレージ。こうした瞬時に目に飛び込んでくる姿からも、この建物がただ物でないことが伝わってくる。

このモダン住宅の正体は、一九三五（昭和一〇）年に竣工した、建築家・土浦亀城《かめき》の自邸。戦前期の日本に建てられたモダニズム建築の数少ない遺構のひとつだ。

クルドサックを囲む敷地一帯は、土浦の友人の竹内昇が借地権を持っていた土地で、竹内自身は道路側の土地を所有し、そこに建てる自邸を土浦に依頼するとともに、借地権を持つ四四〇坪ほどの敷地の住宅地計画も依頼したのだった。

そこで、土浦は友人の竹内邸を含め四棟からなる住宅地計画を作り、自邸も建てることにしたのである。ちなみに残りの二棟も、同じく土浦の友人である画家の長谷川三郎と朝日新聞記者の島田巽の住宅。長谷川の住宅は土浦が、島田邸は齋藤寅郎が設計を行なった。

クルドサックを中央に置いた敷地には、共同で水道を引き込みトイレ用に浄化槽も設けている。設計者は異なっていたが、四棟の建物はともにフラットルーフと呼ばれる平らな屋根の建築で、開口部のプロポーションも横に長い水平連続窓を持つなど、モダンさに満ち溢れていた。それはモダン住宅の住宅地の誕生を意味していたが、建物は次第に姿を消し、当時の様子を未来にも伝えようと、土浦邸だけが踏み止まっている（現在、保存のため解体され、東京都内に再建の予定である）。

土浦亀城という建築家

土浦亀城は、一九二二（大正一一）年に東京帝国大学工学部建築学科を卒業している。学生時代に帝国ホテルの工事現場でアメリカ人建築家のＦ・Ｌ・ライトと出会ったことが縁で、卒業後の翌年に渡米してライトのもとで働いた。学生時

土浦邸

代に知り合った吉野作造の長女・信子と結婚していたため、夫妻でロサンゼルスの西ハリウッドにあったライトの事務所に向かった。当時のハリウッドは映画産業で繁栄した街で、そこでの生活経験が土浦のモダンさの原点のひとつとなったという。

一方、ライトの個性的で装飾豊かなデザインに魅了されていながら、ライトを訪ねてきたヨーロッパの建築家たちから装飾を排除した新建築の存在を聞き、土浦は次第にヨーロッパの動向にも興味を抱いたのだった。

一九二六（大正一五）年に帰国すると、現在の大成建設の前身である大倉土木に入社する一方、個人的に依頼された住宅も手掛けた。当初はライト風建築の色濃いものだったが、次第に装飾を排除したデザインへと進み、土浦の関心も中流層の人々の合理的な住宅づくりへと向かった。白いモダンな自邸は、そんな決意の表れでもあったのである。

最初の自邸

一九三五（昭和一〇）年の自邸は、実は土浦の二軒目の自邸だった。それを語る前に、一軒目について触れておこう。

土浦はライトの事務所で出会ったヨーロッパの建築家たちとの交流を帰国後も続け、新しい建築に関する情報をいち早く得ていた。また、一九三〇（昭和五）年にアメリカでモダニズム建築を先導していた建築家リチャード・ノイトラの来日の際には、交流を深める過程で工業化の中で質の高い建築を追求する姿勢にも強い影響を受け、工業化を前提とした乾式工法（トロッケン・モンタージュ・バウ）へと傾倒していく。そして、一九三一（昭和六）年、自邸として東京・五反田に木造を基本とする乾式工法の住宅を建設した。

外壁は手間のかかる塗壁の代わりに工業製品の石綿スレート貼りとすれば、簡単で腐らない建築が可能と考えたのである。だが、実現した最初の自邸は、技術的問題を露呈させたものとなった。

乾式工法を極めた二軒目の自邸

その反省を込め、土浦は乾式工法の探求を進めた。二軒目の自邸は、まさにその成果を示す実例でもあった。

横桟が入ったスチール製のガラスドアを開けると、ベンチの置かれた吹き抜けの玄関土間。細いスチール製の手摺の階段を七段上ると居間。その居間から、折り返しの九段の階段がある。上ると中二階のようなギャラリー。このギャラリーの床が外に伸びて、玄関庇を兼ねるバルコニーとなっている。そこから再び五段上ると書斎と寝室になる。

こうした、階段を中心にレベルの異なる床を少しずつ積み重ねた造りは、スキップフロアと呼ばれるもの。起伏のある敷地の高低差から生まれる視界の変化を建築内に取り入れたものだ。しかも、ここではそれらの異なる床レベルからなる空間が居間を中心に立体的にひとつながりのものとなっている。そのため、住まいの中で動けばその度に視界に入ってくる室内の風景も変わって見える。こうした内部空間からなる住まいは、現在でも新しく、魅力的だ。

土浦邸：玄関ホール

充実した設備

建物の外壁は石綿スレート貼りで、内部は壁から天井まですべてが木質系の工業品であるフジテックス。これら工業製品の使用を徹底し、その納め方はより改良されている。

しかも、より良い住み心地を求めて様々な設備が取り入れられている。そのひとつが暖房だ。基本は自然循環温水暖房とし、しかも天井が高いためにラジエーターの床置きを止め、代わりに居間の高い天井一面にスチールパイプを配管し、下向きの輻射熱を利用したパネルヒーティングとして暖を採るという斬新な方法を採用。さらに、天井裏に熱が逃げないように、断熱材のコルク板を貼りつめるという徹底ぶりだ。

また、台所は広く、かつ、無駄がないように天井まで続く棚が置かれ、流しはステンレス製のダブルシンク、ガスレンジや冷蔵庫、もちろん給湯器も用意されている。ダブルシンクは、現在では当たり前だが、戦前にはなかったもの。アメリカで得た知識をもとに機能性を重視した設備といえる。

家具も、造り付けのものに加え、スチールパイプ製のイスとテーブルなどオリジナルデザインのものを用意。使用人室の壁には、造り付けの折り畳み式アイロン台も用意されている。

増改築も行なわれ、外壁は戦後に竪羽目板貼りの白ペンキ塗りへと変わった。それでも全体のプロポーションや開口部のデザインは、ほぼ創建時のものだ。屋根は平らのフラットルーフで、基本はまっさらな直方体に凹凸の変化を付けた形。そこに〝美しさ〟を見るのは、まさしく新しい近代美学の誕生でもあった。

忘れられていた洋館──日向家熱海別邸──

古くから温泉地として知られる熱海は、明治以降、その温暖な気候から別荘地としても発展し、貴顕紳士たちの別荘が数多く建てられた。その大半は、海に浮かぶ初島などの雄大な景色を楽しむため斜面地に設けられた。現在、こうした別荘の跡地はマンションなどに建て替えられつつあるが、まだまだ戦前期の別荘も健在だ。

熱海の文化財ゾーン

ＪＲ東海道本線の熱海駅を降りると、正面には東山と呼ばれる小高い台地がある。否が応でも目に入る高層建築の脇の階段を上って、そのまま道に沿って進んでいくと、伝統的な和風の造りの建物が見えてくる。

これらは戦前期に開発された東山別荘地に建てられたもの。正面に見えるのは第一銀行頭取時代の石井健吾が建てた別荘「東山荘」で、一九三三（昭和八）年の竣工。当時、健康を害した石井が静養のために構えたといわれる。その後、山下汽船（現・商船三井）創業者の山下亀三郎の手を経て、一九四四（昭和一九）年には宗教家の岡田茂吉が入手した。その建物の隣には、路地を隔てて日向家熱海別邸が建っている（写真は二〇〇六年当時のもの）。

前者は国の登録文化財、後者は熱海市が取得して二〇〇六年に「旧日向家熱海別邸地下室 附・上屋」の名称で国の重要文化財に指定されており、両者で文化財ゾーンを形成しているのだ。なお、この東山別荘地に別荘を建設した石井と日向は東京高等商業学校（現・一橋大学）の同期生。そんな縁で隣接して別荘を構えたのかもしれない。

日向利兵衛と渡辺仁

建築に詳しい読者の多くは、日向別邸といえばブルーノ・タウトの手掛けた地階の住宅を連想し、地階の上に建つ住宅にはあまり関心がないようだ。だが、上屋の建物も渡辺仁《じん》という当時の売れっ子建築家の作品で、地階に劣らず魅力的だ。

当主の日向《ひゅうが》利兵衛は、一八七四（明治七）年、大阪で紫檀《したん》、黒檀《こくたん》、鉄刀木《たがやさん》などのいわゆる銘木による家具の製造・販売をしていた「唐木屋」という名の商店の息子として生まれた。一八九五（明治二八）年、東京高等商業学校を卒業と同時に家督相続し、家業も継いでいる。仕事柄、建築にも強い関心を持っていたことで知られる人物である。

設計を担当した渡辺仁は、今でもその姿が見られる銀座の服部時計店（一九三二年）、有楽町の日本劇場（一九三三

日向家熱海別邸

年）を手掛け、また、一九三一（昭和六）年の東京帝室博物館の設計図案懸賞で一等を勝ち取るなど、一流建築家の名をほしいままにしていた。

日向別邸の工事は一九三四（昭和九）年にはほぼ終了していたようだが、斜面地のために庭が十分確保できず、新たに鉄筋コンクリート構造の地階部分とその上の庭園用の人工地盤の増築工事が続けられ、すべての工事が終ったのは一九三六（昭和一一）年であった。

古風さとモダンさが共存

木造二階建て地下一階の日向別邸の外観は、桟瓦葺きの切妻屋根に白壁仕上げで、屋根や開口部などの輪郭が強調されたシンプルなデザイン。開口部は大きく、とりわけ庭に面した一、二階東南のコーナー部分を開いた大きなガラス窓の存在は、モダンな印象を与えてくれている。

間取りは、各部屋が海岸に沿うように玄関から居間、その奥に主婦、主人室、最奥に大きな浴室と、一列に並ぶように配されている。居間の上には、客間とベランダ付きの六畳と納戸の二階が載っている。玄関から直接居間に入るという形式は、現在では見慣れたものではあるが、当時は新しいものだった。また、居間は、床が板敷で天井は桐板の格天井《ごうてんじょう》という洋風の造りだが、中央には床の高さが四〇センチほどの床の間と棚を配した三畳間がドンと置かれている。その小上がりの天井は網代《あじろ》張りで、柱は面皮柱と伝統的な数寄屋風。

そこはユカ座の場でもあり、また、そのまま腰掛けにもなる造りで、イス座とユカ座の融合化をめざしたデザインが見て取れる。洋室に小上がりを設けるこの様式は二階の客室にも見られ、興味深い。

建築家タウトの来日

ブルーノ・タウトといえば、モダニズム建築の歴史には欠かせない建築家であり、ベルリンの住宅供給公社の主任建築家としてジードルング（集合住宅）を数多く残し、特に一九二四（大正一五）年から係わったブリッツのジードルングで高い評価を受け、名が知られるようになる。

そのジードルングは、今では当たり前となったが、世界に先駆けて鉄筋コンクリート造・フラットルーフを採用した白い建物だった。だが、時代の雲行きが怪しくなり始めると、このモダンなフラットルーフは、ドイツの伝統や民族主義を否定したものとして批判され始めた。ドイツの民家建築は、急勾配屋根と屋根窓を特徴としており、ナチズムの浸透とともに急勾配屋根の建築が復活し始めたのである。タウトのような建築家は、危険思想の持主として迫害され始めた。そんな中で、救いの手を差し伸べたのが日本だった。一九三三（昭和八）年五月、タウトはベルリンを離れ、「日本インターナショナル建築会」から招聘《しょうへい》された建築家として来日したのである。

日向家熱海別邸の地下

モダン建築を志向していた建築家たちは、来日したタウトを連れ、さっそく日本の代表建築として桂離宮を案内した。タウトは高く評価し、一方、彫刻にまみれた日光東照宮は評価しなかった。タウトの日本建築の印象は、書物にも記され、桂離宮ブームが始まった。

また、一九三四（昭和九）年になるとタウトは夫人と高崎に移住し、約二年間をそこで過ごして、井上工芸研究所顧問として工芸製品のデザイン指導などを行ない、竹や和紙などの日本の素材を生かした作品を生み出した。そして、一九三六（昭和一一）年、熱海の日向別邸の仕事も手掛け、竣工させる。

タウトの手掛けた作品と出会った日向は、彼に興味を抱き、まだ完成していなかった別邸の地下部分のインテリア設計を依頼したという。地下は、くの字型に折れた細長い空間で、一階から階段を降りるとフローリング仕上げの社交室。その奥が洋室の客間、さらにその奥が和室の客間という、三室の連続した部屋構成として計画された。

地下といっても斜面地で海側には大きな開口部が取れるため、三室は明るい。階段から社交室にかけては、竹の壁や竹の格子窓、あるいは階段手摺も竹と、竹尽くし。板張りの天井真下にも渡し竹が見られ、たくさんの裸電球が下がっている。まるで、野外に並ぶ露店先の風景にも見える。

新しくモダンな和室

この部屋に続く板敷の客間は、海が見えるように五段の階段を上がる上段がある。この階段脇と上段の壁は濃いワインレッドの絹織物張り。異色の彩色の部屋である。海側の開口部はガラスの折れ戸。最奥の和室の客間は、襖を開けるとユ

日向家熱海別邸：地下和室

カが一段高い畳敷で、床の間がある。そして、床の間の隣には四段の階段からなる四畳の上段があり、床脇のように高欄を廻した張り出しがある。壁は伝統的な土壁仕上げだ。

現在、階段部分は立ち入りが禁止されているが、行儀が悪いが階段そのものに座ったり、寝そべったりと姿勢を変えると、大きな開口部から見える海の風景もまるで違うように感じられる、魅力的な造形だ。まるでこれらの二室に設けられた階段自体が、オブジェのようでもあり巨大な家具のようでもあるのだ。

部屋境の引き戸の上は欄間で、開け放すと大きなワンルームとなる日本的な空間でもある。日本の伝統的な和室を再構成した新しい空間の提案といえるだろう。

モダニズムの香り漂う洋館──原邸──

戦前の売れっ子建築家、渡辺仁《じん》。熱海に残る日向別邸の設計者だが、建物はブルーノ・タウトが手掛けた地下部分のモダン空間のほうがよく知られている。

こうした評判を意識していたかどうかは不明だが、二年後の一九三八（昭和一三）年、渡辺はタウトの作品以上にモダンな住宅を設計してみせた。それが原邦造邸である。

美術館としての再利用

原邸は品川駅からほど近い御殿山の一郭にあり、二〇二一年まで現代美術を中心とする原美術館として利用されていた。一見すると建設当初から美術館として計画されたかのようにモダンで、住宅とはとても思えない。それほど現代的かつ個性的なデザインの建物なのだ。

その作風は渡辺の代表作品である上野の東京国立博物館や銀座の和光ビルとは大きく異なる。同じ一九三八年竣工のお堀端にある第一生命館もそうだが、モダンへとぐっと一歩歩み寄った渡辺の力量を改めて思い知らされる魅力的な作品でもあるのだ。

施主の原邦造は、戦前期を代表する実業家。一八八三（明治一六）年に生まれ、一九〇七（明治四〇）年に京都帝国大学を卒《お》えた後、南満洲鉄道勤務、その後、富士製紙株式会社社長など実業界で活躍していた原六郎の養子となり、東京貯蔵銀行などを経て一九二四（大正一三）年には愛国生命保険会社社長（後の日本生命株式会社）に就任していた。そして、一九三三（昭和八）年には家督相続し、新居として人々を驚かせるようなこのモダンな住宅を建てたのである。

流線型を取り入れたデザイン

鉄筋コンクリート造の地上二階建ての建物。際立つのはその構成で、玄関が設けられた平屋の直線建物と、南面した二階建ての大きな円弧状建物がレの字のように連結された独特の形をしている。直線部分は台所や事務など生活を支える人々の仕事場。円弧状部分は家族の生活の場で、緩やかに曲線を描く家族生活部の外部には、大きな開口部が規則正しく配されている。

そして、流線型を取り入れた東端には南側に突出した半円形状の朝食室を置き、そのデザインを強調している。しかも、この朝食室では、外壁に沿ってそのまま半円形状の連続した壁を切り抜いた大きな開口部を設け、庭側の風景をパノラマ状に楽しめる空間としている。横に広がるこの開口部は水平連続窓と称されるもの。著名建築家のコルビュジエが、石や煉瓦による箱状の閉鎖的な建築を、明るい開放的な空間の建築にしようと提案した開口形式であり、まさにモダン建築ならではの特徴といえる。

モダンさを体感できる原邸の魅力

改めて外観を見てみよう。

車寄せには、円弧を描くコンクリートの板状の薄いフラット屋根が架かる。一方、その水平に延びた屋根を支えているのは大理石の角柱だ。ここでは素材感の対比がそのままデザインとなっているが、こうした表現は、アール・デコ的な表現といえるものだ。

また、車寄せの後方を見上げると、屋上に柱と梁を組み合わせたジャングルジムのような構造体があり、まるでオブジェだ。その横にはらせん状の階段を内包する楕円形の筒型の塔屋が置かれている。こうした個性的な造形もモダンだ。

原邸：朝食室

原邸

外壁は、小さなタイル仕上げ。建物を支える丸柱が外壁の外に姿を見せているが、それらの柱も同じ小さなタイル仕上げ。流線型の壁や丸柱を覆うには小さなタイルしか使えないからだ。

内部は、ギャラリーとして整備されており、当時の生活の様子は想像するしかないが、品の良い空間が作られていたことは断片的に残された部分から見えてくる。すなわち、一階玄関正面の大理石の棚や二階から塔屋に上る黒大理石の階段、あるいは、塔屋の開口部として用いられているガラス・ブロックなど、材質の魅力を意識的に見せようとするデザインだ。

車寄せ部分と共通した手法であり、建築のデザインがモダニズムを基本としつつも、アール・デコの要素をうまく取り込んでいることがわかる秀逸な作品だ（なお、二〇二二年、残念ながらこの建物は解体された）。

外国人向けのモダンな共同住宅—ヴィラ・グルーネヴァルト—

現在では当たり前となった鉄筋コンクリート造の住宅。戦前期、土地の有効利用や耐震耐火性に着目して、いち早くこの構造形式を採用した集合住宅を提案し、建設したのが同潤会だ。

関東大震災の翌年一九二四（大正一三）年、政府は同潤会を組織し、被害の大きかった東京と横浜の住宅復興に当たらせたのである。同潤会は、住宅建設の際に伝統的な木造住宅とともに、この新形式の共同住宅を建設した。将来の新しい都市型住宅のモデルとすべく、名称もモダンで軽快さを感じさせる〝アパートメントハウス〟としたのである。

同潤会の手掛けたアパートメントハウスはすでに失われてしまったが、こうした新しい動きの中で民間の共同住宅も建設され、いまだ使われ続けているものもある。

ヴィラ・グルーネヴァルト

〝森の中の住まい〟を意味するヴィラ・グルーネヴァルトという三階建ての鉄筋コンクリート造によるモダンな共同住宅がある。東京・巣鴨駅から本郷学園に向かう途中に位置している建物だ。

この駒込の周辺一帯は、江戸時代は津藩藤堂《とうどう》家下屋敷や六義園《りくぎえん》の名で知られる柳沢吉保《よしやす》の下屋敷があったところで、明治になると三菱の岩崎弥太郎がその多くを購入し所有したが、大正期には都心部の広大な土地所有が都市の発展を妨げていると批判を受け、数百坪の宅地に分筆し売却した。

この建物の建つエリアは、一区画が二〇〇坪ほどの地区で、現在でも良好な住環境を保っている。この共同住宅の隣地に建つ住宅は、建築家中村與資平《よしへい》が手掛けた一九二六（大正一五）年竣工の鉄筋コンクリート造。大正末期の建物で、当時流行していた最先端のライト風の幾何学装飾が施されている魅力的な住宅だ。一方の一九三八（昭和一三）年竣工の共同住宅は、装飾のないシンプルさが特徴で、共に建設された各時代の特徴をよく表している事例でもある。

オリンピックを意識

この共同住宅を計画したのは、信原済夫《のぶはらますお》。一九一一（明治四四）年に東京帝国大学工科大学機械工学科を卒業後、三井金属・三井物産に勤め、関東大震災後は二度に及ぶベルリン支店勤務を経て、一九三六（昭和一一）年に帰国した。そして、新たな住宅として自邸を兼ねた外国人用の共同住宅の計画を始めたのである。

では、なぜ独立住宅ではなかったのか。しかも、なぜ外国人向けなのか不思議だが、その理由が何とも面白い。実は、信原は帰国直前にベルリンでオリンピックを体験し、選手宿舎として一般の集合住宅が転用されていることを知ったのである。そして、幻に終わった一九四〇（昭和一五）年東京オリンピックの準備のために宿舎の問題が発生するが、日本のユカ座を中心とした伝統的な木造住宅では、外国人選手の宿舎への転用は無理と考えた。そこで、日本でも外国人用の宿舎へ転用可能な住まいを用意する必要があると考え、実践したというのである。

何ともユニークな発想だが、海外生活経験者ならではの理由があったのだ。

シンプルでモダンな住まい

周囲はお屋敷地区だったため、共同住宅の建設は近隣から反対され、三階建てのために周辺住宅が見下ろされるというプライバシーの問題が特に指摘された。だが、これに対しては、これからの都市は高層建築が主流になると主張し、また、プライバシーはカーテンや障子などでコントロールできると理解を求めた。

建築のデザインは、単純な立方体を基本とし、一階中央にアーチ型の玄関ポーチを設け、全体にわたり規則的に縦長窓を開けただけのクラシックな雰囲気を感じさせるもの。間取りも明快で、居間兼食堂と寝室、それに台所とトイレ付き浴室と玄関があるだけだ。すべての部屋が板敷で、玄関には靴脱ぎの土間もない。

まさに外国人向けに靴のままで出入りすることを前提とした造りとなっている。トイレ付き浴室も外国人向けで、この形式は日本の住宅では普及しなかった。

木造モダニズムを代表する住宅──前川邸──

建築家にとって自邸の設計は、依頼された住宅とは比べものにもならないほどの重い意味がある。建築家自身がどのような生活をめざしているのかを示してしまうからだ。大げさだが、その出来不出来で建築家としての命が絶たれてしまう危険性すらある。

そんな存在でもあるためか、建築家の自邸には名作といわれる作品が多い。そのひとつが、一九四二（昭和一七）年、第二次世界大戦という厳しい状況の中で竣工した前川國男邸である。

わが国建築界のモダニスト

前川は一九二八（昭和三）年、東京帝国大学工学部建築学科を卒業したその夜、建築家ル・コルビュジエのもとで

前川邸

新しい建築を学ぶため、パリに向けて出発したという伝説を持つ。事務所の門を叩いた前川を、コルビュジエは完成したばかりのガルシェのシュタイン邸に連れて行った（『建築の前夜—前川國男文集』）。正面のデザインに黄金比を用いたとされる幾何学的造形美の住宅だ。当時の事務所では代表作のサヴォワ邸（一九三一年竣工）の設計も始めており、様々な刺激を受けたことが想像される。

そんな魅惑的な二年を過ごした前川は、新しい時代にふさわしい建築思想とデザインを学んで帰国した。モダニストとしての経験を積み、F・L・ライトの助手として来日後、日本を牽引する新しい建築を次々と手掛けていたA・レーモンドの事務所に勤めた。当時、前川の経験を最も評価していたのが、同じモダニストのレーモンドだったのである。そして、一九三五（昭和一〇）年、三〇歳で独立し、後に丹下健三も所員に名を連ねる事務所を構えた。

自邸の建設へ

戦時体制下のため、建築資財は統制され、床面積も一〇〇平米以下という制約の中で、前川は自邸建設を行なった。建設地は、東京・目黒駅から少し歩いた閑静な住宅地。現在は、江戸東京たてもの園に移築されている。

計画当時は独身だったが、その後結婚した。前庭と裏庭に挟まれた住宅の間取りは、左右対称形の明快な構成だ。大きな居間を中心に右側には玄関、小寝室（女中室）そしてトイレを間に来客用の寝室、左側は手前に厨房とトイレ付浴室、そして前庭側に寝室が並ぶ。

前川のもとで設計を担当した崎谷小三郎によれば、当初、室内は土足の予定で、靴は寝室で履き替えるという欧米スタイルを取り入れたもの。また、左右の二つの寝室は夫婦別寝室として計画された。当時の日本では極めて革新的な計画を進めていたことがわかる。

木造モダニズムの雄姿

この住宅の最大の特徴は、木造モダニズム建築と称されているように、木造であることだ。モダニズム建築は鉄筋コンクリート造を前提としていたが、戦時下による資材統制から、前川は鉄筋コンクリート造の代わりに木造でモダニズムの思想とデザインを展開しようとしたのである。

左右対称の切妻屋根の建物で、中央部に棟持柱《むなもちばしら》を配した姿は、まるで神殿建築のようにも見える。だが、そこにはモダニズムの美学によるデザインが存在しているのだ。

その象徴が吹き抜けの居間である。一部は二階となり、天

前川邸：居間

井の高い空間と低い空間の連続した居間の空間構成は、コルビュジエの代表作であるマルセイユのユニテ・ダビタシオンの住戸と類似している。開口部の建具は、建物を支える柱とずらして外側に設けられている。そのため、間口いっぱいが全面開口部だ。この柱の位置と建具の位置をずらす「芯外し」もコルビュジエの手法で、レーモンドも積極的に採用していた。柱に邪魔されずに自由自在に開口部を取るための工夫である。

そして、さらに興味深いのは南側中央部の雨戸の戸袋。開口部分を遮らないため戸袋は九〇度回転できるようにし、日中は横の壁側に移動させるのだ。こうして居間は、間口全面を開くことを可能としている。これもモダニズムのデザインを展開するための前川邸の工夫である。

第8章

現代住宅の祖型としての戦後の住まい

ワシントンハイツの住宅―DHの一例―

東京・原宿駅から竹下通りを背にして丹下健三設計による国立代々木競技場の方に向かって進めば、すぐ右手は代々木公園の入り口だ。そこから右手奥に向かうと、白い建物が小さく見える。

公園一帯は、かつて日本を占領した連合国軍最高司令官総司令部（GHQ）の将校住宅地・ワシントンハイツだったところで、一九六四（昭和三九）年に返還され、東京オリンピックの競技用敷地などに充てられた。隣の丹下の代表作品もその跡地に建てられた。小さく見える建物は、歴史を伝えるために占領軍将校の住宅（Dependents Housing=DH）を保存したものだ。

GHQのDH建設の要求

敗戦国としての戦後は、GHQの要請による住宅建設という課題を抱えて始まった。要求された住宅は、DH二万戸の建設だった。一九四六（昭和二一）年中に札幌一二〇〇戸、東京二五〇〇戸と全国の主要都市ならびに朝鮮にも四〇〇〇戸が求められた。ただ、日本政府は終戦直後の物資不足のため建設数の削減を求めて交渉し、接収住宅を含めて一万戸に変更された。

東京では五か所に設けられ、それらにはパレスハイツ、リンカーンセンター、ジェファーソンハイツ、ワシントンハイツ、グラントハイツと主に歴代アメリカ大統領の名前が付けられた。中でも大規模だったのが、跡地が光が丘団地となったグラントハイツと現・代々木公園のワシントンハイツ。

ワシントンハイツは敷地が二七万七〇〇〇坪、住宅の占める面積は二万九九〇〇坪で八二七戸のDHが計画された。工事は一九四六年八月に始まり、いち早く翌年の九月に竣工している。

ワシントンハイツという町

DH住宅地は、日本の敷地と金網のフェンスで仕切られ、日本人は自由に出入りできなかった。そこはフェンスに囲まれた日本の中の〝外国〟で、美しい街並みを見せていたのである。また、当時の日本の住宅地が区画に沿って住宅が並ぶだけなのに対し、これらの住宅地は自立した〝町〟でもあった。

ワシントンハイツでは、住宅とともに教会や九〇〇席の大劇場、将校クラブや日用品を扱う商店などが並び、幼稚園や小学校など子供のための教育の場、健康維持のための診療所、さらには使用人用宿舎など、住宅地内だけで日常生活が完結するように計画されていた。施設を備えた今日の日本の住宅地づくりは、アメリカの持ち込んだこの手法から学んだものでもあった。

敷地計画では、ワシントンハイツの敷地は平坦なため、自由曲線によるループ状道路と交差する直線道路を重ねて単調にならないようにしている。そして、中庭を囲むように二連戸建てや四連戸建てを並べた一〇〇戸前後の集団を一単位として、道路に沿って配置。単なる箱型の住戸を並べてできる画一的な景観を避けようとする工夫だ。われわれがイメージする広い芝庭で子供たちと遊ぶ豊かな住まい像がここでは実現されていたのである。

ワシントンハイツ

記念碑としてのDH

DHの住戸タイプは階級別に明確に分けられ、基本は、中尉以下用のA型、佐官用のB型、大家族用のC型の三種。違いは規模だけで間取りは共通。大きな居間と複数の寝室、トイレ、浴室および台所からなる。

保存されたDHは、一九四六年竣工の戸建て住宅だ。外観はセメント瓦葺きの切妻屋根で、外壁は真白なスタッコ仕上げ。開口部と玄関ポーチの木部は鮮やかなエメラルドグリーンのペンキ塗り。シンプルだが爽快さが感じられる。

間取りはB型が原型だが、居間の一部を玄関ホールとするなど改造がみられる。広い居間にはソファとテーブル、台所にはステンレス製のシンク付きの調理台とともに電気によるレンジ、冷蔵庫、湯沸かし器、それに換気扇まで備えられた電化住宅だった。この電化は、その後日本が積極的に取り入れることになる。まさに、DHは戦後日本の住宅のモデルだったのである。

新生活を求めて考案された最小限住宅―加納邸（A型住宅）―

戦時中、海外では様々な技術開発が試みられ、戦火の中で必要な建築を短期間で建設し、また、解体して移設するという技術開発の研究も進められていた。

いわゆる組立て建築のことである。戦後の住宅不足の解消のために応用され、その後発展したものもあったが、そうした技術を基にした終戦直後の住宅が現存している。

A型住宅と呼ばれる建築

軽井沢の雲場池《くもばいけ》へと向かう途中、六本辻と呼ばれる六本の道路の交差する場所がある。この離山周辺一帯は、大正時代に野沢組の野沢源次郎が日本人向け別荘地として分譲したエリアで、そのシンボルとして六本辻は設けられたのである。

この六本辻のすぐ近くに、大きな切妻屋根のちょっと変わった建物が建っている。まるで伊勢神宮正殿の棟持柱《むなもちばしら》のように、建物から突き出た合成梁をA字形のむき出しの柱が支えているのだ。そんな姿から、この建物はA型住宅と称されている。

一九五〇（昭和二五）年一月の竣工時は、日本住宅公団初代総裁となる加納久朗《ひさあきら》の自邸として東京・四谷にあったが、その後の所有者により一九六五（昭和四〇）年、軽井沢に別荘として移築された。

建築家・坂倉準三

設計はル・コルビュジエの弟子の坂倉準三。弟子の中でも、前川國男や吉阪隆正《よしざかたかまさ》が大学で建築学を学んでいたのに対し、坂倉は東京帝国大学文学部美学美術史学科出身という変わり種だった。

一九二九（昭和四）年に渡仏し、ル・コルビュジエの事務所を訪ねた際、学校で建築を学ぶことを勧められ、フランスの専門学校を終えた一九三一（昭和六）年から入所し、一九三六（昭和一一）年までル・コルビュジエの下で働いた。そして、一九三七（昭和一二）年にはパリ万博の日本館を設計。グランプリを獲得するという幸運に恵まれ、一九三九（昭和一四）年に帰国し、翌年事務所を開いている。

事務所開設直後、商工省の依頼でル・コルビュジエの事務所の同僚シャルロット・ペリアンを伝統工芸指導者として日本に招聘《しょうへい》。来日の際、ペリアンはル・コルビュジエやジャン・プルーヴェらと開発していたアルミ製のプレハブ建築による「戦時の建築」の図面を日本に紹介した。

最小限の空間を生み出すためのその構造システムに刺激を受けた坂倉は、戦時下で、合理的な構造による豊かな生活のできる最低限の住まいの探求を自らも推し進めた。

このA型住宅こそ、戦時中に坂倉が温めていたアイデアを具現化した最小限住宅だったのである。

A型住宅の特徴は、その構造方法だ。建物の中央部に柱と屋根を支える大きな合成梁という主要構造体を置くことで、住宅内部には柱のない空間が確保できるようになる。まさに小規模住宅の空間を有効活用するための手法であった。ペリアンの紹介した建築はアルミ製であったが、坂倉はそれを日本らしく木造で実施したのだ。

改めて建物を見てみよう。床下は収納庫だ。床は高く、外壁は横羽目板張りで、現在は茶色系だが、当初は淡緑色のペンキ塗りだった。大きな屋根を支えるA型の柱と深い軒裏は白ペンキ塗りで、そのコントラストが眩《まばゆ》い。

平面は単純な矩形《くけい》。階段を六段上がると玄関だ。中に入ると大きな吹き抜けの居間で、造り付けの収納家具と中央部には中二階への急勾配の階段がある。階段は彫塑的なかたちで、まるでオブジェのようでもあり、立体的な空間を感じさせてくれる。

居間の隣は、中二階部分の下部に相当する部分で、玄関側から寝室、バス・トイレ、その奥が台所だ。中二階は大きな納戸を備えたギャラリーのような空間で、仕事場や客室、あるいは子供部屋というように、多目的なフリースペースである。

コンパクトだが、狭さを感じさせない魅力的な住宅で、現在でもその魅力は失われていない。

心奪われ再現した住まい――井上邸――

戦前期の建築界では、多くの外国人建築家が来日し、様々な役割を担った。一方、戦後の建築界では、日本人建築家が中心的役割を担い、外国人建築家を見ることはほとんどなかった。

ただ、例外が二人いた。ひとりは、W・M・ヴォーリズ。日本人と結婚し、戦後も建築家として活躍した。もうひとりがA・レーモンド。戦時中に帰国するが、戦後すぐ舞い戻り、再び、日本の建築界を牽引したのである。

再来日したレーモンド

銀座にある教文館ビルは、一九三三（昭和八）年竣工のレーモンドの作品だ。竣工の翌年、レーモンドは東京海上ビルから教文館ビル最上階に事務所を移し、黙々と仕事を進めていた。

日中戦争の勃発した一九三七（昭和一二）年の一二月、日米関係の悪化を予測したレーモンド一家はひっそりと日本を離れ、インドの修道院の建築現場に向かった後、ヨーロッパを経てアメリカに渡った。ペンシルベニア州に広大な農場を構え、午前中は建築設計、午後は農場という生活を行なった。

戦争が終わると、レーモンドは日本の知人から電力供給のための水力発電用ダム建設の調査依頼を受けている。日本に愛着のあったレーモンドは、連合国軍最高司令官のマッカーサーに建築家として復興のために日本へ行きたいという手紙を送り、一九四八（昭和二三）年一〇月に再来日した。

事務所の再開と自邸建設

ダム建設の調査を行なう傍ら、レーモンドはかつての所員たちと再会し、一九五〇（昭和二五）年、株式会社として再び建築事務所を興した。そして、自邸とともに事務所を確保

井上邸

井上邸：居間

するため東京・麻布に約六〇〇坪の土地を購入し、一九五一（昭和二六）年には住まいと事務所の二棟が連なる平屋の建物を完成させている。

戦後六年が過ぎたとはいえ、まだ建築資材が不足していた中での工事だった。それでも、日本人の気質や日本の伝統建築に精通していたレーモンドの真骨頂が十分発揮され、資材不足といった状況をまったく感じさせない無駄のない魅力的な建築が出現した。

主材料に用いられたのは、安価で入手しやすい足場丸太。丸太を組んだむき出しの構造表現やその開放的な空間は、〝レーモンド・スタイル〟と称され、多くの人々を魅了した。そして、その建築の虜になったひとりに井上房一郎がいた。

井上房一郎とレーモンド

群馬県の高崎で生まれた井上房一郎は、一九二九（昭和四）年、七年間の長いパリ生活を終えて帰国すると、家業の井上工業を継ぎ、一九三八（昭和一三）年には社長に就任している。事業の傍ら、パリで親しんだ美術・工芸・音楽を中心に芸術文化振興活動を行ない、戦後は群馬交響楽団を設立したことでも知られる人物だ。

帰国後の井上の活動として注目されるのは、伝統を生かした工芸デザインの開発であった。井上工芸研究所を開設し、一九三三年には軽井沢に工芸品店「ミラテス」を開設した。この時の客のひとりがレーモンド夫人のノエミであり、これを機にレーモンド夫妻との交流が始まった。

井上は、戦後再会したレーモンドの自邸に案内されてすっかり心を奪われてしまった。一九五二(昭和二七)年に火災で自邸を失うと、魅力溢れるその邸宅をそっくりそのまま造りたいと熱望し、その旨を申し出た。レーモンドの快諾を得た井上は、大工をレーモンド事務所に行かせた。大工は、図面代わりにメモを取り、そのメモ書きをもとに作業を行なったという。そして、その年のうちにレーモンドの住まいと同じ建物を高崎に再現したのである。

いくら承諾を得たとしても、瓜二つそのままに建てた住まいにはなかなか出会えない。しかも本家はレーモンドの死後、解体されている。

本家が失われた現在、この井上邸がそれに代わる貴重な遺構となった。

井上邸の外観

高崎駅の西口から左側に向かう観音通りに沿い、ほんの少し進むとすぐ、高崎市美術館がある。入館して奥に進み、中庭に出るとそこには大きな木造住宅がある。井上房一郎邸だ。現在は美術館に隣接した施設として、一般公開されている。

外観は、木造平屋で、南庭に向かって、棟が東西に一直線に伸びた細長い矩形《くけい》の建物だ。グルッと廻ると、北側には玄関があり、敷地の奥にはかつての正門も見える。切妻屋根の軒は深く、正門から眺めると一部に高窓のハイサイドライトが見える。北側採光は、日中、安定した明るさを保てるため、画家や彫刻家などのアトリエによく見られるが、ここでは住宅にも採り入れているのだ。

中庭を挟む分棟風の間取り

玄関に行くと、沓脱《くつぬぎ》の土間がない。実は、レーモンド自邸は靴ばきのままで使用されていたのだ。井上邸は日本風に靴を脱いで出入りするが、玄関は建物の顔の役割を持つ部分でもあり、オリジナルのままとし、新たな手を加えることはしなかった。

改めて玄関に入ると、その正面にはガラス戸越しに中庭（パティオ）が見える。パーゴラ風の造りの下に木製のテーブルとイスが置かれた空間は、気持ちよさそうで思わず座りたくなる。しかも、中庭は丹波石敷きで、そのまま建物の南側全面の軒下まで広がり、外へと誘っているのだ。

玄関から間取りを見渡すと、中庭に向かって玄関の左、つまり東側は居間、西側は寝室、前室付きの八畳の和室、前室付きの台所、トイレと浴室、使用人室などが続く。中庭を挟んで、自立した居間と他室をはっきりと分離させた分棟風の間取りとなっている。

居間に入ると、そこは小屋裏まで丸見えの大きな空間で、皮をはいで磨いた足場丸太を、シザーズ・トラス状に組んだ登り梁がむき出しだ。小屋部分に渡されたダクトも中央に置かれた暖炉と煙突もすべて露出している。その飾り気のない単純な表現に、ダイナミックさと明快さを感じずにはいられない。

周囲の開口部の建具はガラス戸と内側の障子の引き戸、居間の北側廊下との境の建具は和紙を用いた襖の引き戸。しかも、レーモンドの編み出した、建具の位置と柱の位置をずらして設けるという方法を取っているため、居間の室内周囲には柱となる丸太がすべて姿を見せて立っている。

造り付けの棚の処理も面白い。北側廊下境に設《しつら》えられた、花瓶などを置く飾り棚は、露出した柱位置と一体化して、床より高い位置に取り付けられ、一見、空中に浮かんでいるように見える。掃除の便もいいが、空間の広がりを感じさせる手法だ。

レーモンド・スタイルの完成

他室も魅力的だが、その表現方法は居間に集約される。こうしたレーモンド・スタイルは、彼の作品を遡れば戦前期にすでに見られるものだったが、完成形が自邸であり、この井上邸ということになるだろう。

レーモンドに学び、またレーモンド建築の研究者として知られる三沢浩によれば、レーモンドは日本の伝統建築の特徴「隠されない構造材、内外空間の合致と融合、正しい方位、内部空間の自由度と融通ある使い方」こそ、モダニズム建築の理念と共通するとして高く評価しているという（『レーモンドの失われた建築』三沢浩、王国社、二〇一〇年）。

そうなると、この井上邸に見る新しさは、レーモンドが日本の伝統建築から学び取ったものということになる。日本人であるがゆえに、当たり前のことの価値が見えなくなっている。そんなことをこの住宅は教えてくれるのだ。

〝コア〟のある住まい――H氏邸――

戦後の住宅づくりは、しばらくの間、建築材料の不足などの問題もあって床面積の限られた小住宅、それも最低限のギリギリの住まいづくりが展開された。

厳しい状況下での住まいづくりではあったが、それでも限られた面積の中で生活に必要なものは何かという極めて自然で基本的な問いかけの貴重な機会でもあったのである。言い換えれば、これまで無意識のうちに行なわれてきた生活や住まいの見直しが一気に進められたのである。〝コア〟を取り入れた住まいづくりは、そんな中で提案された。

〝コア〟とは？

〝コア〟は日本語訳すると〝核〟となる。いわば、物事の中心を意味する言葉だ。これを用いた住宅のひとつが、一九五三（昭和二八）年に竣工した「コアのあるH氏のすまい」だ。設計は、増沢洵《まこと》。一九二五（大正一四）年に東京で生まれ、戦後すぐの一九四七（昭和二二）年に東京帝国大学第二工学部建築学科を卒業し、鹿島建設に就職している。しかし、一九五一（昭和二六）年になると、再開したばかりのA・レーモンドの事務所に移り、五年後には独立。増沢洵建築設計事務所を興した建築家だ。

この住宅は、完成した時期から見てレーモンド事務所時代の作品であり、そのためか、レーモンドの作風も見られる。例えば、南側の庭に面するガラス戸の連なる大きな開口部は、柱の芯からずれて柱の外側に配されている。これは独自の手法であり、こうした手法により、いっそう開放的でモダンな空間に感じられる。

H邸のコア

増沢の手掛けたH邸のコアの様子は、室内構成を見るとよくわかる。形状は極めてシンプルで、長手方向がほぼ南面している単純な長方形のかたちをしている。

この東西に長い長方形のうち、東端側には子供室と夫婦寝室という個室を兼ねた寝室が並ぶ。西端側には四畳半の和室と納戸・予備室の諸室が配されている。そして、注目されるのは、その中央部。東側には大きな居間があり、西側には、西端の諸室に沿ってコンクリートブロック造の南北に細長い閉鎖された小部屋が置かれていることだ。小部屋の中にはトイレと浴室が収まっている。しかも、その小部屋の居間側の壁に沿って台所が設けられているのだ。もうおわかりかもしれないが、この閉鎖空間と台所部分こそ、〝コア〟とよばれるものなのだ。

改めて、このコアを見ると、トイレ・浴室・台所という水廻りの設備が集約されていることがわかる。水廻りは、外部から住宅内に上水の水道管を引き込み、また、下水を排出する下水管を設置する工事が必要となる設備だ。住宅づくりには生活のために外部と繫がる様々な工事があり、建築費を抑えるためには、こうした設備費を抑えることが求められる。そのため、水を使用する台所やトイレ、浴室といった設備を住宅内にバラバラに配置するのではなく、一か所にまとめることが極めて有益な方法といえるのだ。しかも、こうした設備は常に使用するので、修理の必要が起こるなど寿命も短く、また、技術革新の中で更新も考えなければならないものである。そのため、水廻りの設備をひとまとめとしたコアを提案したのである。

いずれにせよ、こうした設備を建築本体から独立させてひとまとめとし、また更新もスムーズに行なえるというアイデアは、やがて、新陳代謝論に基づく日本のメタボリズム建築の提案へと繫がる発想でもあった。

多様なコア

増沢は、設備のコアを提案したが、小住宅の連作を展開していた池辺陽《ひろし》は、作品No.20を一九五四（昭和二九）年に発表している。そして、ここでは増沢同様に間取りの中央部にコンクリートブロック造のコアを設けているが、さらに発展させ、このコア部分を構造部としても利用し、室内に柱のない住宅を提案したのだ。

このようにコアは、戦後の新しい建築の象徴のひとつでもあったのである。

新日本調のモダン住宅―清家邸―

一九五〇（昭和二五）年、住宅金融公庫法が公布・施行され、資金不足という足かせで押さえつけられていた多くの人々は、住まいづくりの夢を叶えるひとつの術を得ることができた。

個々の収入による制約はあったが、小さいながら〝楽しい我が家〟を構える人々が増え続け、小住宅ブームを生んだ。戦前期までの借家文化から持家文化への転換をも促し、自己表現としての住まいづくりが浸透していったからだ。そうした中で、建築家による新しいモダンな住宅も続々と出現したのである。

話題となった森邸

清家清《せいけきよし》は、戦後、新しいデザインによる小住宅を手掛けたことで知られる建築家だ。東京工業大学に在籍していたことから、同僚たちからの設計依頼も多かった。

清家の名が知れ渡り始めたのは一九五一（昭和二六）年に竣工した「森博士の家」からだ。施主が、前年実施された住宅金融公庫第　回の申し込みに申請して融資を受けることができ、設計依頼を受けたのである。完成した住宅は、中央に畳敷きの続き間を置き、玄関からもっとも離れた奥にイス座の居間と食堂を配したものであったが、新感覚による障子の扱いは軽やかで、伝統を生かした新デザインの住宅として注目された。

シンプルな住宅

清家は、一九五四（昭和二九）年、東京・大田区東雪谷《ひがしゆきがや》の実家の庭先に自邸を建てた。その形状は極めてシンプル。五メートル×一〇メートルの長方形状の平屋の建物で、これに半地下の子供室がつく。構造は鉄筋コンクリート造で、一部の外壁は焼過煉瓦《やきすぎ》張り。道路側は壁で閉じられているため、一見すると閉鎖感漂う建物に見えるが、南側は庭に面して一面開放されている。

さて、平面図を見ると、部屋構成もシンプル。庭から向かって左側には壁で仕切られた小部屋が前後に二つ並ぶだけで、その右側は大きなワンルームの部屋しかない。しかも、玄関がない。清家は靴履きの生活をめざしていたため、履き替えの場としての玄関は必要なかったのである。

新日本調のデザイン

内部を見てみよう。

左側の小部屋は、手前が台所、その裏側はトイレ・浴室だ。右側のワンルームの部屋は、台所の横が食堂を兼ねた居間、その奥は、手前が子供室への階段のある家事室で、その裏側はベッドのある寝室となる。

ただし、ワンルームのため、家事室と寝室の間の一部に壁はあるものの、居間と寝室や家事室の間はカーテンがあるだけ。しかも、トイレ・浴室には扉がなく、音も匂いも筒抜けなのだ。そのため、トイレに扉のない住宅として筆者の学生時代には知られていた。しかし、この扉のないことこそ、開放的なワンルームの空間というこの住宅のコンセプトの表現だったのである。

清家は、森邸に見るように伝統性をどう継承していくのかというテーマを追いかけてもいた。そこで行き着いたのが、それまで伝統として捉えていた書院造や数寄屋造ではなく、もっと古くそれらのもとになった平安貴族の住まいである寝殿造で、それをモデルに和風を再構成しよう考えた。

初期の寝殿造では、まだ機能分化された部屋は未発達で、大きなワンルームの空間を衝立《ついたて》や屛風で囲み、畳も家具のひとつとして床の一部だけで使用していた。そこで清家は、生活スタイルはイス座としつつも、間仕切りをできるだけ排除したワンルーム空間とし、また、畳も可動式の家具のように車付きの縁台風のものとして使用することを提案したのである。その結果、無駄のない合理的でモダンなデザインによる新日本調の住宅が誕生した。ただし、当初の靴履きの生活では室内が泥だらけに汚れてしまい、靴を脱いで出入りする生活に切り替えたという。

いずれにせよ、道路に背を向けて閉じ、庭にできるだけ開くという空間構成は、その後のコートハウスの提案へと展開することになる。

新陳代謝する住宅——菊竹自邸（スカイハウス）——

構造種別で住宅をみれば、かつて住宅は木造が一般的であった。しかし、関東大震災直後に創設された同潤会による鉄筋コンクリート造のアパートメント建設事業を契機に、耐震・耐火性を求め、木造以外の新構造を採用する共同住宅が徐々に増え始めた。この傾向は、戦後になると一層強まるものの、木造以外の特徴的な住宅も見られるようになった。

終戦直後は小住宅時代で建築家たちの手掛けた新作住宅ばかりだったが、一九五五（昭和三〇）年創設の日本住宅公団の「団地」が出現し、鉄筋コンクリート造の建物は庶民の憧れとして急速に普及していく。

ピロティ採用の吉阪自邸

「団地」は鉄筋コンクリート造の特徴を生かし、住宅を積み上げた高密度住宅を実現。一方、こうした住宅の普及の中で、建築家たちは新構造の特性を生かした造形表現を追求した新住宅の提案を行なっている。

鉄筋コンクリート構造の特性を造形に取り入れたひとりが、吉阪隆正《よしざかたかまさ》だ。一九五〇（昭和二五）年から二年間ル・コルビュジエのアトリエに勤務し、帰国後早稲田大学の教員として活躍した。

一九五五年に自邸として、一階分の高さを地上に持ち上げ、それを柱で支えた住宅の建築を試みている。この柱による一階部分はピロティと呼ばれる空間で、子供の遊び場として砂場とし、二階のテラスや屋上には庭園を設けた。師であるコルビュジエから学んだアイデアを自邸で実践したのだ。

吉阪の作品をより発展させ、独自の理論の実践例として発表されたのが「スカイハウス」だ。

菊竹清訓の「スカイハウス」

「スカイハウス」は、設計者・菊竹清訓《きよのり》の自邸。吉阪と同じ早稲田大学理工学部建築学科を卒業した菊竹は、竹中工務店と建築事務所を経て、一九五三（昭和二八）年に独立。自らの事務所を構えると、一九五八（昭和三三）年に自邸の発表で注目を浴びることになる。菊竹の主張は、その後の一九六〇（昭和三五）年に東京で開催された世界デザイン会議を契機に雑誌編集者の川添登や建築家の黒川紀章《きしょう》らとともに結成した、メタボリズム・グループの提案によく示されている。メタボリズムとは「新陳代謝」という意味で、これまで建築は造られたら壊れるまで使うものであったのに対し、菊竹らは時の経過とともに古い部分を更新しながら使い続けられる建築の提案を行ない、それをめざしたのである。

メンバーのひとりである黒川紀章の設計による中銀《なかぎん》カプセルタワービル（一九七二年）も、個室としてのカプセルの増減や設備更新を可能とする新陳代謝建築の代表例なのだった（中銀カプセルタワービルは二〇二二年に解体されてしまった）。

新陳代謝する中空の住まい

菊竹の自邸は、こうした新陳代謝の考え方をいち早く具体化したものだった。改めて創建時の「スカイハウス」を見ると、四枚の板状の壁柱が正方形状の建物を支えていて、その名のとおり中空に浮かんでいるかのようだ。

建物はワンルームの間仕切りのない空間で、ほぼ中央に列をなして置かれた収納棚で空間を二分し、一方はリビング、他方は寝室と食堂として見合う家具が置かれている。部屋の四周は、基本はガラス戸。外周部に設けられた手摺付きの回廊と繋がる。台所は南側、バス・トイレは東側の回廊に突出して置かれた。

興味深いのは、台所やバス・トイレの設備の更新とともに、ピロティの使い方。子供ができると、小部屋をピロティに吊るして子供室として利用しているのだ。まさにピロティは、家族構成の変化や生活の変化に対応するための空間で、住まいの新陳代謝用に用意されていたものだったのである。

現在、ピロティ部分には一階と中二階が設けられ、長男家族の生活の場として利用されている。そして、菊竹の亡くなった後は、二階部分はスカイハウスの「象徴」として残されているという（『日本の住宅遺産』伏見唯、世界文化社、二〇一九年）。新陳代謝はまだまだ続いているのである。

都市と対峙した住宅―N氏邸―

一九五五（昭和三〇）年から一九七三（昭和四八）年までを、高度成長期と呼ぶことがある。この時期は実質的な経済成長率が平均一〇％を超え、戦後復興を契機に、わが国は世界有数の経済大国へと変貌していった。

だが、経済成長とは裏腹に、建築の高層化とともに都市の過密化が進み、生活環境の悪化が顕在化し始めてもいた。そんな中、一九六〇（昭和三五）年に現れたN氏邸は、都市と戦う姿勢を示した住宅として知られる。

都市化による閉塞感や無機質さを嫌う人々は緑豊かで広い敷地の得られる郊外に住まいを求めたが、中には買い物や娯楽性などの利便性から、都市内に留まろうとする人々もいた。都市にいながら潤いある生活空間を守るために〝外に閉じて内に向かう〟住まいを志向したのだ。この傾向は、屋敷を厚い壁で囲い生活の場を確保した古代中国の四合《しごう》院《いん》住宅やローマ時代の都市ポンペイの住宅であるドムスにも見られる。その意味では、コート・ハウスと称される古代から続く都市型住宅の形式を、現代都市に再現したものでもあった。

前置きが長くなった。この新しい住まいの魁《さきがけ》として知られるのが「正面のない家」だ。設計者は、コルビュジエの弟子である坂倉準三の事務所にいた西澤文隆と浅野雅彦。兵庫県西宮市のN氏の依頼により一九六〇年に竣工したもので、西澤の手掛けたコート・ハウスの最初の事例だ。

「正面のない家」

西澤は、住宅の設計にあたり、「住まいは個人の本当の憩いの場であるべき」とし、「外界から完全に遮断され、自然に溢れたプライベートな住空間こそ、人間の住まいでなければならない」(『コート・ハウス論』西澤文隆、相模書房、一九七四年）と述べている。まさに持論を、ここで実現したのだ。

一八〇㎡ほどの南北に長い長方形状の敷地の周囲をコンクリートの壁で囲んでいる。外からは、開口部もないただの壁があるだけで、まるで立ち入ることを拒絶しているようだ。どこが入り口かさえよくわからない。「正面のない家」と名付けられたゆえんでもある。

外観は冷たいが、その印象が内観では大きく変わる。内部上部には、東西方向に木造の梁を均一な間隔でかけ渡し、その下に自由に諸室を配置しているのだ。まさに、庭の中に勝手に内外の連続した生活空間を作ろうとしたのである。

内部空間は自然と一体化

間取りをもとに、住まいの構成を見てみよう。道路に接した敷地の北西隅が開けられ、奥に進むと扉がある。それを開くと前庭。そこから扉をさらに開くと、東側に取られた中庭だ。突き当りは、子供部屋。閉じた壁を背にして建物に向くと、大きな開口部の間に扉が見える。ここが玄関だ。

玄関扉に向かって右側は、六畳の和室の客間。ただし、西側の一畳半は縁側風の板敷で、庭に続く。まるで離れのようだ。左側は大きな居間と家事室で、居間の西側にはダイニング・キッチン。家事室の西側にも洗濯物を乾かす物干し場用の庭がある。家事室の奥には浴室とトイレがある。それを囲んで、東側には先に見た中庭に突出した子供部屋と南側には夫婦寝室が配されている。

まさに、持論に忠実で、奥に行くほどプライベートな個人の領域が配されているのだ。

また、各部屋の開口部は大きな掃き出しとなり、開けるとそのまま庭に通じる。庭が、いつでも生活の場となるための配慮だ。

それは、「まだ庭を外部の居間として楽しむ習慣に乏しい」とする西澤による、庭との関係を重視した日本人のための新しい生活スタイルの提案であった。

エアコンも完備されていなかった時代のこと、自然の風を住まいに取り込むことが不可欠でもあった。現在の住まいではエアコン完備。むしろ気密性を求めている。しかし、この正面のない家を見ていると、緑豊かな自然との関係を見つめ直す必要があるように思えてならない。そんなことを教えてくれる住まいなのだ。

都市を謳歌するための住宅——塔の家——

ミニ開発や建築の高層化などの都市化が進むと、自らの生活環境を守るため、外に閉じ中に開くというコート・ハウスの考え方を基本とする都市型住宅が脚光を浴びた。そんな中、より強烈な主張をそのまま形にした明快な新住宅が出現したのだった。

コート・ハウスが閉じた敷地内に庭と部屋を連結させながら水平に広がっていくのに対し、部屋を順次その上に重ねて垂直に伸びていく新しい住まいの形式。その形は極めて都市的で、塔状住宅と名付けられた。

都心か郊外か？

高度成長期の都市・東京は、その姿を大きく変えた。戦前からの河川や運河は暗渠となり、中空にはシャープな高速道路が走っている。

車社会を基本としたこのダイナミックな変貌ぶりは、静かな住環境を都市内に求める人々にとって、住環境の悪化にしか思えなかった。小鳥がさえずる緑豊かな広い庭、ゆったりとした日当りのよい家族団欒《だんらん》の居間、そして、十分確保されたプライバシー、そんな住まいを求める人々は、必然的に郊外へ向かった。

一方、交通手段の充実でどこにも移動でき、不夜城のように眠らずいつでも求める情報や娯楽を楽しめる、そんな賑やかな〝都市〟を愛する人々もいた。建築家の東孝光《あずまたかみつ》もそんなひとりだった。緑は都心の公園で楽しめばいいし、通勤時間も有効活用できる。多少の醜さを我慢しさえすれば、都市の魅力を謳歌できる。そう考えたのである。

そして、郊外の七〇坪ほどの土地の購入資金で、都心に一〇分の一にも満たない歪な三角形状の小さな六坪の敷地を購入し、事務所兼住宅を建てたのだった。

塔状住宅

建設地は、東京都渋谷区神宮前。地下鉄の明治神宮前駅の近くという、まさに都心。建物の建てられる割合を示す建蔽率《けんぺいりつ》が六〇％という住居地区だ。ここでは六坪の敷地に三・六坪までしか建てられない。和室でいえば約七畳の広さになる。住宅を建てようとすれば、部屋を上下に重ねるしか手段がない。その結果、鉄筋コンクリートの壁式工法による地下一階、地上五階建ての「塔の家」が一九六六（昭和四一）年に完成した。

建設途上の写真を見ると、周りは木造二階建ての建物で囲まれていたが、現在は、周りの建物のほうが高い。平面構成を見ると、その形状は敷地に合わせた三角形状で、地下一階は事務所、地上面はガレージと玄関部、二階は台所と居間兼食堂。その上の三階はトイレと浴室、四階は夫婦寝室、そして、五階は子供室と屋上テラスだ。住宅を構成する諸室をそのまま積み重ねた住まいといえるだろう。

生活の中心で家族の団欒の場となる二階は、濃密な空間だ。二口の火器台と一つのシンクからなる台所があり、その台所の天板がそのまま伸びて、食テーブルを兼ねている。狭いためなかなか身動きはとれないが、ここは建築家の自邸らしく、上部の一部を吹き抜けとして空間的広がりを持たせており、狭さはあまり感じない。

居間は公園だ

ただし、完成してみると、家族団欒の居間がない！と批判された。当時の住宅では、居間重視の主張から、ダイニング・キッチンからリビングダイニングへの移行の動きもあったからである。

それでも東は、家族のかたちは時代とともに変化し、団欒の姿も家族構成や年齢で異なるとし、新しい居間の在り方を主張した。また、住まいにすべての用途の場を求めることは時代遅れとし、外部化された様々な施設を住まいの延長として積極的に利用する生活スタイルの在り方を示したのである。そうした考え方を端的に示したのが著書『居間は公園だ』（丸善株式会社、一九八三年）。住宅に居間がなくとも、公園に集まって家族団欒の時間を過ごせばいいというわけだ。

このように単に新しい住宅の形を提案しただけではなく、新しい生活スタイルの提案も行なっていた。時代を先取りした画期的な住宅だったのであり、その魅力は今でも衰えていない。

近代数寄屋の住宅――岸邸――

戦後も一九六〇年代に入ると、民主化の動きの中で抑えられていた伝統的な建築表現も自然と復活し始めた。そうした中で、吟味された建築材料や伝統的な職人技を必要とする数寄屋風意匠を受け継ぎながらも、新しい美意識をもとに再構成し、かつ、戦後めざされた機能性を重視した近代数寄屋と称される建築も出現していた。

その担い手のひとりが建築家の吉田五十八《いそや》であり、代表作品である岸信介《のぶすけ》邸が一般公開されている。

建築家・吉田五十八

五十八という一風変わった名前は、生まれた時の父親が五八歳だったことによるという。生家は、太田胃散で知られる薬種問屋で、八番目の子として一八九四（明治二七）年に生まれた。

中学を終えた吉田は、絵画と数学が得意なこともあって友人から建築家になることを勧められ、一九一五（大正四）年に東京美術学校の図案科に進むが、入学後に胸を患い、卒業は一九二三（大正一二）年となる。

健康の問題はあったが経済的に不自由はなかったため、卒業後は就職せず、自宅で建築事務所を開いた。一九二五（大正一四）年には、新建築として雑誌等で紹介されていたドイツやオランダの建築視察に出かける。ただ、新建築には失望し、代わりに歴史的建築であるイタリアの初期ルネッサンス建築に圧倒された吉田は、〝日本人は、日本建築で欧米と対決すべき〟と、その経験からその後の進むべき道を学んだのである。

帰国後、伝統的建築の研究を開始。やがて伝統建築にいかに近代性を加えるかというテーマに立ち向かい、一九三五（昭和一〇）年、「近代数寄屋住宅と明朗性」という論文を発表した。

吉田の近代数寄屋

この明朗性の追求は、極めて明快で、伝統的な和室の意匠の〝ウルササ〟を排し、近代的美意識のもとで再構成することだった。

少し説明しよう。伝統建築の特徴は、柱や長押《なげし》、襖や障子の動く溝の上下の部材である鴨居《かもい》や敷居《しきい》といった様々な部材が、建物を支えると同時に意匠材として露出していることにある。そして、室内を見渡せば、天井には竿縁《さおぶち》の線材、床面には畳の縁《へり》の線状模様など様々な意匠的要素が確認されるのだ。

こうした部材が露出している伝統的な壁を真壁《しんかべ》、柱などの構造材が壁の中に隠れている欧米建築の壁は大壁《おおかべ》と称され、真壁では部材が露出するため、部材の材質や形状、接合部などの納まりが目につき、高度な技が必要となってくるのである。

吉田は、こうした様々な見える部材や線状模様を整理しようとしたのである。その方法は、単純に欧米風の大壁とするのではなく、必要と思われる部材は積極的に見せ、邪魔な部材は隠すという独自の方法を編み出した。これにより伝統的な香りがしつつ、なぜかスッキリしたモダンさを感じさせる空間へと辿り着いたのである。そして、この表現を追求すべく、積極的に新建材と呼ばれるアルミなどの材料も取り入れた。

御殿場の岸邸

一九三六（昭和一一）年、吉田の明朗性を表現した女流作家の吉屋《よしや》信子邸が一躍話題に。こうした業績により、一九四六（昭和二一）年、吉田は母校の教授となる。

一九六九（昭和四四）年には、吉田の晩年の代表作品のひとつが生まれた。一九五七（昭和三二）年から一九六〇（昭和三五）年までわが国の総理大臣だった岸信介が晩年を過ごした、静岡県御殿場《ごてんば》市の住宅だ。吉田の亡くなる少し前の作品で、そこには吉田が積み上げてきた近代数寄屋の技法が詰め込まれた。

ＪＲの御殿場駅から御殿場東山に向かって、車を一〇分ほど走らせると辿り着く。敷地周囲は木立に囲まれ、周りの大きな前庭の奥に一部二階建ての大きな平屋の建物が東西に連なって迎えてくれる。緩やかな勾配の入母屋《いりもや》屋根の建物で、

岸邸

外観には白い壁とそれを区画するかのような太い垂直の柱が見える。その姿は、まるで品のよい伝統的な民家のようでもある。

太い部材による空間構成

玄関ポーチの床面は小ぶりの折壁石本磨《ほんみがき》による四半敷きで、玄関内部まで続いている。玄関扉は舞良戸《まいらど》。裏板に細い桟を、間隔を詰めて水平に配したものだが、裏板は光を通す素材を用いているため、内部に入ると桟の間から光が漏れて形状は伝統的な建具だが、裏板の工夫は新しい。

玄関から続くホールは、訪れる客の対応の場。柱と梁《はり》が見え、天井には木と竹の小梁が交互に配され、樹脂系の材料が張られている。奥には、採光や通風のための中庭があり、庭を挟んだ反対側の食堂の窓面のすだれは、アルミ製だ。

中庭の横は、正方形状の大きな居間だ。ホールと同じく太い柱と梁からなる空間で、太い部材は張物が用いられている。無垢の部材がそのまま現れているのではなく、空間のバランスのために部材の太さも調整されているのだ。

入り口横の北隅には絵などを飾る床の間があり、太い床柱もある。庭に面する南側の壁と西側の壁の二面には大きな掃き出し窓。庭の景色がよく見えるように隅部の柱は室内ではなく、外に配された。建具は内側が障子で、外側はガラス戸と雨戸の三枚重ね。外側の建具は、戸袋がなく壁の中に収められている。庭がよく見えるこの南西隅は岸のお気に入りで、愛用の椅子が今も置かれている。

居間の東隣は食堂だ。引き戸で仕切られ、開けるとひと繋がりの大きな空間となる。居間よりも天井は低く抑えられ、壁の仕上げも異なる。南側は居間と同じく大きな掃き出し窓で、建具は壁の中に収まり、間口いっぱい開放される。まさに庭と一体となる造りだ。

離れのような書斎と和室

玄関ホールの西側には、床の一段下がった真黒磁器タイルの廊下があり、書斎と奥の茶室を兼ねた和室に続く。少し暗い廊下は、まるで露地。書斎と和室は同一建物にもかかわらず、離れにでも行くような感覚となる。

和室は八畳間と六畳間の続き間だ。八畳間の正面には、床の間と床脇が置かれている。ただ、目を凝らすと、黒漆塗りの床框《とこがまち》のせいは低く、また、床の間の奥の隅部にあるはずの柱は塗り込められていて見えない。床脇の地袋の引き戸も襖ではなく、スチール製の網の貼られたもの。地袋部分に暖房用のラジエターを入れたことによる処置だ。

縁側や次の間の欄間部分には鴨居の垂れ下がりを防ぐために見られる吊束《つりづか》がない。和室を見渡すと、天井も竿縁のない平天井であり、また、畳の縁《へり》、鴨居、さらには、建具の周囲の部材である框《かまち》や桟などの線材は極めて細く、伝統建築のものと比べると繊細なデザインでまとめられていることがわかる。

隠れた技法

二階は就寝ゾーンで、ベッドの並ぶ寝室とともに、段床の高い和室が連なっている。寝室への入り口の障子は、表にも裏にも桟が

岸邸：外部に配された居間軒先を支える柱

見え、和紙が桟の間に挟まっているという特殊なもの。和室の欄間部分の鴨居は、一階同様に吊束はない。こうしたアレッと驚く工夫は、吉田独特の技法といえるもので、鴨居が垂れるのを防ぐために、吊束の代わりに細い丸鋼材を見えないように注意深く配して用いているのだ。

おそらく吉田は、伝統建築を過去の終わったものとして見ていたのではなく、生きているものとして捉え、新時代の材料や技術を加えることにより、新たなものへと前進させようと考えていたのである。そんな吉田の思いが、この住まいには詰まっている。

居間のない個室だけの住まい——個室群住居——

住宅の中で一番大切な部屋はどこですかと問われれば、おそらくほとんどの人が〝居間〟と答えるだろう。居間こそが家族が揃って団欒《だんらん》を行なう場であり、住まいの中心であると考えられているからだ。

だが、一方、時代の変化の中で家族の姿も変わり始めていることに注目し、居間の代わりに〝個室〟こそが大切な場であるとする住宅の提案も行なわれた。デザインや構法などの新しい提案とともに、住まいの意味とその役割の変化を予測した住まいも提示されたのである。

居間重視は明治末期から

居間が家族の生活の場として重要視されていたのは、住まいの歴史を振り返れば、明治の終わり頃、およそ一〇〇年ちょっと前のことだ。一九〇二（明治三五）年、家庭全書というシリーズ本の一冊として『家庭の快楽』（宝文館）が刊行された。ここには、家族の快楽は、家族が一部屋に集まり歓笑嬉戯《かんしょうきぎ》することとある。そして、家族が丸く輪になって座り、団欒会を行なっている図が描かれているのだ。しかも、興味深いのは、こうした場を設けたのは父親で、その部屋は、父親の居間であるということ。

かつては、居間とは個室を意味していたことがこれからわかるのだ。父親は家族に時間を伝え、自分の部屋に集めて団欒会を開いているのだ。こうした団欒が欧米の生活スタイルの影響もあって重視され、やがて、家族の重要な行為となり、いつでもできる居間を中心とした住まいづくりが定着したのである。

個室群住居の提案

新しい都市型住宅として搭状住宅を提案した東孝光《あずまたかみつ》は、住まいの中心と考えられていた居間を外部化することを提案したひとりであったが、さらに踏み込んで居間の必要性を否定したのが建築家の黒沢隆であった。

高度成長期に流行った言葉のひとつに〝カギっ子〟がある。帰ってもだれもいない家で留守番をする子供のことだ。黒沢は、このカギっ子に象徴される家族の変化に注目した。すなわち、近代家族の前提には主婦が家を守り、夫が外で働くというモデルがあったと考えたのである。

それが、共稼ぎが増えるなかでその前提が崩れ、社会と個人が家族関係を超えて直接結びつく新たな関係ができたとし、一九六六（昭和四一）年、新しい家族にふさわしい住まいのあり方を個室群住居として発表した。その考えを実現した最初期のひとつが、一九七一（昭和四六）年に発表された武田邸個室群住居だ。

未来を見据えた個室群住居

武田邸個室群住居の特徴は、その平面。三人家族の家は、中央部に玄関ホールを兼ねた大きなホールがあり、それを挟んで、南側には台所とトイレと浴室、北側には個室が三室並んでいる。大きなホールの西隅は食事用テーブルが置かれているが、居間はない。個室三室は、部屋境に収納部が置かれ、独立性を強く意識した配置となっている。中央の個室は畳敷き、両側の二部屋は洋室で、一室には書庫と大きな机が置かれており、それぞれの求めた生活の中心となる個室が用意されている。その配置には、あくまでも個室が主で、共用室は従という主張が明快に表れているのである。

外観上にも同じような表現が見られる。大きな切妻屋根が架けられるはずが、ここでは個室部分とホール部分を分け、それぞれに片流れの屋根を載せている。そして、個室部分の屋根をホール部分よりも高い屋根とし、その高低差を利用してサイド・スカイライトを設け、個室群に太陽光を取り込んでいる。個室部分が主役で、共用部分は補助的な空間であることをデザインでも表現しているのだ。

近代以降、日本の住まいは大きく変わってきた。住宅の中心と考えられている居間さえ、実は、一〇〇年ほど前に出現したものなのだ。住まいの変容の可能性をこの住宅は教えてくれる。

あとがき

二〇二三年三月、それまで勤めていた神奈川大学で定年を迎えた。これまでの職歴を振り返ると、あっという間の、ほんの一瞬の出来事のように感じてしまう。研究者のひよっことして社会に出た最初の一〇年間は、研究者というよりは教員として工業高校での生活を体験した。専門分野だけを掘り下げていたこともあって、突然、高校生に建築を教えるという立場になり、自分の専門としての建築史をどのように伝えたらいいのか悩んだ。言い換えれば、自分自身のこれまでの研究が、建築を学ぶ人々にとってどのような意味があるのかを考える機会となった。

その後、女子大の住宅デザイン系学科に異動して一〇年、さらに教育学部の住居学研究室に三年勤めた。そして、四つ目に最後の勤め先として定年を迎える母校の神奈川大学に赴任した。女子大に在籍していた一〇年は、建築史の活動の一環として、研究対象となる近代建築の保存に多く関わった。当時の皇后の実家であった正田邸の保存、本多忠次《ただつぐ》邸の保存とともに同潤会の手掛けたアパートメントハウスの江戸川アパート、大塚女子アパートなどの保存、あるいは吉田五十八《いそや》設計による岸元総理邸の保存や戦後のモダニズム建築としての国際文化会館の保存、国立新美術館となった東京大学生産技術研究所の保存などである。こうした保存活動は大半がむなしく敗け戦となったが、それでも、ここに挙げた本多邸や岸邸は保存されたし、国際文化会館の建て替えが回避できたのは救いだった。

当時、建築保存は現在と異なり、建築史分野、とりわけ近代を対象とする研究者が活発に動いていた。研究対象としての近代建築の解体が、まさしく学問としての近代建築史研究の否定のように思われたからである。保存を訴える要望書を準備したものの、理解されない状況の中で、欧米のように、新しい建築を作り出す創造行為と同時に歴史的建造物の保存行為を定着させ、また再活用という道を当たり前のものとするためには、建築家の意識の変革はもとより一般の人々の建築保存への理解の向上が不可欠であり、そのためには、幼い時からの教育を変える必要があると真剣に考えた。そんなこともあり、女子大のあとは、畑違いの教育学部の住居学研究室に移った。小・中・高の教員を育成する教育学部で、教員の卵の学生たちに建築保存の重要性を伝えようと考えたのである。

一方、日本建築学会の活動として関わってきた建築保存の動きは、徐々に建築史分野の研究者だけではなく都市計画や建築構造の分野の方々と一緒に行なうものへと変化していた。また、歴史的建造物の〈保存〉の要望書も、〈保存〉から〈保存・活用〉へと、単に残すだけではなく活用して使い続けることを打ち出すように変化し始めていた。まさに建築保存も学会全体の問題となり、また、保存活動がようやく社会に認知されるものとなり始めていたのである。こうした変化の中で、単に保存を主張するだけではなく、これからは建築家として歴史的建造物の魅力を失わずに保持しながら、現代の建築として活用していくための新たなデザイン教育の開拓が求められるように思われた。これまでの単なる改修というリフォームから、リノベーションや魅力的なコンバージョンのデザイン教育が問われ始めていたのである。

こうした保存・活用へと移行しつつある時期に、同期生や先輩たちから母校で教育と研究を行なうべきではないかと進言された。当初の建築保存の思想を教育を通して伝えるのか、あるいは、ようやく定着してきた建築の保存・活用の動きを発展させるべきか、大げさだが悩んだ。結果的には母校に戻って建築学科の学生を対象に保存と活用があたりまえの行為であることを伝え、歴史的建造物の特徴を探るための歴史研究を普及させることをめざした。

赴任後は、歴史的建造物の保存・再生という考えを浸透させるためには、壊して建てるという〈スクラップ・アンド・ビルド〉に代わる理念を示す言葉が必要であると思い、〈キープ・アンド・チェンジ〉という言葉を学生に伝えた。「建物は、使い続けるのが基本で（キープ）、必要がなくなったら使いたい人に譲り、あるいは、建物の用途転換をして（チェンジ）、使い続けることが建築家にとっての基本的理念である」

と講義で説いた。どこまで、このキャッチフレーズの意味が伝わったのかはわからないが、学生には基本理念として伝え続けてきたものである。

一方、母校はいわゆる総合大学であり、他学部の専門の異なる先生方とも交流ができ、研究面では自らの研究の意味を多面的に考える機会が増え、単に建築保存という行為にこだわらず、建築史研究を広く行なうことの教育的意味や使命を再確認するなどの多くを学ぶ、有益な時を過ごすことができた。

母校での在籍期間を振り返ると、専門性を生かして行なった活動のひとつが、この三年間続けた「住まいの建築史」の連載であったと思う。純粋な学術的活動とはいえないが、近代建築史とりわけ近代日本住宅史という領域の存在を周知するという意味では、重要な活動であったと考えている。

そんな思いが強くあったため、退職後の初仕事のひとつとして本書の出版をめざした。多くの人々に読んでいただき、建築史という研究分野の広がりへと繋げたいと考えたからである。

そこで、これまでいくつかの書籍の発行をご一緒した山﨑孝泰氏に三年分の記事を読んでいただき、単行本にしたい旨を伝えた。相談の中で、スケッチの代わりに写真を加えた方がいいというアドヴァイスをいただき、かつてご一緒したことのある写真家・小野吉彦さんに相談し、快諾いただいた。こうして出版の準備が整ったため、『週刊新潮』の担当者である竹内祐一氏にその趣旨を説明し、また、共著者である大和ハウス工業との交渉も行なっていただいた。その結果、大和ハウス工業からもご理解が得られ、共著として出版する運びとなったのである。このように、書籍化にあたっては多くの方々のご理解とご協力をいただいた。ここに記して、感謝の証としたいと思う。

それにしても、連載にあたっては、現存する建物を採り上げる対象としたこともあって、当然、記事にするために筆者自身、見学しておく必要があった。そのため、まだ文献でしか知らない建物がいくつか存在していたこともあり、講義の合間に現地に足を運んで見学する時間を作り、締め切り間際には、見学を終えたその場でパソコンを起動させ、原稿を書いたこともあった。海外出張があった時などは、前もって原稿を用意したものの、掲載前の校正のファックスをホテルで受けるなど、今考えると懐かしい思い出である。忙しい合間を縫って短時間の建物訪問などをしばしば行なっていた落ち着かない期間でもあったが、建物の魅力をどう伝えようかという前向きの気持ちで常に満たされた極めて充実した豊かな時間でもあったように思う。

また、書籍化にあたっての目次の筋書きは、そう新しいものではないかもしれない。それでも、現存する建物を基本としたストーリー作りは、これまであまり見ないものといえるであろう。また、第5章のなかの「アメリカ系住宅の出現」という項目も他には見ることはないと思う。筆者は、日本建築へのアメリカ建築の影響は、GHQの統治下から始まるのではなく、大正期にすでに始まっていたと考えている。また、欧米のモダニズム運動の影響も大きく、そうした動きを、プレモダニズム系の住まいとしてまとめて見るほうが、建築流行の流れが理解しやすいと考えた。いずれにせよ、本書は基本、現存する建物から見た近代日本住宅史である。現存する建物で歴史が語れるのかと疑問視する方もいると思う。こうした批判を承知しながらも、実体験できる住宅史として御理解いただければと思う。

参考文献

坂本勝比古『西洋館』小学館、一九七七年
村松貞次郎（企画・編集）『日本の建築　明治大正昭和』（全一〇巻）、三省堂、一九七九年―一九八二年
内田青蔵『あめりか屋商品住宅』住まいの図書館出版局、一九八七年
山形政昭『ヴォーリズの住宅』住まいの図書館出版局、一九八八年
藤森照信『昭和住宅物語』新建築社、一九九〇年
鈴木博之『明治の洋館100選』講談社（講談社カルチャーブックス）、一九九二年
遠藤明久『北海道住宅史話』（上・下）住まいの図書館出版局、一九九四年
藤森照信（監修）『家物語』日本テレビ、一九九五年
「阪神間モダニズム」展実行委員会『阪神間モダニズム』淡交社、一九九七年
三沢浩『A・レーモンドの住宅物語』建築資料研究社、一九九九年
片木篤・藤谷陽悦・角野幸博（編著）『近代日本の郊外住宅地』鹿島出版会、二〇〇〇年
大川三雄・田所辰之助・濱嵜良実・矢代真己『建築モダニズム』エクスナレッジ、二〇〇一年
田中修司『西村伊作の楽しき住家』はる書房、二〇〇一年
井内佳津恵『田上義也と札幌モダン』北海道新聞社、二〇〇二年
中川理『京都モダン建築の発見』淡交社、二〇〇二年
山口廣・日大山口研究室『近代建築再見』（上・下）エクスナレッジ、二〇〇二年
山形政昭『ヴォーリズの西洋館』淡交社、二〇〇二年
藤森照信『日本の洋館』（全六巻）講談社、二〇〇二年―二〇〇三年
内田青蔵『お屋敷拝見』河出書房新社、二〇〇三年
大川三雄・渡辺研司『DOCOMOMO 選モダニズム建築100＋α』河出書房新社、二〇〇六年
鈴木博之（監修）『皇室の邸宅』ＪＴＢ、二〇〇六年
伝統技法研究会（編集・発行）『日本のステンドグラス』二〇〇六年
鈴木博之（監修）『元勲・財閥の邸宅』ＪＴＢ、二〇〇七年
博物館明治村『博物館明治村ガイドブック』二〇〇七年

増田彰久『西洋館を楽しむ』筑摩書房（ちくまプリマー新書）、二〇〇七年
内田青蔵・大川三雄・藤谷陽悦『新版 図説・近代日本住宅史』鹿島出版会、二〇〇八年
田辺千代『日本のステンドグラス　小川三知の世界』白揚社、二〇〇八年
田辺千代『日本のステンドグラス　宇野澤辰雄の世界』白揚社、二〇一〇年
内田青蔵『お屋敷散歩』河出書房新社、二〇一一年
三浦展『東京高級住宅地探訪』晶文社、二〇一二年
田中禎彦・青木祐介『死ぬまでに見たい洋館の最高傑作』エクスナレッジ、二〇一二年
辻泰岳・大井隆弘・飯田彩・和田隆介『昭和』エクスナレッジ、二〇一四年
内田青蔵（監修）『死ぬまでに見たい洋館の最高傑作Ⅱ』エクスナレッジ、二〇一四年
田中禎彦『日本の最も美しい名建築』エクスナレッジ、二〇一五年
石川祐一『京都の洋館』光村推古書院、二〇一六年
内田青蔵『日本の近代住宅』（SD新書266）鹿島出版会、二〇一六年
彰国社（編）『モダニスト再考「日本編」』彰国社、二〇一七年
井上祐一『ライト式建築』柏書房、二〇一七年
片木篤（編）『私鉄郊外の誕生』柏書房、二〇一七年
丸山雅子（監修）『日本近代建築家列伝』鹿島出版会、二〇一七年
玉手義朗『見に行ける西洋建築歴史さんぽ』世界文化社、二〇一七年
北夙川不可止『東西名品昭和モダン建築案内』洋泉社、二〇一七年
一般財団法人住総研『すまい再発見』建築資料研究社、二〇一七年
伏見唯『日本の住宅遺産』世界文化社、二〇一九年
住総研清水組『住宅建築図集』現存住宅調査研究委員会『住まいの生命力』柏書房、二〇二〇年

このほか、文化財に関しては修理関連報告書などを含む。なお、個別の解説文の引用文献は、文中に記載した。

Vol.77　オランダ新様式のモダン住宅―小出邸―（2019.2.7）
Vol.78　老舗和菓子店の隠居住宅―山崎家別邸Ⅰ―（2019.2.14）
Vol.79　数寄屋風を駆使した和館を持つ住まい―山崎家別邸Ⅱ―（2019.2.21）
Vol.80　大正時代の特徴を表した洋館―清田邸Ⅰ―（2019.2.28）
Vol.81　イングルヌックのある洋館―清田邸Ⅱ―（2019.3.7）
Vol.82　元町公園を望む洋館―エリスマン邸―（2019.3.14）
Vol.83　外国人用の集合住宅―山手234番館―（2019.3.21）
Vol.84　鉄筋コンクリート造の職員住宅―東京女子大学職員住宅群―（2019.3.28）
Vol.85　吹き抜けの居間のある洋館―山手111番館―（2019.4.4）
Vol.86　見事な喫煙室のある洋館―小笠原邸―（2019.4.11）
Vol.87　小ぶりなスパニッシュ様式の洋館―駒井邸Ⅰ―（2019.4.18）
Vol.88　生活を重視した洋館の出現―駒井邸Ⅱ―（2019.4.25）
Vol.89　高台に建つ瀟洒な洋館―朝吹邸―（2019.5.2·9）
Vol.90　三つ目の洋風山荘―朝吹別荘（睡鳩荘）―（2019.5.16）
Vol.91　壁式鉄筋コンクリート造の住宅―内藤邸―（2019.5.23）
Vol.92　もうひとつの壁式構造の洋館―山口邸―（2019.5.30）
Vol.93　和洋の融合化を表現した洋館―新田邸―（2019.6.6）
Vol.94　五度目の実験住宅―藤井邸・聴竹居Ⅰ―（2019.6.13）
Vol.95　自然を生かした科学的住まい―藤井邸・聴竹居Ⅱ―（2019.6.20）
Vol.96　杉皮尽くしのモダン住宅―イタリア大使館夏季別荘（2019.6.27）
Vol.97　イギリス中世趣味の東屋風小洋館―根津家別荘（起雲閣）Ⅰ―（2019.7.4）
Vol.98　美しい光天井の小洋館―根津家別荘（起雲閣）Ⅱ―（2019.7.11）
Vol.99　事務棟を取り込んだ洋館―前田家本邸Ⅰ―（2019.7.18）
Vol.100　外履きのまま使用された洋館―前田家本邸Ⅱ―（2019.7.25）
Vol.101　谷戸の中に佇む邸宅―華頂宮邸―（2019.8.1）
Vol.102　曳家された邸宅―李王家東京邸Ⅰ―（2019.8.8）
Vol.103　ねじり柱の洋館―李王家東京邸Ⅱ―（2019.8.15·22）
Vol.104　パリから届いた邸宅―朝香宮邸Ⅰ―（2019.8.29）
Vol.105　アール・デコの館―朝香宮邸Ⅱ―（2019.9.5）
Vol.106　スパニッシュを纏ったモダンな洋館―ベリック邸―（2019.9.12）
Vol.107　会話を促すベランダのある洋館―滋賀邸―（2019.9.19）
Vol.108　両親に捧げた大豪邸―中島邸Ⅰ―（2019.9.26）
Vol.109　豪華さを追求した邸宅―中島邸Ⅱ―（2019.10.3）
Vol.110　お助け普請による洋館―大谷邸―（2019.10.10）
Vol.111　里帰りしたお殿様の洋館―本多邸Ⅰ―（2019.10.17）
Vol.112　武士の空間を備えた洋館―本多邸Ⅱ―（2019.10.24）
Vol.113　木造のメカニズム住宅の始まり―レーモンド「夏の家」―（2019.10.31）
Vol.114　同潤会の分譲住宅（2019.11.7）

Vol.39　明治末期を飾る端厳な洋館―岩崎彌之助邸―（2018.4.26）
Vol.40　外交官の家―内田邸Ⅰ―（2018.5.3·10）
Vol.41　アメリカン・スタイルの洋館―内田邸Ⅱ―（2018.5.17）
Vol.42　塔屋を強調した洋館―諸戸邸―（2018.5.24）
Vol.43　17年の歳月をかけた洋館―迎賓館赤坂離宮Ⅰ―（2018.5.31）
Vol.44　近代国家"日本"を象徴する洋館―迎賓館赤坂離宮Ⅱ―（2018.6.7）
Vol.45　歴史主義建築の典型としての洋館―迎賓館赤坂離宮Ⅲ―（2018.6.14）
Vol.46　アメリカで学んだ成果を伝える洋館―木下別邸―（2018.6.21）
Vol.47　英国大使館別荘（2018.6.28）
Vol.48　住宅界の新しい風―吉田邸―（2018.7.5）＊
Vol.49　近江ミッションの住宅―ダブルハウス―（2018.7.12）＊
Vol.50　ヴォーリズの自然を楽しむ別荘―ヴォーリズ別荘―（2018.7.19）
Vol.51　楽しき住家―西村自邸Ⅰ―（2018.7.26）
Vol.52　大正モダンの住宅―西村自邸Ⅱ―（2018.8.2）
Vol.53　別府湾を見下ろす和風別邸―成清家日出別邸（的山荘）―（2018.8.9）
Vol.54　旧大名家の和風御殿―毛利家本邸―（2018.8.16·23）
Vol.55　風景を部屋名とした和風御殿―松平家高松別邸（披雲閣）―（2018.8.30）
Vol.56　品格漂うコンドルの洋館―島津邸―（2018.9.6）
Vol.57　和館の代りに和室を取り込む洋館―古河邸―（2018.9.13）
Vol.58　瀟洒なアメリカ風別荘―徳川慶久別邸―（2018.9.20）
Vol.59　豪華で古風な別荘―徳川圀順別邸―（2018.9.27）
Vol.60　わが国最初の国際女優の邸宅―川上邸（二葉御殿）Ⅰ―（2018.10.4）
Vol.61　外観に機能を表現した邸宅―川上邸（二葉御殿）Ⅱ―（2018.10.11）
Vol.62　地場産業の繁栄を象徴する迎賓館―石川組製糸西洋館―（2018.10.18）
Vol.63　旧藩主好みの西洋館―久松家別邸（萬翠荘）Ⅰ―（2018.10.25）
Vol.64　義父の郷土愛を表した洋館―久松家別邸（萬翠荘）Ⅱ―（2018.11.1）
Vol.65　里帰りした洋館―土岐邸―（2018.11.8）
Vol.66　古城に寄り添う大正洋館―藤田家別邸―（2018.11.15）
Vol.67　鳩の飛ぶ洋館―鳩山邸（鳩山会館）Ⅰ―（2018.11.22）
Vol.68　友情が生んだ個性的な洋館―鳩山邸（鳩山会館）Ⅱ―（2018.11.29）
Vol.69　コンクリート・ブロックの住まい―本野邸―（2018.12.6）
Vol.70　アメリカから持ち込まれた住宅―古田土邸―（2018.12.13）
Vol.71　田園調布の家―大川邸―（2018.12.20）
Vol.72　敷地の高低差を楽しむ空間―山邑別邸（淀川製鋼迎賓館）Ⅰ―（2018.12.27）
Vol.73　ライト式建築の魅力を伝える住宅―山邑別邸（淀川製鋼迎賓館）Ⅱ―（2019.1.3·10）
Vol.74　移築されたライト風住宅―近藤邸―（2019.1.17）
Vol.75　ライト式住宅の完成品―加地別邸―（2019.1.24）
Vol.76　北海道のライト式―坂牛邸―（2019.1.31）

連載一覧

※建物名を―　―で補った。末尾の日付は『週刊新潮』掲載号を示す。＊は本書未収録。

Vol.1　出島の住まい―オランダ商館―（2017.7.20）
Vol.2　グラバー邸（2017.7.27）
Vol.3　オルト邸（2017.8.3）
Vol.4　鹿児島紡績所技師館（2017.8.10）
Vol.5　泉布観（2017.8.17·24）＊
Vol.6　永山邸（2017.8.31）
Vol.7　暖房設備の先駆け―新島邸―（2017.9.7）
Vol.8　神戸最古の洋館―神戸居留地十五番館―（2017.9.14）
Vol.9　猫の家―森鷗外・夏目漱石邸―（2017.9.21）＊
Vol.10　木蠟のもたらした住まい―本芳我邸―（2017.9.28）＊
Vol.11　お雇い外国人の住まい―阿仁鉱山外国人官舎―（2017.10.5）
Vol.12　耐久性を考慮した洋館―西郷邸―（2017.10.12）
Vol.13　煉瓦の町の木造洋館―日本煉瓦製造株式会社事務所―（2017.10.19）
Vol.14　宣教師の住まい―インブリー館―（2017.10.26）
Vol.15　建学の精神を伝える―成瀬邸（成瀬記念館分館）―（2017.11.2）＊
Vol.16　コンドルの洋館―岩崎邸洋館―（2017.11.9）
Vol.17　岩崎邸の和館―岩崎邸和館―（2017.11.16）
Vol.18　伝統美を放つ洋館―無鄰菴―（2017.11.23）
Vol.19　動物園の中の洋館―ハンター邸―（2017.11.30）
Vol.20　古材を再利用した洋館―ハッサム邸―（2017.12.7）
Vol.21　新様式の息吹を表現―トーマス邸―（2017.12.14）
Vol.22　美しいハーフティンバーの館―渡辺邸―（2017.12.21）
Vol.23　英国風の粋な洋館―呉鎮守府司令長官官舎―（2017.12.28）
Vol.24　行啓御殿としての洋館―仁風閣―（2018.1.4·11）＊
Vol.25　能舞台を取り込んだ和館―高取邸―（2018.1.18）
Vol.26　辰野の遺した華麗な邸宅―松本邸―（2018.1.25）
Vol.27　辰野金吾の幻の邸宅―安川邸計画案―（2018.2.1）
Vol.28　擬洋風の別邸建築―盛美館―（2018.2.8）
Vol.29　大工の生んだ様式の洋館―マッケーレブ邸―（2018.2.15）
Vol.30　京都の私的迎賓館―村井別邸（長楽館）Ⅰ―（2018.2.22）
Vol.31　豪華絢爛な別邸―村井別邸（長楽館）Ⅱ―（2018.3.1）
Vol.32　ドイツ派の洋館―青木家那須別邸―（2018.3.8）
Vol.33　軽井沢最古の日本人別荘―八田別荘―（2018.3.15）
Vol.34　ライシャワー別荘（2018.3.22）
Vol.35　和・洋館の共存を探る住宅―学習院長官舎―（2018.3.29）
Vol.36　数寄屋造に洋を加味した住宅―芝川邸―（2018.4.5）
Vol.37　和室を取り込んだ華麗な洋館―中埜家別邸―（2018.4.12）
Vol.38　花綱飾りの館―竹田宮邸―（2018.4.19）

内田青蔵　**UCHIDA Seizo**

1953年秋田県生まれ。神奈川大学建築学部特任教授。神奈川大学卒業。東京工業大学大学院理工学研究科博士課程満期退学。工学博士。専門は日本近代建築史。今和次郎賞、日本生活文化史学会賞、日本建築学会賞受賞。著書に『日本の近代住宅』（鹿島出版会）、『お屋敷拝見』（河出書房新社）、『同潤会に学べ』（王国社）、『「間取り」で楽しむ住宅読本』（光文社文庫）など。

大和ハウス工業総合技術研究所

1980年発足。94年、関西文化学術都市に開設し、展示見学施設を併設。「Two Way Communication」をコンセプトに開かれた研究所として、年間1,500人の来場者を迎える。
https://www.daiwahouse.co.jp/lab/

小野吉彦　**ONO Yoshihiko**

1967年愛媛県生まれ。東京工芸大学工学部建築学科卒業。写真家。主に文化財建造物を撮影。小野吉彦建築写真事務所主宰、公益社団法人日本写真家協会（JPS）会員。共著に『日本の近代化遺産』（河出書房新社）、『日本の建築遺産図鑑』（平凡社）、『食と建築土木』（LIXIL出版）、『ライト式建築』（柏書房）など。

住《す》まいの建築史《けんちくし》——近代日本編《きんだいにほんへん》

2023年12月20日　第1版第1刷発行

著　者　内田青蔵＋大和ハウス工業総合技術研究所［文］　小野吉彦［写真］

発行者　矢部敬一

発行所　株式会社創元社
https://www.sogensha.co.jp/
本　　社　〒541-0047　大阪市中央区淡路町4-3-6
Tel. 06-6231-9010　Fax. 06-6233-3111
東京支店　〒101-0051　東京都千代田区神田神保町1-2 田辺ビル
Tel. 03-6811-0662

装　丁　清水良洋（Malpu Design）
組　版　有限会社クリエイト・ジェイ
印刷所　モリモト印刷株式会社

ISBN978-4-422-50130-7　C0052